人力资源管理理论
创新与开发探索

盖永波　王璐鑫　姜　峰◎著

经济日报 出版社

北　京

图书在版编目(CIP)数据

人力资源管理理论创新与开发探索 / 盖永波，王璐鑫，姜峰著. -- 北京：经济日报出版社，2025.1

ISBN 978-7-5196-1476-8

Ⅰ.①人… Ⅱ.①盖… ②王… ③姜… Ⅲ.①人力资源管理—研究 Ⅳ.①F243

中国国家版本馆 CIP 数据核字(2024)第 073537 号

人力资源管理理论创新与开发探索

RENLI ZIYUAN GUANLI LILUN CHUANGXIN YU KAIFA TANSUO

盖永波　王璐鑫　姜　峰　著

出　　版：经济日报出版社

地　　址：北京市西城区白纸坊东街 2 号院 6 号楼 710（邮编 100054）

经　　销：全国新华书店

印　　刷：北京文昌阁彩色印刷有限责任公司

开　　本：787mm×1092mm　1/16

印　　张：13

字　　数：254 千字

版　　次：2025 年 1 月第 1 版

印　　次：2025 年 1 月第 1 次印刷

定　　价：58.00 元

前　言

　　新时代、新形势，传统的人力资源管理模式正面临前所未有的变革与挑战。本书正是在这样的背景下应运而生，可以在为人力资源管理领域的学者、从业者以及对人力资源管理感兴趣的读者提供一份全面、深入的理论与实践指南。

　　人力资源管理，是指对人力资源的获取、开发、维护和利用的过程。涉及员工招聘、培训、评估、激励、薪酬和福利等多个方面。随着全球化、技术进步和劳动力市场的变化，传统的人力资源管理模式正面临着重大的考验。在此大背景下，企业需要更加灵活和创新的人力资源管理策略来应对挑战和不断变化的劳动力需求。

　　本书全面探讨了人力资源管理的理论、实践与创新，从人力资源的基本概念和管理概述入手，深入分析了人力资源规划、员工招聘、激励与沟通、绩效与薪酬管理等关键环节。本书的内容既有对传统人力资源管理理论的创新发展研究，也有对人力资源管理的开发探索。旨在帮助管理者更科学地进行人力资源配置和测评，以适应快速变化的市场环境。

　　感谢所有为本书的写作和完善做出贡献的专家学者和实践者，期待本书能够激发更多的思考和讨论，推动人力资源管理理论与实践的进一步发展。

盖永波　王璐鑫　姜峰

2023 年 12 月

目　录

第一章 人力资源管理导论

第一节 人力资源概述

一、人力资源的概念

（一）资源

"资源"是指一国或一定地区内拥有的物力、财力、人力等各种物质要素的总称。从不同的角度，可以将资源分为不同的类型。如从有形与否来看，资源可被分为有形资源和无形资源，前者如自然资源、人造资源等，后者如品牌资源、信息资源、人力资源等。

在企业经营中，资源被认为是为了创造物质财富而投入于生产活动中的一切要素，具体包括自然资源、资本资源、信息资源、人力资源等。其中，自然资源是指自然物质经过人类的发现，被输入生产过程，或直接进入消耗过程，变成有用途的，或能给人以舒适感，从而产生有价值的东西。资本资源泛指一个经济体为了生产其他的物品而生产出来的耐用品，如机器、道路、计算机、卡车、钢铁厂等。信息资源是对企业生产及管理过程中所涉及的一切文件、资料、图表和数据等信息的总称。人力资源被认为是生产活动中最为活跃的因素，是一切资源中最重要的资源，也是本门课程所要研究的核心资源。

（二）人力资源

"人力资源"这一概念最早由约翰·R·康芒斯（John R. Commons）于 20 世纪 20 年代在其著作中提出并加以明确界定，但当时他所提到的概念与今天的"人力资源"概念相去甚远。1954 年，美国管理学大师彼得·德鲁克（Peter F. Drucker）首先界定了接近于今天管理学意义上的"人力资源"概念。从此人们开始了对该概念的现代管理学意义上的界定。

人力资源是指在一个国家或地区中，处于劳动年龄、未到劳动年龄和超过劳动年龄但具有劳动能力的人口之和。具体到一个组织，人力资源可以被看成是组织所拥有的能达成其组织目标的具有体力和智力劳动能力的人口总和。

从这个界定中，可以看出这一概念包括以下五层含义：

第一，人力资源包括人的体质、智力、知识和技能四个部分；

第二，人的体质和智力是人力资源的基础性内容，知识和技能可以决定其发展程度；

第三，人力资源所具有的劳动能力存在于人体之中，是人力资本的存量，只有在劳动时才能发挥出来；

第四，人力资源是一定范围内的人口总体，它涵盖工商企业、公共管理部门和农村的人口；

第五，人力资源的载体是人，它既有自然性也有社会性，既有经济性也有政治性。

（三）人力资源相关概念

1. 人口资源

人口资源是指一个国家或地区的人口总量，具体的、个体的人是人口资源的基本形态。

2. 劳动力资源

劳动力资源是指一个国家或地区在一定时期内，全社会拥有的在劳动年龄范围内、具有劳动能力的人口总数。由于各个国家的法律对劳动年龄的范围规定不一样，因此劳动力的概念各国不尽相同。按照我国现行法律规定，劳动年龄的范围为男16~60周岁，女16~55周岁（工人为50周岁），但这一年龄段会随着人均寿命的增长而逐渐延长，需要说明的是，虽然在劳动年龄范围内，但因已丧失劳动能力而不能参加社会劳动者，比如残疾人、精神病患者、严重慢性病患者等，不应计算在劳动力资源内。

3. 人才资源

人才资源指的是人力资源中素质层次较高的那一部分人，它是一个国家或地区中掌握了较多科学知识和较强劳动技能、在价值创造过程中起着关键作用的那部分人。

4. 人力资源与上述三者的关系

人口资源、人力资源、劳动力资源、人才资源四个概念紧密相关，但又各不相同。

人口资源、人力资源、劳动力资源、人才资源四者的关系：

（1）人口资源是其他资源的基础，所反映的是数量；

（2）扣除人口资源中那些不具备劳动能力的人，就是人力资源；

（3）人口资源中，从事生产和劳动活动的人口，就是劳动力资源；

（4）人力资源中具有高度智力和技术能力的劳动力，就是人才资源。

二、人力资源的数量与质量

由于人力资源是依附于人身上的资源表现，因此其数量与质量可以用与人有关的数量和质量来予以衡量。

（一）人力资源的数量

对于企业来说，人力资源的数量就是其拥有的员工数量。对于一个国家和地区来说，人力资源的数量可以从现实人力资源数量和潜在人力资源数量两个方面来进行衡量。一个国家或地区潜在人口资源包括下列八个部分：第一，处于法定劳动年龄之内的社会劳动人口，即"适龄就业人口"，这个标准在我国是男性16~60周岁，女性16~55周岁（工人为50周岁），当然这一年龄段目前已经发生了变化；第二，尚未达到法定劳动年龄实际已从事社会劳动的人口，即"未成年就业人口"，如因一些原因所导致的辍学就业等，这种情况在我国虽然较少，但是仍然有；第三，已经超过法定劳动年龄，实际仍在从事社会劳动的人口，即"老年就业人口"，这种情况在我国越来越普遍，很多超过退休年龄的人仍然返聘回企业，成为某些企业的重要就业力量；第四，处于法定劳动年龄以内，有能力有意愿参加社会劳动，但是实际上并未参加社会劳动的人口，亦称"求业人口"，这包括各种原因所导致的暂时性"失业"人员；第五，处于法定劳动年龄以内的就学人口，我国很多大学生都属于这种状况；第六，处于法定劳动年龄以内的家务劳动人口，比如"全职太太"；第七，处于法定劳动年龄之内的现役军人；第八，处于法定劳动年龄以内的其他人口，比如游手好闲不愿工作但具备工作能力的人口。

（二）人力资源质量

人力资源的质量具体反映在构成人力资源总量的人口的整体素质上。可以分为人力资源总体质量和人力资源个体质量。总体质量是指一个国家或一定地域范围内的人力资源所具有的体质、智力、知识、技能和劳动意愿，是对该国或该地区人力资源的体质水平、文化水平、专业技术水平和劳动者劳动积极性的衡量；常用的衡量指标有健康卫生指标、受教育程度指标、劳动者技术等级情况、劳动者态度等指标。人力资源的个体质量主要是反映劳动者的个体素质，主要包括劳动者的体能素质、智能素质及一些非智力因素。

1. 人力资源质量的构成

人力资源质量由身体素质、文化素质、能力素质和思想素质等几个部分组成。

（1）身体素质

身体素质是形成劳动者劳动能力的基础，是反映一个国家或地区人力资源质量的重要指标。通常来说，身体素质的衡量指标包括体质、营养构成、精神状态、忍耐力、适应环境的能力等。

（2）文化素质

文化素质是衡量劳动者受教育程度以及文化科学知识的修养状况。受教育状况既包括学校教育的情况，也包括非学校教育如自学的情况。在学校教育中，学历教育和非学历教育都可提高人力资源的质量。需要说明的是，文化素养既包括人们的学历等理论知识学习的情况，也包括参加实践的情况。

（3）能力素质

能力素质是指一个人具有从事某些职业劳动所需要的专门技能，它关系到劳动者能从事哪些行业的工作。这些技能大多数是通过职业培训或专门训练所获得的，但也有很多是靠自学或在实践中逐渐摸索出来的。需要说明的是，随着社会的发展，社会对人力资源的能力素质要求也会发生变化，比如，当社会处于劳动密集型行业为主时，可能只会对劳动者的低端劳动技能提出要求；而随着资金密集型和技术密集型行业占据主要地位时，大多数低端劳动技能的掌握者都面临着提升劳动技能的压力。

（4）思想素质

思想素质主要涉及劳动者的思想意识和道德品质等内容，会对他们从事工作的绩效产生重要影响。比如，一个人对国家和民族持有何种态度、能否处理好与他人的各种关系、能否将工作与家庭做好区分等，都会影响到他们的工作绩效。

2. 人力资源质量的衡量

通常来说，人力资源的质量没有单位，也难以直接衡量。决定一个国家或地区人力资源质量的要素有很多，通常可以通过教育与培训投入状况、专业技能结构状况、社会风尚状况、经济发展状况与潜力等多方面来进行衡量。

（1）以教育与培训的投资状况衡量

可以从一个国家或地区对教育和培训的投入状况来衡量该地区的人力资源质量。常见的一些具体指标有两个方面：一是条件投入，如校舍面积、仪器设备、实验基地、教育与管理人员等；二是运行投入，如教育与培训人员的工资水平、管理费用、办公费用、教材费用、设施维护费用、教学费用；等等。

（2）以人力资源的专业技能结构的状况衡量

通常认为，专业技能的结构是否合理会影响到人力资源的质量。但是，衡量人力资源的质量不能仅仅衡量人力资源的专业结构是否合理，还应当看这种结构是否与社会需要相匹配。如果在一个社会所需要的人力资源中有大部分与第三产业有关，而在这个社会中的人力资源专业技能结构中与第三产业相关的人力资源占到了大部分，那么两者就能匹配，人力资源质量就高；反之，则说明不够匹配，人力资源质量低。

（3）以社会风尚状况来衡量

如果一个社会中的人们以艰苦奋斗、勤俭朴素等优良作风为主要追求的社会风尚，那么整个社会所能集聚的力量无疑是十分庞大的。

（4）以社会经济发展状况与潜力衡量

社会经济发展状况与潜力和人力资源质量状况相互关联、互为影响。一方面，社会经济发展状况为人力资源质量的发展提供了条件，比如，随着我国社会经济的快速发展，人们在物质、精神、教育等多方面得到极大满足；社会经济发展潜力又给人力资源质量的发展提供了方向。今天的人们应该思考学些什么、掌握哪些技能方能适应未来社会的需要。另一方面，人力资源的质量又会影响到社会经济发展的状况与潜力，改革开放后我国制造业和建筑业飞速发展，与我国当时解放了的庞大农村剩余劳动力群体紧密相关；而当前我国各方面高素质人才的涌现，促进了我国交通、通信、航天、大数据等行业的飞速发展。

（三）人力资源数量与质量的关系

一个国家或地区的人力资源丰度不仅要用其数量来计量，也要用质量来评价。数量反映了可以推动物质资源的人数，质量反映了可以推动哪种类型、哪种复杂程度和多少数量的物质资源。人力资源的质量可以在较大程度上替代数量，而人力资源的数量较难以替代质量。

三、人力资源的特征

人力资源是社会生产最基本、最重要的基础性资源，与其他资源相比，人力资源具有能动性、社会性、双重性、时效性、持续性、再生性等特点。

（一）能动性

能动性是人力资源区别于其他资源的最根本所在。许多资源尤其是自然资源在被开发的过程中是完全被动的，人力资源则不同，它在被开发过程中具有主观能动性，主要表现在以下几方面：

①人具有目的性和社会意识，可以根据环境来对自身的活动进行选择和调整；

②人是生产活动中的主导性因素，在生产活动中处于主体地位，对其他生产资源起着支配作用；

③人的活动是可以被激励的，可以通过提高人的工作动机和能力来达到提高工作效率的目的。

（二）社会性

自然资源只有自然属性，不会因为所处时代、社会的不同而有所变化。比如，古代的黄金和现代的黄金并无多大区别，欧洲的美玉和非洲的美玉也不会有太多不同。但是，人力资源除了拥有自然属性外，还具有社会属性，不同时代、不同社会制度、不同生产关系下的人力资源具有不同的特性。比如，资本主义生产早期的工人由于受到资本家的残酷剥削，其生产能力很难被完全发挥出来，而先进社会制度下的工人则能充分发挥生产的主观能动性。

（三）双重性

双重性是指人既扮演着生产者的角色，又扮演着消费者的角色，这两种角色都会推动社会的健康发展。人力资源既是社会财富的创造者，又是社会财富的消耗者，而这种消耗又会促进新的创造。但是，需要说明的是，人们的消费行为具有刚性，不论体力、智力有多大差别，其消费行为都是必需的，弹性会小很多；而人们的生产行为则具有较大的弹性，不同年龄、能力、机会下的人们其生产能力强弱不一，也受到环境及其他生产资料的诸多影响。一般认为，对人力资源的投资所带来的收益远大于对其他资源投资所带来的收益。

（四）时效性

人力资源存在于人的生命体中，而人的生命是有周期的，人力资源不能长期蓄而不用，否则会荒废、退化。作为人力资源，人能够从事劳动的自然时间又被限定在其生命周期的中间一段；在不同年龄段，能从事劳动的能力也不尽相同。从社会角度看，人力资源的使用也有培养期、成长期、成熟期和老化期；不同年龄组的人口数量及其间的联系，也具有时效性。所以，任何范围的人力资源开发与管理，都需要重视人力资源生命周期的规律性和时效性，使人力资源的形成、开发、分配和使用处于相对平衡中。

（五）持续性

普通物质资源的开发通常只有一次、二次等有限次数，形成最终产品后则难以继续开发。但人力资源不是这样的，其既可以在开发后使用，也可以在使用中持续开发。所谓"活到老，学到老"，终身学习习惯的养成，更加印证了人力资源开发持续性的特征。

（六）再生性

人力资源是在人口和社会的再生产过程中，通过人口总体内每个个体的不断替换更新和劳动力消耗—生产—再消耗—再生产的过程实现的。人力资源的消耗主要表现为生理、心理和能力的磨损与消耗。生理消耗可以依靠休息、饮食营养和新的人力资源补充来实现再生；心理磨损可以通过良好的个人心理素质、和谐的人际关系、公正的企业制度和良好的组织文化等来实现再生；能力损耗可以依靠学习培训、实践等方面来实现再生。

第二节　人力资源管理基础

一、人力资源管理的界定、职能与内容

（一）人力资源管理的概念

人力资源管理可分为微观管理和宏观管理。宏观管理是指对社会整体人力资源进行计划、控制，进而调整和改善社会人力资源状况，使之适应社会生产发展要求，保证社会经济运行和发展，同时实现人的发展的过程。

微观管理是在组织内外环境因素的影响下，以特定组织目标为指引，通过计划、招聘、选择和培训，实现组织员工的素质能力与组织发展要求相一致，并在激励、绩效、职业生涯规划、劳动关系管理等职能的行使中，最终实现组织的目标和向员工提供安全健康的环境和生活服务、愉快的人际关系，使员工和组织实现共同发展的过程。

（二）人力资源管理的职能

人力资源管理的基本职能可以概括为五项：获取、整合、保留与激励、控制与调整、开发。它们之间是相辅相成、彼此配合的。

1. 获取

获取是指组织通过一定渠道和方式获取人力资源，包括招聘、考试、选拔与委派等。

2. 整合

整合使被招收的员工了解企业的宗旨与价值观，接受并遵从其指导，并使之内化为员工的价值观，从而建立和加强他们对组织的认同感与责任感。这方面的主要任务是强化员工的认同，增强组织凝聚力。员工的入职培训和在日常工作中的感受都十分重要。

3. 保留与激励

保留与激励是指保留已经加入组织的员工，并保证他们为了组织目标的实现而努力奋斗。这通常可以通过向员工提供与其业绩相匹配的奖酬、增强其满意度、使其安心并积极工作等来实现。

4. 控制与调整

评估员工的素质、考核其绩效，做出相应奖惩、升迁、离退和解雇等决策。

5. 开发

对员工实施培训，并提供给他们发展机会，指导他们认清自己的长处与短处以及今后的发展方向和道路。培训和职业生涯规划等都是非常重要的手段。

二、企业的人力资源管理部门

（一）企业的人力资源管理部门的组织结构

随着人力资源管理工作的职能化和专业化，许多组织都设有专门处理人力资源管理工作的部门。但是，需要说明的是，人力资源管理部门虽然承担了大多数日常人力资源管理工作，但并不是说组织的人力资源管理工作全部由这些部门承担。事实上，人力资源方面的工作是由人力资源专业人员与直线经理（也称部门经理）共同完成和承担的，即所有的管理者都会参与日常性的人力资源管理实践。

1. 小型组织的人力资源管理部门

很多小型组织的组织结构简单，工作量不大，分工不够细致，不会单独设置一个专门的人力资源管理部门来进行组织的人力资源管理工作。对于这些组织来讲，它们的人力资源管理职能往往由行政部门来承担，但这些行政部门又并非只承担人力资源管理职能，还承担接待、后勤、文秘等诸多工作。

2. 大中型组织的人力资源管理部门

在大中型组织中，人力资源管理职能变得比较复杂，组织往往会设置一个单独的部门来进行人力资源管理。但是，在不同规模的组织中，人力资源管理部门的复杂程度可能有所差异，越是大型的组织中其人力资源管理部门的组织结构越复杂。

人力资源管理部门是以组织的服务者的身份出现的，内部工作和人员主要划分为三个部门：服务中心，主要负责一些日常事务性工作，如办理手续、接受申诉等，对这些岗位上的人员要求并不高；业务中心，主要围绕人力资源管理传统核心职能活动展开，比如招聘、培训、薪酬、绩效等，这些岗位的人员需要有较扎实的人力资源管理技能；专家中心，主要负责组织的人力资源开发工作，制定组织的人力资源管理政策，向组织高层提供人力资源管理决策咨询等，这些岗位需要专家型人力资源管理者。

3. 人力资源管理职能外包

随着经济活动的专业化，出现了许多新的部门和机构，如人才中介机构、猎头公司、培训机构等，它们的出现使原先存在于组织内部的一些人力资源管理职能有了外包给市场的机会。所谓人力资源外包，是组织以合同的方式将人力资源管理中的全部或部分工作委托给市场上专业的人力资源机构来承担的行为。有些企业将自己与人力资源管理有关的大部分职能，如招聘、培训、劳动关系管理等都外包给市场上的专业机构，也有些组织只将极少数职能，如培训和开发外包给外部组织。

组织实施人力资源管理外包可以获得如下优势：首先，使组织的核心业务可以得到更好发展。每个组织都有自己的核心业务，在资源有限的情况下，如果组织将人力资源管理外包，那么可以为组织节省下很多人力、物力、财力、精力，使组织将更多资源和关注都放在自己的核心业务上，促进自身核心业务的良好发展。其次，可获得更加专业的人力资源管理服务。由于市场上的专业机构通常对人力资源管理的一些职能更加熟悉，工作效率高，组织只需支付一定费用就可以获得比较专业的人力资源管理服务。最后，可以降低人力资源管理风险。由于人员的不稳定性以及很多客观因素，组织将不可避免承受一些人员流失、财务等方面的风险，但是通过外包业务，将有很多风险与外包公司共同分担，能很好地适应外部环境的变化。

但是，组织实施人力资源管理外包也可能带来一些风险：首先，难以选择合作对象。市场上的人力资源管理企业较多，素质参差不齐，各个企业所擅长的领域也各不相同，组织很难根据自己的实际情况选择合适的合作对象。其次，外包企业不熟悉本组织的情况。虽然外包企业可能在人力资源管理业务上比较专业，但有可能因为不熟悉本组织的情况、对本组织的组织文化等考虑不周，从而导致其人力资源管理策略出现偏差和失误，给本组织带来风险和损失。最后，信息泄露问题。在业务外包时，为了配合对方的人力资源管理工作，本组织往往需要将自己组织的一些信息告知对方企业，这可能会导致本组织各类信息的泄露。

因此，组织应当慎重考虑是否需要选择外包的形式进行人力资源管理工作，在选择合作伙伴时，要选择资质齐全、经验丰富、适合本组织特点的外包公司，以合同的形式来保障双方的合作成功。

（二）人力资源管理人员的职责

组织的人力资源管理工作是由组织中所有管理人员共同参与，并非人力资源管理部门一个部门的职责。比如，组织的高层管理者在组织的人事政策、薪酬制度、培训与开发等诸多方面都起着决定性作用，各层管理者在自己部门内对所在部门的员工进行考勤要求、人员配置等工作也都属于人力资源管理的范畴，组织文化对人力资源管理工作也影响重大，很显然组织文化的形成是由全部组织成员共同努力的成果。

但是，作为组织中专门承担人力资源管理工作的部门，人力资源管理部门的直线经理和相关人员一定会在组织的人力资源管理中扮演主要角色。表 1-1 大致展示了他们的职责。

表 1-1　组织的人力资源管理直线经理和部门人员的活动与职责

工作活动	直线经理的活动与责任	人力资源管理专业人员的活动责任
职位分析	提供职位分析与设计的有关信息以及反馈	职位说明书与规范的编写
人力资源规划	人力资源规划与组织战略的协调与均衡	相关调研和组织人力资源规划的制定
员工招聘	直接参与面试；决定人员的录用与分配	招聘服务、咨询工作（如广告、材料收集与调查、配合直线经理的招聘录用、人员体检、劳资等相关法律的咨询与服务等）
培训与开发	组织员工培训；工作丰富化；给下属提供工作反馈信息；指导、帮助员工设计个人发展计划	制订员工培训计划；为员工培训提供帮助（如场地、器材、资金、后勤等）；帮助员工进行职业生涯规划；对管理者进行管理理论与方法（特别是人力资源开发与管理）的培训等

工作活动	直线经理的活动与责任	人力资源管理专业人员的活动责任
薪酬管理	工资、奖惩制度及其他激励措施的实施	工资、福利制度的制定；工资、福利制度执行与监督；员工福利及其他特殊需要的服务等
绩效管理与考核	运用公司的评估表格对员工进行绩效考核；绩效考核面谈	开发绩效考核工具；组织考核，汇总处理考核结果；保存考核记录
劳动关系	组织员工沟通；指导员工的合作与协调；冲突与处理；信息的收集与反馈；劳动纪律的监督执行；员工解雇、晋升、调动、辞职的决策	沟通制度的制定；沟通渠道的畅通保障；部门间的协调；信息的处理；企业文化传播；员工组织文化工作的开展；员工档案的管理；员工管理制度的制定；直线经理员工处理决策的审核与贯彻；对直线经理实行调控；为离退休人员提供咨询和服务
职业生涯规划	政策制定；个人职业生涯规划的引导；组织职业生涯规划工作的统筹	各项工作的执行与落实

第三节　人力资源管理运作

　　人力资源管理部门是随着企业人力资源管理的实践活动的发展演变而出现的。人力资源管理部门在企业中开展系列活动，同时扮演着一定的角色。

一、人力资源管理的责任主体

　　企业所有的管理者都是人力资源管理的扮演者。人力资源管理的责任主体有公司的高层管理者、人力资源管理部门、非人力资源管理部门的管理人员和企业的每一位员工，以上四者共同承担着公司的人力资源管理职责。

　　高层管理者承担人力资源管理政策的制定、建设和领导团队等重大人力资源管理的职责。人力资源管理部门与非人力资源管理部门都要承担人力资源管理的职责，企业中的各种人力资源管理制度和政策的实施离不开非人力资源管理部门的支持和配合。员工自身则负有自我开发与管理的责任。

人力资源管理部门与非人力资源管理部门的责任主要体现在几个对应关系上。第一是制度制定与制度执行的关系。人力资源管理部门负责制定相关的制度和政策，由非人力资源管理部门来贯彻执行；第二是监控审核与执行申报的关系。人力资源管理部门要对其他部门执行人力资源管理制度和政策的情况进行指导监控，同时还要对其他部门申报的有关信息进行审核，从企业整体出发进行平衡。非人力资源管理部门则要执行相关的人力资源制度和政策，及时进行咨询，同时要按时上报各种信息。第三是需求提出和服务提供的关系。非人力资源管理部门根据自己的情况提出有关的需求，人力资源管理部门要及时提供相应的服务，满足他们的要求。人力资源管理部门和非人力资源管理部门在履行人力资源管理各个职能时的分工情况如表1-2所示。

表1-2　人力资源管理部门和非人力资源管理部门的分工

职能	人力资源管理部门	非人力资源管理部门
职位分析	根据其他部门提供的信息，编制职位说明书； 与其他部门进行沟通，修订职位说明书	向人力资源管理部门提供信息； 配合人力资源管理部门修订职位说明书
人力资源规划	汇总各部门的需求计划，综合平衡预测公司的人员需求； 预测公司的人员供给； 拟订平衡供需计划	向人力资源管理部门提出人员需求计划
招聘甄选	根据规划确定招聘的时间、范围； 发布招聘信息； 对应聘人员进行初步筛选； 配合其他部门对应聘者进行测试，确定最终人选； 为新员工办理各种手续	提出人员需求的条件； 在人力资源管理部门的配合下确定最终的人选
培训开发	制定培训体系，包括培训的形式、项目、责任等； 汇总各部门的需求，平衡并形成公司的培训计划； 组织实施培训计划； 收集反馈意见	向人力资源管理部门提出培训的需求； 参加有关培训项目； 提出意见

职能	人力资源管理部门	非人力资源管理部门
绩效管理	制定绩效管理体系，包括考核内容的类别、周期、方式和步骤等； 指导各部门确定考核指标的内容和标准； 对管理者进行考核培训； 组织考核实施； 处理员工对考核的申诉； 保存考核结果； 根据考核结果做出相关的决策	具体确定本部门考核指标的内容和标准； 参加考核者的培训； 具体实施本部门的考核； 与员工进行沟通，制定绩效改进计划； 根据考核的结果向人力资源管理部门提出相关的建议
薪酬管理	制定薪酬体系，包括薪酬的结构、发放方式、确定的标准等； 核算员工的具体薪酬数额； 审核各部门的奖惩建议； 办理各种保险	向人力资源管理部门提出相关的奖惩建议
劳动关系管理	制定企业文化建设方案并组织实施； 建立沟通的机制和渠道； 听取员工的各种建议； 规划员工的职业生涯	具体实施企业文化建设方案； 向人力资源管理部门提出员工职业生涯发展的建议； 直接处理员工的有关意见

二、人力资源管理部门所承担的活动

人力资源管理部门所承担的活动可以划分为三大类：第一类是战略性和变革性的活动。战略性和变革性的活动涉及整个企业，包括战略制定和调整以及企业变革的推动等内容。严格来讲，这些活动都是企业高层管理者的职责，但是人力资源管理部门必须参与到这些活动中来，要从人力资源管理的角度为这些活动的实施提供有力的支持。第二类是业务性的职能活动，包括人力资源招聘、职位分析、培训开发、薪酬管理等。第三类是行政性的事务活动，如员工档案的管理、人力资源信息的保存等。

人力资源管理部门要充分利用计算机、网络技术和专业的人力资源管理软件，或将部分职能外包给专业化的人力资源服务公司，将烦琐费时的行政性事务和部分业务性活动从人力资源管理工作中剥离出去，从而使自己的人力资源管理活动发生根本性的变化。人力资源管理部门应将节省出来的时间和成本投入到战略性和变革性活动中去，为企业创造更大的价值，成为业务部门的战略伙伴。

三、人力资源管理部门的角色

和其他管理者一样，人力资源管理者在企业中也要扮演一定的角色，而所有人力资源管理者角色的集合就形成了人力资源管理部门的角色。

随着管理实践的发展，人们对人力资源管理部门的角色逐渐形成了统一的认识。人力资源管理者应该承担四种角色：战略伙伴、变革推动者、员工激励者和人力资源管理的行政专家。

（一）行政专家

人力资源管理的行政专家角色主要是指导过程，保存记录，认真对待涉及员工的各种差旅费、病假政策等问题，确保员工能够得到合理的报酬，管理劳动合同以及避免各种相关法律问题的出现等。人力资源管理的行政专家角色主要是告诉管理人员和员工什么不能做，如果对该角色加以一定的限制，人力资源管理部门的职员会被看作办事员，对企业只有低层次的行政贡献。随着互联网等技术在行政管理领域的运用，人力资源管理所扮演的行政专家角色开始趋于淡化，如员工的人事记录、档案管理等随着技术的发展已经变得越来越容易。

（二）员工激励者

员工激励者的角色承担着对员工的企业承诺和贡献进行管理的任务。无论员工的技能水平有多么高，一旦他们与企业疏远，或者内心感到不平衡，那么他们就可能不会再为企业的成功而尽自己的一份努力；同时，他们也不会在企业中继续工作太长的时间，这都会造成人力资源的损失。因此，员工激励者的角色是非常重要的。

（三）变革推动者

变革推动者的角色要求人力资源管理部门能够帮助企业完成转型和变革，以使企业能够适应新的竞争环境。在当今这个急剧变化、竞争激烈的时代，企业需要持续不断地进行变革并培养自身实现变革的能力。

（四）战略伙伴

人力资源管理在今天所能扮演的最重要角色之一就是战略伙伴角色，人力资源管理战略与企业战略保持一致，这将有助于企业战略的执行。人力资源管理的战略角色强调人是企业获取资产的最有价值的源泉，有效地运用企业中的人力资源以提供竞争优势成为企业成功的关键。当人力资源管理扮演战略伙伴角色时，必须着眼于人力资源管理问题的长期影响。这种着眼于解决长期问题的观点的讨论与决策，反映了人力资源管理对企业成功的贡献以及人力资源管理成为更重要的战略贡献者的需要。

四、人力资源管理者胜任素质

（一）胜任素质

胜任素质（competency）也称胜任特征、胜任力，是指员工在某种职位上取得卓越绩效而必须具备的各种知识、技能、能力、个性及其他相关个人特质的总和。传统的学校成绩测验、能力倾向测验、智力测验等并不能有效预测职业成就或生活成就，其主要原因在于这些测验的内容都是基于一般生活情境，而不是基于特定的工作情境。而一个人需要在特定的现实工作情境中实现其工作绩效，因此，麦克利兰提出用基于特定工作情境的胜任素质测验来代替传统的心理测试。他的这一开创性研究很快得到了学术界和企业界的认同，胜任素质测验法被视为卓有成效的人力资源管理工具，已被全球众多的政府部门、教育机构、军队以及企业等组织采纳、运用。

（二）人力资源管理者的胜任素质

人力资源管理者的胜任素质是指人力资源管理者从事人力资源工作应具备的最基本的知识、技能、能力及个性的总和。人力资源管理者的胜任素质可以分为个人特质、人力资源管理技能、战略性贡献、经营知识四个方面。

1. 个人特质

人力资源管理者要有较强的亲和力，具有团队合作的意识，善于激励团队，遇到问题善于寻求别人的帮助，能够充分利用资源。正直是人力资源管理专业人员的首要品质。人力资源的每一项举措都涉及员工的切身利益，只有正直的人力资源管理者才有可能创建公平、公正的人力资源管理制度。人力资源管理者还必须具备出色的人际沟通能力和书面表达能力，从某种意义上说，人力资源管理者所做的各种事情都需要通过沟通来完成，人力资源管理者就是一个 360° 的沟通者。

2. 人力资源管理技能

人力资源管理人员要掌握与人力资源管理者所承担的各类职能活动有关的知识，具备设计和制定各种人力资源管理制度、方案的能力。人力资源管理人员还要具备推行和实施各种人力资源管理制度及方案的能力，人力资源管理技能是进行工作的基础，也是区别于其他非人力资源管理人员的重要标志。

3. 战略性贡献

成功的公司需要拥有定位于战略层面的高级人力资源管理者，他们在公司中进行"文化管理"，推动公司的"快速变革"，参与公司的"战略决策"，并创造"市场驱动的链接"。文化管理能力是指做好企业文化定位、组织提炼企业各项理念、确立体系完善的企业文化建设方案、建立企业文化管理制度、持续组织开展企业文化的宣传等能力。人力资源管理人员必须明白他们是"文化的守护者"，他们的影响远远超过其业务领域。管理变革能力包括积极参与企业创新、变革的活动，有较强的演讲才能，有专业咨询的修养，能快速理解创新的关键环节和推动程序；有激励员工的技巧和能力，善于平衡、协调、处理不同意见和改革中的矛盾。战略决策能力是指人力资源管理者参与企业战略和人力资源战略制定、参与企业变革的决断能力。人力资源管理者能预测变革的趋势、可能存在的问题和相关利益的得失，并将这些变数结合管理变革的进程加以考虑，有前瞻性。

4. 经营知识

不同的行业需要不同的人力资源管理工具，不同的主营业务需要采取不同的人力资源管理举措。人力资源管理者在制定政策和方针时，必须了解公司的业务和行业情况。人力资源管理人员要求具有如市场、融资、战略、技术、营销和人力资源等功能领域方面的知识，还要关注业务发展变化趋势，知晓企业经营的框架，了解财务报表的构成，懂得市场营销知识和网络信息交流。人力资源专业人员只有对财务、战略、技术等问题有着正确的认识与理解，才能在各种战略讨论中发挥有价值的作用。

第二章 人力资源规划

第一节 人力资源规划概述

一、人力资源规划概念

人力资源规划是指在依据企业的战略目标、明确企业现有的人力资源状况、科学地预测企业未来的人力资源供需状况的基础上，制定相应的政策和措施，以确保企业的人力资源不断适应企业经营和发展的需要，使企业和员工都能获得长远的利益。

要准确理解人力资源规划的概念，必须把握以下五个要点。

第一，人力资源规划是在组织发展战略和目标的基础上进行的。企业的战略目标是人力资源规划的基础，人力资源管理是组织管理系统中的一个子系统，要为组织发展提供人力资源支持，因此人力资源规划必须以组织的最高战略为坐标，否则人力资源规划将无从谈起。

第二，人力资源规划应充分考虑组织外部和内部环境的变化。一方面，企业外部的政治、经济、法律、技术、文化等一系列因素的变化导致企业外部环境总是处于动态的变化中，企业的战略目标可能会随之不断发生变化和调整，从而必然会引起企业内人力资源需求的变动。另一方面，在企业的发展过程中，不可避免地会出现员工的流出或工作岗位的变动，这可能会引起企业人力资源状况的内部变化。因此，需要对这些变化进行科学的分析和预测，使组织的人力资源管理处于主动地位，从而确保企业发展满足人力资源的需求。

第三，人力资源规划的前提是对现有人力资源状况进行盘点。进行人力资源规划，首先要立足于企业现有的人力资源状况，从员工数量、年龄结构、知识结构、素质水平、发展潜力和流动规律等几个方面，对现有的人力资源进行盘点，并运用科学的方法，找出目前的人力资源状况与未来需要达到的人力资源状况之间的差距，从而为人力资源规划的制定奠定基础。

第四，人力资源规划的目标是制定人力资源政策和措施。例如，为了适应企业发展需要，要对内部人员进行调动补缺，就必须有晋升和降职、外部招聘和培训，以及奖惩等方面的切实可行的政策和措施来加以协调和保障，以保证人力资源规划目标的实现。

第五，人力资源规划的最终目的是要使企业和员工都获得长期利益。企业的人力资源规划不仅要关注企业的战略目标，还要切实关心企业中每位员工在个人发展方面的需要，帮助员工在实现企业目标的同时实现个人目标。只有这样，企业才能留住人才，充分发挥员工的积极性和创造性，提高员工的工作绩效；只有这样，企业才能吸引、招聘到合格的人才，从而最终提高企业的竞争能力，实现企业的战略目标。

通过人力资源规划，要解决下面几个基本问题：

第一，目标是什么？回答这一问题的目的是在明确组织目标的基础上，衡量目标和现状之间的差异，其中最大的和最重要的差异就成为组织人力资源管理的目标。确定目标需要考虑有哪些条件会发生改变，需要采取什么标准来衡量成功与否等。

第二，如何才能实现目标？为了缩小现实与目标之间的差距，需要花费资源从事人力资源管理活动，这也是人力资源管理工作的主要内容。人力资源规划就是要选择手段并把它们整合起来，建立一个体系。

第三，做得如何？在实施了规划的人力资源管理活动之后，我们需要考察企业是否已经实现了既定的目标。然后再回到人力资源规划的第一个问题上，并重新制定新一轮的规划。

二、人力资源规划的作用

人力资源规划不仅在企业的人力资源管理活动中具有先导性和战略性，而且在实施企业总体规划中具有核心的地位。具体而言，人力资源规划的作用体现在以下几个方面。

（一）有利于企业制定战略目标和发展规划

一个企业在制定战略目标、发展规划以及选择决策方案时，要考虑到自身资源，特别是人力资源的状况。人力资源规划是企业发展战略的重要组成部分，也是实现企业战略目标的重要保证。人力资源规划促使企业了解与分析目前企业内部人力资源余缺的情况，以及未来一定时期内的人员晋升、培训或对外招聘的可能性，有助于目标决策与战略规划。

（二）确保企业在发展过程中对人力资源的需求

企业内部和外部环境总是处在不断的发展变化中，这就要求企业对其人力资源的数量、质量和结构等方面不断进行调整，以保证工作对人的需要和人对工作的适应。企业如果不能事先对人力资源状况进行系统的分析，并采取有效措施，就会不可避免地受到人力资源问题的困扰。虽然较低技能的一般员工可以在短时间内通过劳动力市场获得，但是对企业经营起决定性作用的技术人员和管理人员一旦出现短缺，则无法立即找到替代人员。因此，人力资源部门必须注意分析企业人力资源需求和供给之间的差距，制定各种规划，不断满足企业对人力资源多样化的需要。

（三）有利于企业人力资源管理工作的有序进行

人力资源规划作为一种计划功能，是人力资源管理的出发点，是任何一项人力资源管理工作得以成功实施的重要步骤。人力资源规划具有先导性和战略性，是组织人力资源管理活动的基础。它由总体规划和各种业务计划构成，可以在实现组织目标进行规划的过程中，为人力资源管理活动，如人员的招聘、晋升、培训等提供可靠的信息和依据，从而保证人力资源管理活动的有序进行。

（四）控制企业的人工成本和提高人力资源的利用效率

在现代企业的成本中，最大的成本是人力资源，而人力资源成本在很大程度上取决于人员的数量和分布情况。在一个企业成立初期，低工资的人员较多，人力资源成本相对较低；随着企业规模的扩大，员工数量的增加，员工职位的提升，工资水平上涨，人力资源成本有所增加。如果没有科学的人力资源规划，难免会出现人力资源成本增加，人力资源利用效率下降的情况。因此，人力资源规划可以通过有计划地调整人员数量和分布状况，把人工成本控制在合理的范围内，提高人力资源的利用效率。

（五）调动员工的积极性和创造性

人力资源规划不仅是面向组织的计划，也是面向员工的计划。许多企业面临着源源不断的员工跳槽，表面上看来是因为企业无法给员工提供优厚的待遇或者晋升渠道。其实是人力资源规划的空白或不足，因为并不是每个企业都能提供有诱惑力的薪酬和福利来吸引人才，许多缺乏资金、处于发展初期的中小企业照样可以吸引到优秀人才并迅速成长。它们的成功之处不外乎立足企业自身情况，营造企业与员工共同成长的组织氛围。企业应在人力资源规划的基础上，引导员工进行职业生涯设计和发展，让员工清晰地了解自己未来的发展方向，看到自己的发展前景，从而去积极、努力争取，调动其工作积极性和创造性，共同实现企业的目标。

三、人力资源规划的分类

（一）按照规划的时间长短划分

人力资源规划按时间的长短可以分为长期规划、中期规划和短期规划。

1. 长期人力资源规划

长期人力资源规划期限一般为 5 年以上，对应于企业的长期总体发展目标，是对企业人力资源开发与管理的总目标、总方针和总战略进行系统的谋划。其特点是具有战略性和指导性，没有十分具体的行动方案和措施，只是方向性的描述。

2. 中期人力资源规划

中期人力资源规划期限一般在 1 年以上 5 年以下，对应于企业中长期发展目标，包括对未来发展趋势的判断和对发展的总体要求。其特点是方针、政策和措施的内容较多且比较明确，但没有短期人力资源规划具体。

3. 短期人力资源规划

短期人力资源规划是指 1 年或 1 年以内的规划，一般表现为年度、季度人力资源的规划，主要是具体的工作规划，这类规划的特点是目的明确、内容具体，有明确的具体行动方案和措施，具有一定的灵活性。这种划分期限的长短并不是绝对的。对于一些企业来说，长期人力资源规划、中期人力资源规划和短期人力资源规划的期限可能比前述的期限更长，而对于另一些企业来说期限可能会更短。这取决于企业所在行业性质和企业生命周期等因素。

（二）按照规划的范围划分

人力资源规划按照范围的大小可以划分为整体规划、部门规划和项目规划。

1. 整体规划

整体规划关系到整个企业的人力资源管理活动，是属于企业层面的，在人力资源规划中居于首要地位。

2. 部门规划

部门规划是指企业各个业务部门的人力资源规划。部门规划在整体规划的基础上制定，内容专一性强，是整体规划的子规划。

3．项目规划

项目规划是指对某项具体任务的计划。它是指对人力资源管理特定课题的计划，如项目经理培训计划。项目规划与部门规划不同，部门规划只是单个部门的业务，而项目规划是为某种特定的任务而制订的。

（三）按照规划的性质划分

人力资源规划按照性质的不同可以划分为战略性人力资源规划和战术性人力资源规划。

1．战略性人力资源规划

战略性人力资源规划着重于总的、概括性的战略与方针、政策与原则，具有全局性和长远性，通常是人力资源战略的表现形式。

2．战术性人力资源规划

战术性人力资源规划一般指具体的、短期的、具有专业针对性的业务规划。战术性人力资源规划具有内容具体、要求明确、措施落实和容易操作等特点。

四、人力资源规划的内容

（一）人力资源总体规划

人力资源总体规划是对计划期内人力资源规划结果的总体描述，包括预测的需求与供给分别是多少，做出这些预测的依据是什么，供给与需求的比较结果是什么，企业平衡需求与供给的指导原则和总体政策是什么等，人力资源总体规划包括人力资源数量规划、人力资源素质规划和人力资源结构规划。

1．人力资源数量规划

人力资源数量规划是指依据企业未来业务模式、业务流程、组织结构等因素来确定未来企业各部门人力资源编制以及各类职位人员配比关系，并在此基础上制订企业未来人力资源的需求计划和供给计划。人力资源数量规划主要解决企业人力资源配置标准的问题，它为企业未来的人力资源配置提供了依据和指明了方向。

2．人力资源素质规划

人力资源素质规划是依据企业战略、业务模式、业务流程和组织对员工的行为要求，设计各类人员的任职资格。人力资源素质规划是企业选人、育人、用人及留人活动的基础和前提。人力资源素质规划包括企业人员的基本素质要求、人员基本素质提升计划以及关键人才招聘、培养和激励计划等。

3. 人力资源结构规划

人力资源结构规划是指依据行业特点、企业规模、战略重点发展的业务及业务模式，对企业人力资源进行分层分类、设计和定义企业职位种类与职位责权界限的综合计划。通过人力资源结构规划，理顺各层次、各种类职位上人员在企业发展中的地位、作用和相互关系。

人力资源数量规划和人力资源结构规划以及人力资源素质规划是同时进行的，数量规划和素质规划都是在依据结构规划所确定的结构基础之上进行的，因此人力资源结构规划是关键。

（二）人力资源业务规划

人力资源业务规划包括人员配备计划、人员补充计划、人员使用计划、培训开发计划、薪酬激励计划、劳动关系计划和退休解聘计划等。

1. 人员配备计划

人员配备计划是指根据组织发展规划，结合组织人力资源盘点报告，来制定人员配备计划。在企业中，每一个职位、每一个部门的人力资源需求都存在一个适合的规模，并且这个规模会随着企业外部环境和内部条件的变化而改变。人员配备计划就是为了确定在一定的时期内与职位、部门相适合的人员规模和人员结构。

2. 人员补充计划

人员补充计划即拟定人员补充政策，目的是使企业能够合理地、有目标地填补企业中可能产生的空缺。在组织中，常常会由于各种原因出现职位空缺或新职位，例如，企业规模扩大，进入新的产品领域，员工的晋升、离职、退休等情况都会产生新职位或空缺职位。为了保证企业出现的空缺职位和新职位得到及时而又经济的补充，企业就需要制定人员补充计划。

3. 人员使用计划

人员使用计划包括人员晋升计划和人员轮换计划。晋升计划实质上是企业内部晋升政策的一种表达方式，根据企业的人员分布状况和层级结构，拟定人员晋升政策。对企业来说，有计划地提拔有能力的人员，不仅是人力资源规划的重要职能，更重要的是体现了对员工的激励。晋升计划一般由晋升比率、平均年资、晋升时间等指标来表达。

4. 培训开发计划

培训开发计划是为了满足企业的可持续发展，在对需要的知识和技能进行评估的基础上，有目的、有计划地对不同人员进行的培养和开发。企业实施培训开发计划，一方面可以使员工更好地胜任工作，另一方面也有助于企业吸引和留住人才。

5. 薪酬激励计划

对企业来说，制定薪酬激励计划，一方面是为了保证企业的人力资源成本与经营状况保持适当的比例关系；另一方面是为了充分发挥薪酬的激励作用。企业通过薪酬激励计划可以在预测企业发展的基础上，对未来的薪资总额进行预测，并设计未来的人力资源政策，如激励对象、激励方式的选择等，以调动员工的积极性。薪酬激励计划一般包括薪资结构、薪资水平和薪资策略等。

6. 劳动关系计划

劳动关系计划是关于减少和预防劳动争议、改善企业和员工关系的重要人力资源业务计划。劳动关系计划在增强员工的满意度、降低人员流动率、减少企业的法律纠纷、维护企业的社会形象、保障社会的稳定等方面正发挥着越来越不可估量的作用。

7. 退休解聘计划

退休解聘计划是企业对员工的淘汰退出机制，虽然现代企业已经不再是终身雇佣制，但有的企业依然存在大量冗余人员。出现这种现象是因为企业只设计了向上晋升的通道，未设计向下退出的通道，退休解聘计划就是设计向下退出的通道。晋升计划和退休解聘计划使企业的员工能上能下，能出能进，保证了企业人力资源的可持续健康发展。

人力资源业务计划是人力资源总体规划的展开和具体化，它们分别从不同的角度保证了人力资源工作规划目标的实现。各项人力资源业务计划是相辅相成的，在制定人力资源业务计划时，应当注意各项业务计划之间要相互配合。例如，培训计划、使用计划和薪酬计划之间需要相互配合：当某些员工通过培训提高了工作能力，但企业在员工使用和薪酬制度方面没有相应的配套，就可能挫伤员工接受培训的积极性，甚至可能导致培训后的员工流失。

五、人力资源规划的程序

人力资源规划的制定是一个复杂的过程，涉及的内容比较多、人员范围比较广，需要多方面的支持与协作。因此，规范和科学的人力资源规划程序是提高企业人力资源规划质量的制度保证。人力资源规划的过程一般分为五个阶段，即准备阶段、预测阶段、制定阶段、执行阶段和评估阶段。下面结合这五个阶段对人力资源规划的整个过程进行简要的说明。

（一）准备阶段

要想做好每一项规划都必须充分收集相关信息，人力资源规划也不例外。由于影响企业人力资源供给和需求的因素有很多，为了能够比较准确地做出预测，需要收集有关的各种信息，这些信息主要包括以下几方面内容。

1. 外部环境的信息

外部环境对人力资源规划的影响主要是两个方面。一方面是企业面对的大环境对人力资源规划的影响，如社会的政治、经济、文化、法律、人口、交通状况等；另一方面是劳动力市场的供求状况、人们的择业偏好、企业所在地区的平均工资水平、政府的职业培训政策、国家的教育政策以及竞争对手的人力资源管理政策等，这类企业外部的小环境同样对人力资源规划产生一定的影响。

2. 内部环境的信息

内部环境的信息对人力资源规划的影响包括两个方面，一是组织环境的信息，如企业的发展规划、经营战略、生产技术以及产品结构等；二是管理环境的信息，如公司的组织结构、企业文化、管理风格、管理体系以及人力资源管理政策等，这些因素都直接决定着企业人力资源的供给与需求。

3. 现有人力资源的信息

制定人力资源规划，要立足于人力资源现状，只有及时准确地掌握企业现有人力资源的状况，人力资源规划才有意义。为此需要借助人力资源信息管理系统，以便能够及时和准确地提供企业现有人力资源的相关信息。盘点现有的人力资源信息主要包括：①个人自然情况；②录用资料；③教育和培训资料；④工资资料；⑤工作执行评价；⑥工作经历；⑦服务与离职资料；⑧工作态度调查；⑨安全与事故资料；⑩工作环境资料，以及工作与职务的历史资料等。

（二）预测阶段

人力资源预测阶段是组织规划过程中的重要环节，它涉及到对组织未来人力资源需求和供给的预估。这一阶段通常分为两个主要部分：人力资源需求预测和人力资源供给预测。

1.人力资源需求预测

人力资源需求预测是指根据组织的战略目标、发展规划和工作任务，综合考虑内外部因素，运用科学方法对将来某个时期内组织所需员工的数量和质量进行预测。需求预测的影响因素包括宏观层面的劳动力市场、社会进步、外部竞争等，以及微观层面的企业战略目标规划、经营状况、管理水平等。

2.人力资源供给预测

人力资源供给预测则是对组织在未来某一特定时期内能够获得的人力资源数量、质量和结构进行估计。供给预测包括内部供给和外部供给两个方面，影响因素包括外部劳动力市场状况、内部劳动力状况、员工满意度、薪酬水平等。

（三）制定阶段

在收集相关信息和分析了人力资源供需的基础上，就可以制定人力资源规划了。人力资源规划的制定阶段是人力资源规划整个过程的实质性阶段，包括制定人力资源目标和人力资源规划内容两个方面。

1.人力资源目标的确定

人力资源目标是企业经营发展战略的重要组成部分，并支撑企业的长期规划和经营计划。人力资源目标以企业的长期规划和经营规划为基础，从全局和长期的角度来考虑企业在人力资源方面的发展和要求，为企业的持续发展提供人力资源保证。人力资源目标应该是多方面的，涉及人力资源管理各项活动，人力资源目标应该满足 SMART 原则：目标必须是具体的（Specific）；目标必须是可以衡量的（Measurable）；目标必须是可以达到的（Attainable）；目标必须和其他目标具有相关性（Relevant）；目标必须具有明确的截止期限（Time-bound）。

2.人力资源规划内容的制定

在制定人力资源业务规划内容时，应该注意两个问题。第一，内容应该具体明确，具有可操作性。如一项人员补充计划应该包括，根据企业的发展战略需要引进人才的数量和质量，引进人才的时间和需要增加的预算，其他相关问题等。第二，业务性人力资源规划涉及人力资源管理的各个方面，如人员补充计划、人员使用计划、人员培训计划等，由于这些计划是相互影响的，在制订时要充分考虑到各项计划的综合平衡问题。例如，人员培训计划会使员工的素质通过培训得到提高，工作绩效有所改善，但如果其报酬没有改变，就会使员工觉得培训是浪费时间，从而挫伤其参加培训的积极性。制订人员培训计划时应同时考虑人员使用计划和薪酬激励计划之间的协调，因此，各项人力资源业务计划应该相互协调，避免出现不一致甚至冲突。

（四）执行阶段

制定人力资源规划并不是企业的最终目的，最终目的是执行人力资源规划。人力资源规划的执行是企业人力资源规划的一项重要工作，人力资源规划执行是否到位，决定整个人力资源规划成功与否。人力资源规划一经制订出来，就要付诸实施，在人力资源规划的实施阶段，需要注意两个方面的问题：一方面，确保具体人员来负责既定目标的达成，同时还要确保实施人力资源规划方案的人拥有达成这些目标所必需的权力和资源；另一方面，还需要重视的是，定期得到关于人力资源规划执行情况的进展报告，以保证所有的方案都能够在既定的时间内执行到位，以及在这些方案执行的早期所产生的一些收益与预测的情况是一致的，保证方案的执行是按各项人力资源规划进行的。

（五）评估阶段

对人力资源规划实施的效果进行评估是整个人力资源规划过程的最后一步，由于预测不可能做到完全准确，人力资源规划也不是一成不变的，它是一个开放的动态系统。人力资源规划的评估包括两层含义：一是指在实施的过程中，要随时根据内外部环境的变化来修正供给与需求的预测结果，并对平衡供需的措施做出调整；二是指要对预测的结果以及制定的措施进行评估，对预测的准确性和措施的有效性做出衡量，找出其中存在的问题以及有益的经验，为以后的规划提供借鉴和帮助。人力资源规划进行评估应注意以下几个问题：预测所依据信息的质量、广泛性、详尽性、可靠性；预测所选择的主要因素的影响与人力资源需求的相关度；人力资源规划者熟悉人事问题的程度以及对它们的重视程度；人力资源规划者与提供数据和使用人力资源规划的人事、财务部门以及各业务部门经理之间的工作关系；在有关部门之间信息交流的难易程度；决策者对人力资源规划中提出的预测结果、行动方案和建议的利用程度；人力资源规划在决策者心目中的价值；人力资源各项业务规划实施的可行性。

第二节　人力资源的供需预测

人力资源供需预测是人力资源规划的基础。它是一项技术性较强的工作，其中涉及许多专门的技术和方法。同时，人力资源供需预测也是企业人力资源规划的核心内容。

一、人力资源需求预测

人力资源需求预测就是为了实现企业的战略目标，根据企业所处的外部环境和内部条件，选择适当的预测技术，对未来一定时期内企业所需人力资源的数量、质量和结构进行预测。在对人力资源进行需求预测之前，先要确定岗位将来是否确实有必要存在，该岗位的定员数量是否合理，现有工作人员是否具备该岗位所要求的条件，未来的生产任务、生产能力是否可能发生变化等。

（一）影响企业人力资源需求的因素

企业对人力资源的需求受到诸多因素的影响，归结起来主要分为两类：企业内部因素和企业外部环境。

1. 企业内部因素

（1）企业规模的变化

企业规模的变化主要来自两个方面：一是在原有的业务范围内扩大或压缩规模；二是增加新的业务或放弃旧的业务。这两个方面的变化都会对人力资源需求的数量和结构产生影响。企业规模扩大，则需要的人力就会增加，新的业务更需要掌握新技能的人员；企业规模缩小，则需要的人力也将减少，于是就会导致裁员、员工失业。

（2）企业经营方向的变化

企业经营方向的调整，有时并不一定导致企业规模的变化，但对人力资源的需求会发生改变。

（3）技术、设备条件的变化

企业生产技术水平的提高、设备的更新，一方面会使企业所需人员的数量减少；另一方面，对人员的知识、技能的要求会随之提高，也就是对所需人员的要求要提高。

（4）管理手段的变化

企业采用先进的管理手段，会使企业的生产率和管理效率提高，从而引起企业人力资源需求的变化。

（5）人力资源自身状况

企业人力资源状况对人力资源需求也存在重要的影响。例如，人员流动比率的大小会直接影响企业对人力资源的需求。人员流动比率反映了企业中由于辞职、解聘、退休及合同期满而终止合同等原因引起的职位空缺规模。此外，企业人员的劳动生产率、工作积极性、人才的培训开发等也会影响企业对人力资源的需求。

2. 企业外部环境

企业的外部环境对企业人力资源需求的影响，多是通过企业内部因素起作用的。影响企业人力资源需求的外部环境主要包括经济、政治、法律、技术和竞争对手、顾客需求等。例如，经济的周期性波动，会引起企业战略或规模的变化，进而引起人力资源需求的变化；竞争对手之间的人才竞争，会直接导致企业人才的流失；顾客的需求偏好发生改变，会引起企业经营方向的改变，进而也会引起人力资源需求的变动。

（二）人力资源需求预测的方法

人力资源需求预测的方法包括定性预测法和定量预测法两大类。

1. 定性预测法

（1）管理人员经验预测法

管理人员经验预测法是凭借企业的管理者所拥有的丰富经验甚至是个人的直觉，来预测企业未来的人力资源需求。例如，根据前期工作任务的完成情况，结合下一期的工作任务量，管理人员就可以预测未来的人员需求。它是一种比较简单的方法，完全依靠管理者的经验和个人能力，缺点是预测结果的准确性不能保证，通常用于短期预测。同时，当企业所处的环境较为稳定、组织规模较小时，单独使用此方法，可以迅速得出预测结论，获得满意的效果；在企业所处环境复杂、组织规模较大的情况下，往往需要与其他预测方法结合使用。

（2）分合预测法

分合预测法是一种较为常用的人力资源需求的预测方法，包括自上而下、自下而上两种方式：第一，自上而下方式，是由企业的高层管理者先初步拟定组织的总体用人目标和计划，然后逐级下达到各部门和单位，在各个部门和单位内进行讨论和修改，再将各自修改后的意见逐级汇总后反馈到企业高层，高层管理者据此对总体计划做出修正，最后公布正式的用人计划；第二，自下而上方式，是企业的高层管理者首先要求各个部门和单位根据各自的工作任务、技术设备的状况等，对本部门将来各种人员的需求进行预测，在此基础上对各部门和单位提供的预测数进行综合平衡，从中预测出整个组织将来一定时期的人员需求状况。

分合预测法能够使企业各层管理者参与人力资源规划的制定，根据本部门的实际情况确定较为合理的人力资源规划，调动他们的积极性。但是，这种方法由于受企业各层管理者的知识、经验、能力、心理成熟度的限制，长期的人员需求预测不是很准确。因此，分合预测法是一种中短期的人力资源需求预测的方法。

（3）德尔菲法

德尔菲法，又称专家预测法，最早由美国兰德公司在20世纪40年代末创立。德尔菲法在创立之初被专门用于技术预测，后来才逐渐扩展到了其他领域，成了一种专家对影响组织发展的某一问题的看法达成一致意见的结构化方法。德尔菲法的特征体现在以下几个方面：吸引专家参与预测，充分利用专家的经验和学识；采用匿名或背靠背的方式，使每一位专家独立、自由地做出自己的判断；预测过程多次反馈，使专家的意见逐渐趋同。

德尔菲法用于企业人力资源需求预测的具体操作步骤如下：

①确定预测的目标，由主持预测的人力资源管理部门确定关键的预测方向、相关变量和难点，列举出必须回答的有关人力资源预测的具体问题；

②挑选各个方面的专家，每位专家都要拥有人力资源预测方面的某种知识或专长；

③人力资源部门向专家发出问卷和相关材料，使他们在背靠背、互不通气的情况下，独立发表看法；

④人力资源部门将专家的意见集中、归纳，并将归纳的结果反馈给他们；

⑤专家根据归纳的结果进行重新思考，修改自己的看法；

⑥重复进行第四步和第五步，直到专家的意见趋于一致，通常这一过程需要3~4轮。

德尔菲法的优点是可以集思广益，并且可以避免群体压力和某些人的特殊影响力，对影响人力资源需求各个方面的因素可以进行比较全面、综合的考虑；缺点是花费时间较长、费用较大。所以这种方法适用于长期的、趋势性的预测，不适用于短期的、日常的和比较精确的人力资源需求预测。

2. 定量预测法

（1）趋势分析法

趋势分析法是利用组织的历史资料，根据某个因素的变化趋势预测相应的人力资源需求。如根据一个公司的销售以及历史上销售额与人力资源需求的比例关系，确定一个相对合理的未来比例，然后根据未来销售额的变化趋势来预测人力资源需求。这种方法有两个假定前提：第一，假定企业的生产技术构成基本不变，这样单位产品的人工成本才大致保持不变，并以产品数量的增减为根据来推测人员需求数量；第二，假定市场需求基本不变，在市场需求变化不大的情况下，人员数量与其他变量如产量的关系才容易分析出来。

（2）转换比率分析法

转换比率分析法是根据过去的经验，把企业未来的业务量转化为人力资源需求量的预测方法。转换比率分析法的操作步骤如下：

①确定企业未来的业务量，根据以往的经验估计与企业的业务规模相适应的关键技能员工的数量；

②根据关键技能员工的数量估计辅助人员的数量；

③加总得出企业人力资源总需求量。

使用转换比率分析法将企业的业务量转换为人力资源需求量时，通常要以组织已有的人力资源的数量与某个影响因素之间的相互关系为依据，来对人力资源的需求进行预测，以一所医院为例，当医院的病床数量增加一定的百分比时，护士的数量也要增加相应的百分比，否则难以保证医院的医疗服务质量。类似的还有，根据过去的销售额和销售人员数量之间的比例关系，预测未来的销售业务量对销售人员的需求量。

（3）回归分析法

由于人力资源的需求受到某些因素的影响，回归预测法的基本思路就是要找出那些与人力资源需求关系密切的因素，并依据过去的相关资料确定出它们之间的数量关系，建立一个回归方程，然后再根据这些因素的变化以及确定的回归方程来预测未来的人力资源需求。使用回归预测法的关键是要找出那些与人力资源需求高度相关的变量，才能建立起回归方程预测。

根据回归方程中变量的数目，可以将回归预测分为一元回归预测和多元回归预测两种。一元回归由于涉及一个变量，建立回归方程时相对比较简单；而多元回归由于涉及的变量较多，所以建立方程时要复杂得多，但是它考虑的因素也比较全面，预测的准确度往往要高于前者。由于曲线关系的回归方程建立起来比较复杂，为了方便操作，在实践中经常采用线性回归方程来进行预测。

二、人力资源供给预测

人力资源供给预测也称为人员拥有量预测，是预测在未来某一时期内组织内部所能供应的或经培训可能补充的，以及外部劳动力市场所提供的一定数量、质量和结构的人员，以满足企业为实现目标而产生的人员需求。

（一）企业内部人力资源供给

企业内部人力资源供给预测主要分析计划期内将有多少员工留在目前的岗位上，有多少员工流动到其他的岗位上，又有多少员工会流出组织。

1. 影响企业内部人力资源供给的因素

（1）现有人力资源的运用情况

企业现有人力资源的运用情况包括：员工的工作负荷饱满程度、员工出勤状况、工时利用状况，以及部门之间的分工是否平衡等。

（2）企业人员流动状况

在收集和分析有关内部劳动力供应数据时，企业内部人员流动率将对劳动力供给产生很大影响。这些人员流动率的数据包括：晋升率、降职率、轮岗率、离职率。企业人员的流动率可以根据历史数据与人力资源管理经验来预测，通过分析规划期内可能流出和流入的人数与相应类型及企业内部劳动力市场的变动情况，判断未来某个时点或时期内部可提供的人力资源数量。

（3）员工的培训开发状况

根据企业的经营战略，针对企业未来可能需要的不同技能类型的员工提供有效的员工开发和培训，可以改善企业目前的人力资源状况，使企业人力资源的质量、结构更能适应企业未来发展的需要。从人力资源满足企业发展的有效性来看，通过减少企业冗余的人力资源可以增加人力资源的内部供给。

2. 内部人力资源供给预测的方法

（1）人员接替法

人员接替法就是对组织现有人员的状况做出评价，对他们晋升或者调动的可能性做出判断，以此来预测组织潜在的内部供给，这样当某一职位出现空缺时，就可以及时地进行补充。在置换图中，要给出职位名称、现任员工姓名、年龄、业绩评价、职位晋升或转移的可能性。人员接替法的操作步骤如下：①确定人员接替计划包括的岗位范围；②确定各个岗位上的接替人选；③评价接替人选当前的工作绩效和晋升潜力；④了解接替人选本人的职业发展需要，并引导其将个人目标与组织目标结合起来。

（2）人力资源"水池"模型

"水池"模型是在预测组织内部人员流动的基础上来预测人力资源的内部供给，它与人员接替法有些类似，不同的是人员接替法是从员工角度来进行分析，而且预测的是一种潜在的供给。"水池"模型则是从职位角度进行分析，预测的是未来某一时间现实的供给，并且涉及的面更广。这种方法一般要针对具体的部门、职位层次或职位类别来进行，由于它要在现有人员的基础上通过计算流入量和流出量来预测未来的供给，这就好比是计算一个水池未来的蓄水量，因此称为"水池"模型。人力资源"水池"模型的操作步骤如下：

①明确每个职位层次对员工的要求和需要的员工人数；

②确定达到职位要求的候选人，或者经过培训后能胜任职位的人；

③把各职位的候选人情况与企业员工的流动情况综合起来考虑，控制好员工流动方式与不同职位人员接替方式之间的关系，对企业人力资源进行动态管理。

对企业中各职位层次员工的供给预测，可以使用以下公式：

$$未来内部供给量=现有员工数量+流入总量-流出总量$$

对每一层次的职位来说，人员流入的原因有平行调入、上级职位降职和下级职位晋升；流出的原因有向上级职位晋升、向下级职位降职、平行调出、离职和退休。对所有层次分析完之后，将它们合并在一张图中，就可以得出组织未来各个层次职位的内部供给量以及总的供给量。

（3）马尔科夫转换矩阵法

马尔科夫转换矩阵法是一种运用统计学原理预测组织内部人力资源供给的方法。马尔科夫转换矩阵法的基本思想是找出过去人员流动的规律，以此推测未来的人员流动趋势，其基本假设是过去内部人员流动的模式和概率与未来大致相同。运用这种方法预测人员供给时，首先需要建立人员变动矩阵表，它主要是指某个人在某段时间内，由一个职位调到另一个职位（或离职）的概率，马尔科夫转换矩阵法可以清楚地分析企业现有人员的流动（如晋升、调换岗位和离职）情况。

（二）企业外部人力资源供给

当企业内部的人力资源供给无法满足需求时，企业就需要从外部获取人力资源。企业外部人力资源供给预测，主要是预测未来一定时期内，外部劳动力市场上企业所需人力资源的供给情况。企业外部人力资源供给依赖于劳动力市场的状况，其影响因素主要考虑以下几个方面。

1. 影响企业外部人力资源供给的因素

（1）宏观经济形势

劳动力市场的供给状况与宏观经济形势息息相关。宏观经济形势越好，失业率越低，劳动力供给越紧张，企业招募越困难；反之亦然。

（2）全国或本地区的人口状况

影响人力资源供给的人口状况包括：①人口总量和人力资源率，人口总量越大、人力资源率越高，人力资源的供给就越充足；②人力资源的总体构成，是指人力资源在性别、年龄、教育、技能、经验等方面的构成，它决定了不同层次和类别方面可以提供的人力资源的数量和质量。

（3）劳动力的市场化程度

劳动力市场化程度越高，越有利于劳动力自由进入市场，以及市场工资率导向的劳动力合理流动，从而消除人为因素对劳动力流动的限制，保证人力资源供给预测的客观性和准确性。

（4）政府的政策和法规

政府的政策和法规是影响外部人力资源供给的一个不可忽视的因素，如关于公平就业机会的法规、保护残疾人就业的法规、严禁童工就业的法规、教育制度变革等。

（5）地域特点

公司所在地或公司本身对人们的吸引力，也是影响人力资源供给的重要因素。

2．外部人力资源供给预测的方法

（1）文献法

文献法是指根据国家的统计数据或有关权威机构的统计资料进行分析的方法。企业可以通过国家或地区的统计部门、劳动人事部门出版的年鉴、发布的报告，以及利用互联网来获得这些数据或资料。同时，企业还应及时关注国家或地区的有关法律、政策的变化情况。

（2）市场调查法

企业可以就自身所关注的人力资源状况直接进行调查。企业可以与猎头公司、人才中介公司等专门机构建立长期的联系，还可以与相关院校建立合作关系，跟踪目标生源的情况等。

（3）对应聘人员进行分析

企业可以通过对应聘人员和已雇用的人员进行分析得到未来外部人力资源供给的相关信息。

三、人力资源供需平衡

组织人力资源需求与人力资源供给相等时，称为人力资源供需平衡；若两者不相等时，称为人力资源供需不平衡。人力资源供需不平衡存在三种情况：人力资源供大于求，出现预期人力资源过剩的情况；人力资源供小于求，出现预期人力资源短缺的情况；人力资源供需数量平衡，结构不平衡的情况。人力资源供需之间三种不平衡的情况，都会给企业带来相应的问题。例如，当人力资源供大于求时，会导致企业内人浮于事，内耗严重，生产成本上升而工作效率下降；当人力资源供小于求时，企业设备闲置，固定资产利用率低。这些问题都会影响企业战略目标的实现，削弱企业的竞争优势，最终影响企业的可持续发展。人力资源供需平衡就是根据人力资源供需之间可能出现的缺口，采取相应的人力资源政策措施，实现企业未来的人力资源供需之间的平衡。

（一）预期人力资源短缺时的政策

1. 外部招聘

外部招聘是最常用的对人力资源缺乏进行的调整方法。当人力资源总量缺乏时，采用此种方法比较有效。根据组织的具体情况，面向社会招聘所需人员，如果企业需求是长期的，一般招聘一些全职员工；如果需求是暂时的，就可以招聘一些兼职员工和临时员工，以补充企业人力资源出现的短缺。

2. 延长工作时间

在符合国家劳动法律法规的前提下，延长员工的工作时间，让员工加班或加点，并支付相应的报酬，以应对人力资源的短期不足。延长工作时间可有效地节约福利开支，降低招聘成本，而且可以保证工作质量。但是延长工作时间只是补充短期的人力资源不足，而不能长期使用此政策，如果长期使用会导致员工过度劳累，从而增加员工的工作压力和疲劳程度，反而会降低工作效率。

3. 培训后转岗

对组织现有员工进行必要的技能培训，使之不仅能适应当前的工作，还能进行转岗或适应更高层次的工作，这样能够将企业现有的人力资源充分利用起来，以补充人力资源不足；此外，如果企业即将出现经营转型，对员工培训新的工作知识和工作技能，以便在企业转型后，保证原有的员工能够胜任新的岗位。

4. 业务外包

业务外包是根据企业自身的情况，将较大范围的工作或业务承包给外部的组织去完成。通过外包，组织可以将任务交给那些更有比较优势的外部代理人去做，从而提高效率，降低成本和组织内部对人力资源的需求。

5. 技术创新

组织可以通过改进生产技术、增添新设备、调整工作方式等途径，来提高劳动生产率，比如企业引进机器人参与生产流水线工作，可以大大降低对人力资源的需求；再比如，企业使用计算机信息系统来管理企业的数据库，必定会使企业的工作流程简化，人力资源的需求也会随之减少。

（二）预期人力资源过剩时的政策

1. 提前退休

组织可以适当放宽退休的年龄和条件限制，促使更多的员工提前退休。如果将退休的条件修改得足够有吸引力，会有更多的员工愿意接受提前退休。提前退休虽然能使组织较容易地减少员工，但组织也会由此背上比较重的包袱。而且，员工退休也可能会受到政府政策法规的限制。

2. 自然减员

自然减员指的是当出现员工退休、离职等情况时，对空闲的岗位不进行人员补充而达到自然减少员工的目的。这样做可以通过缓和的气氛减少组织内部的人员供给，从而达到人力资源供求平衡。

3. 临时解雇

临时解雇指的是企业的一部分员工暂时停止或离开工作岗位，在这段时间内企业也不再向这部分员工支付工资的行为。当企业的经营状况改善后，被临时解雇的员工再重新回到企业工作。如果企业所处的行业经济态势遭受周期性的下滑时，临时解雇是一种合理的缩减人员规模的策略。

4. 裁员

裁员是一种最无奈但最有效的方式。一般裁减那些主动希望离职的员工和工作考核绩效低下的员工。但要注意的是，即使在西方市场经济国家，采取这种方法也是十分谨慎的，因为它不仅涉及员工本人及其家庭的利益，而且也会对整个社会产生影响。在进行裁员时，企业除了要遵守劳动法律法规对企业裁员的规定外，还要做好被裁员工离职的后续安抚工作。

5. 工作分担

工作分担指的是由两个人分担一份工作，比如一个员工周一至周三工作，另一个员工周四至周五工作。这种情况一般是由于企业临时性的经营状况不佳，在不裁员的情况下实行工作分担制，待企业经营状况好转时，再恢复正常的工作时间。

6. 重新培训

当企业人力资源过剩时，企业组织员工进行重新培训，可以避免员工因为没有工作而无所事事，待企业经营状况好转或经营方向转变时，能够有充分的人力资源可以利用。

（三）预期人力资源总量平衡而结构不平衡时的政策

人力资源总量平衡而结构不平衡是指预测的未来一定时期内企业人力资源的总需求量与总供给量基本吻合，但是存在着某些职位的人员过剩，而另一些职位的人员短缺，或者某些技能的人员过剩，而另一些技能的人员短缺等情况。对于这种形式的人力资源供求失衡，企业可以考虑采用以下政策和措施进行调节。

第一，通过企业人员的内部流动，如晋升或调任，以补充那些空缺职位，满足这部分人力资源的需求。

第二，对于过剩的普通人力资源，进行有针对性的培训，提高他们的工作技能，使他们转变为企业人员短缺岗位上的人才，从而被补充到空缺的岗位上去。

第三，招聘和裁员并举，补充企业急需的人力资源，释放一些过剩的人力资源。

第三节　人力资源规划的执行与控制

一、人力资源规划的执行

在人力资源规划过程中所制定的各项政策和方案，最终都要付诸实施，以指导企业具体的人力资源管理实践，这才是完整的人力资源规划职能。

（一）规划任务的落实

人力资源规划的实施成功与否取决于组织全体部门和员工参与的积极性。因此，通过规划目标和方案的分解与细化，可以使每个部门和员工明确自己在规划运行过程中的地位、任务和责任，从而争取到每个部门和员工的支持而顺利实施。

1. 分解人力资源规划的阶段性任务

通过设定中长期目标，将人力资源规划目标具体分解到每一阶段、每一年应该完成的任务，并且必须定期形成执行过程进展情况报告，以确保所有的方案都能够在既定时间内执行到位，也使规划容易实现，有利于规划在实施过程中的监督、控制和检查。

2. 人力资源规划任务分解到责任人

人力资源规划的各项任务必须由具体的人来实施，使每一个部门和员工都能够了解本部门在人力资源规划中所处的地位、所承担的角色，从而积极主动地配合人力资源管理部门。现代人力资源管理工作不仅仅是人力资源管理部门的任务，也是各部门经理的责任，人力资源规划也是如此。人力资源规划应由具体的部门或团队负责，可以考虑以下几种方式。

（1）由人力资源部门负责，其他部门与之配合；

（2）由某个具有部分人事职能的部门与人力资源部门协同负责；

（3）由各部门选出代表组成跨职能团队负责。

（二）资源的优化配置

人力资源规划的顺利实施，必须确保组织人员（培训人员和被培训人员）、财力（培训费用、培训人员脱岗培训时对生产的影响）、物力（培训设备、培训场地）发挥最大效益，这就必须对不同的人力资源进行合理配置，从而促进资源的开发利用，并通过规划的实施使资源能够优化配置，以提高资源的使用效率。

二、人力资源规划实施的控制

为了能够及时应对在人力资源规划实施过程中出现的问题，确保人力资源规划能够正确实施，有效地避免潜在劳动力短缺或劳动力过剩，需要有序地按照规划的实施控制进程。

（一）确定控制目标

为了能对规划实施过程进行有效控制，首先需要确定控制目标。设定控制目标时要注意：控制目标既能反映组织总体发展战略目标，又能与人力资源规划目标对接，能反映组织人力资源规划实施的实际效果。在确定人力资源规划控制目标时，应该注意控制一个体系，通常由总目标、分目标和具体目标组成。

（二）制定控制标准

控制标准是一个完整的体系，包括定性控制标准和定量控制标准两种。定性控制标准必须与规划目标相一致，能够进行总体评价，如人力资源的工作条件、生活待遇、培训机会、对组织战略发展的支持程度等；定量控制标准应该能够计量和比较，如人力资源的发展规模、结构、速度等。

（三）建立控制体系

有效地实施人力资源规划控制，必须有一个完整、可以及时反馈、准确评价和及时纠正的体系。该体系能够从规划实施的具体部门和个人那里获得规划实施情况的信息，并迅速传递到规划实施管理控制部门。

（四）衡量评价实施成果

该阶段的主要任务是将处理结果与控制标准进行衡量评价，解决问题的方式主要有：一是提出完善现有规划的条件，使规划目标得以实现；二是对规划方案进行修正。当实施结果与控制标准一致时，无须采取纠正措施；当实施结果超过控制标准时，提前完成人力资源规划的任务，应该采取措施防止人力资源浪费现象的发生；当实施结果低于控制标准时，需要及时采取措施进行纠正。

（五）采取调整措施

通过对规划实施结果的衡量、评价，当发现结果与控制标准有偏差时，就需要采取措施进行纠正。该阶段的主要工作是找出引发规划问题的原因，例如，规划实施的条件不够，实施规划的资源配置不足等，然后根据实际情况做出相应的调整。

三、人力资源信息系统建立

人力资源规划作为一项分析与预测工作，需要大量的信息支持，有效的信息收集和处理，会大大提高人力资源规划的质量和效率。因此，企业进行人力资源信息管理工作具有重要的意义。

（一）人力资源信息系统概述

1. 人力资源信息系统的概念

人力资源信息系统（HRIS）是企业进行有关员工的基本信息及工作方面的信息收集、保存、整理、分析和报告的工作系统，为人力资源管理决策的制定和实施服务。人力资源信息系统对于人力资源规划的制定是非常重要的，并且，人力资源规划的执行同样离不开人力资源信息系统。

随着企业人力资源管理工作的日益复杂，人力资源信息系统涉及的范围越来越广，信息量也越来越大，并与企业经营管理其他方面的信息管理工作相联系，成为一个结构复杂的管理系统。企业的人力资源信息系统主要有两个目标。第一个目标是通过对人力资源信息的收集和整理提高人力资源管理的效率；第二个目标是有利于人力资源规划。人力资源信息系统可以为人力资源规划和管理决策提供大量的相关信息，而不是仅仅依靠管理人员的经验和直觉。

2. 人力资源信息系统的内容

（1）完备的组织内部人力资源数据库

完备的组织内部人力资源数据库包括企业战略、经营目标、常规经营信息，以及组织现有人力资源的信息。根据这些内容可以确定人力资源规划的框架。

（2）企业外部的人力资源供求信息和影响这些信息的变化因素

例如，外部劳动力市场的行情和发展趋势、各类资格考试的变化信息、政府对劳动用工制度的政策和法规等，这些信息的记录有利于分析企业外部的人力资源供给。

（3）相关的软硬件设施

这包括专业的技术管理人员、若干适合人力资源管理的软件和计量模型、高效的计算机系统和相关的网络设施等，这些是现代化的人力资源信息系统的物质基础。

3. 人力资源信息系统的功能

（1）为人力资源规划建立人力资源档案

利用人力资源信息系统的统计分析功能，组织能够及时、准确地掌握组织内部员工的相关信息，如员工数量和质量、员工结构、人工成本、培训支出及员工离职率等，确保员工数据信息的真实性，从而有利于更科学地开发与管理组织人力资源。

（2）通过人力资源档案制定人力资源政策和进行人力资源管理的决策

例如，晋升人选的确定，对特殊项目的工作分配、工作调动、培训，以及工资奖励计划、职业生涯规划和组织结构分析。

（3）达到组织与员工之间建立无缝协作关系的目的

以信息技术为平台的人力资源信息系统，更着眼于实现组织员工关系管理的自动化和协调化，该系统使组织各层级、各部门间的信息交流更为直接、及时、有效。

（二）人力资源信息系统的建立

1. 对人力资源系统进行全面的规划

首先，要使企业的全体员工对人力资源信息系统的概念有一个充分的了解，保证人力资源管理部门对人力资源管理流程有一个清晰完整的把握；其次，考虑人事资料的设计和处理方案；最后，做好系统开发的进度安排，建立完备的责任制度和规范条例等。

2. 人力资源信息系统的设计

人力资源信息系统的设计包括分析现有的记录、表格和报告，明确对人力资源信息系统中数据的要求；确定最终的数据库内容和编排结构；说明用于产生和更新数据的文件保存与计算过程；规定人事报告的要求和格式；决定人力资源信息系统技术档案的结构、形式和内容；提出员工工资福利表的形式和内容要求；确定企业其他系统与人力资源信息系统的接口要求。需要单独强调的是，在进行人力资源信息系统设计时，必须考虑企业的发展对人力资源信息系统的可扩展性和可修改性的要求。

3. 人力资源信息系统的实施

考察目前及以后系统的使用环境，找出潜在的问题；检查计算机硬件结构和影响人力资源信息系统设计的软件约束条件；确定输入/输出条件要求、运行次数和处理量；提供有关实际处理量、对操作过程的要求、使用者的教育状况及所需设施的资料；设计数据输入文件、事务处理程序和对人力资源信息系统的输入控制。

4. 人力资源信息系统的评价

从以下几个方面对人力资源信息系统进行评价：改进人力资源管理的成本；各部门对信息资料要求的满足程度；对与人力资源信息系统有关的组织问题提出建议的情况；机密资料安全保护的状况等。

第三章 员工招聘

第一节 员工招聘概述

一、员工招聘的概念

员工招聘是指组织为了实现经营目标与业务需求，在人力资源规划的指导下，根据工作说明书的要求，按照一定的程序和方法，招募、甄选、录用合适的员工担任一定职位工作的一系列活动。

准确理解员工招聘的定义，应当把握以下几个要点。

第一，人力资源规划和工作分析是确保招聘科学有效的两个前提。人力资源规划决定了预计要招聘的部门、职位、数量、专业和人员类型。工作分析为招聘提供了参考依据，同时也为应聘者提供了关于该职位的基本信息。人力资源规划和职位分析使得企业招聘能够建立在比较科学的基础上。

第二，员工招聘工作主要包括招募、甄选和录用。人员招聘必须发布招聘信息，通过信息发布，让所有具备条件的人员知晓并吸引他们前来应聘。除了发布信息寻求潜在职位候选人之外，招聘工作还包括人员甄选和人员录用等内容。招募、甄选、录用是员工招聘工作的基本流程。

第三，人岗匹配是员工招聘的重要原则。成功的招聘活动应该实现人员与岗位的匹配，既不能大材小用，也不能小材大用。

第四，招聘的最终目标是满足组织生存和发展的需要。招聘是人力资源管理的重要职能活动之一，招聘工作和其他人力资源管理模块一样，都必须服从和服务于组织的战略和目标需要。

二、影响招聘活动的因素

在现实中，招聘活动的实施受到多种因素的影响，为了保证招聘工作的效果，必须要对这些因素有所了解。归纳起来，影响招聘活动的因素主要有外部因素和内部因素两大类。

（一）外部影响因素

1. 国家的法律法规

由于法律法规的本质是规定人们不能做什么事情，因此在一般意义上，国家的法律法规对企业的招聘活动具有限制作用，它往往规定了企业招聘活动的外部边界。例如，西方国家的法律规定，企业在招聘信息中不能涉及性别、种族、年龄等特殊规定，除非证明这些是职位所必需的。用人单位招用人员，除国家规定的不适合妇女的工种或者岗位外，不得以性别为由拒绝录用妇女或者提高对妇女的录用标准。用人单位录用女职工，不得在劳动合同中规定限制女职工结婚、生育的内容。

2. 外部劳动力市场

由于招聘特别是外部招聘，主要是在外部劳动力市场中进行的，因此市场的供求状况会影响到招聘的效果，当劳动力市场的供给小于需求时，企业吸引人员就会比较困难；相反，当劳动力市场的供给大于需求时，企业吸引人员就会比较容易。在分析外部劳动力市场的影响时，一般要针对具体的职位层次或职位类别来进行，例如，现在技术工人的市场比较紧张，企业招聘这类人员就比较困难，往往要投入大量的人力、物力。

3. 竞争对手

在招聘活动中，竞争对手也是非常重要的一个影响因素，应聘者往往是在进行比较之后才做出选择的，如果企业的招聘政策和竞争对手存在差距，就会影响到企业的吸引力，从而降低招聘的效果。因此，在招聘过程中，取得针对竞争对手的比较优势是非常重要的。

（二）内部影响因素

1. 企业自身的形象

一般来说，企业在社会中的形象越好，对招聘活动就越有利，良好的企业形象会对应聘者产生积极的影响，吸引他们对企业空缺职位的兴趣，从而有助于增强招聘的效果。企业的形象又取决于多种因素，如公司的发展趋势、薪酬待遇、工作机会、企业文化等。

2. 企业的招聘预算

由于招聘活动必须要支出一定的成本，因此企业的招聘预算对招聘活动有着重要的影响，充足的招聘资金可以使企业选择更多的招聘方法，扩大招聘的范围，可以花大量的费用来进行广告宣传，选择的媒体也可以是影响力比较大的；相反，有限的招聘资金会使企业进行招聘时的选择大大减少，这会对招聘效果产生不利的影响。

3. 企业的政策

企业的相关政策对于招聘活动有着直接的影响，企业在进行招聘时一般有内部招聘和外部招聘两个渠道，至于要选择哪个渠道来填补空缺职位，往往取决于企业的政策，有些企业可能倾向于外部招聘，而有些企业则倾向于内部招聘。在外部招聘中，企业的政策也会影响到招聘来源的选择，有些企业愿意从学校进行招聘，而有些企业更愿意从社会上进行招聘。

三、员工招聘的目标

（一）恰当的时间

恰当的时间就是要在适当的时间完成招聘工作，以及时补充企业所需人员，这也是对招聘活动最基本的要求。

（二）恰当的范围

恰当的范围就是要在恰当的空间范围内进行招聘活动，这一空间范围只要能够吸引到足够数量的合格人员即可。

（三）恰当的来源

恰当的来源就是要通过适当的渠道来寻求目标人员，不同的职位对人员的要求是不同的，因此要针对那些与空缺职位匹配程度较高的目标群体进行招聘。

（四）恰当的信息

恰当的信息就是在招聘之前要对空缺职位的工作职责内容、任职资格要求以及企业的相关情况做出全面而准确的描述，使应聘者能够充分了解有关信息，以便对自己的应聘活动做出判断。

（五）恰当的成本

恰当的成本就是要以最低的成本来完成招聘工作，当然这是以保证招聘质量为前提条件的，在保证同样的招聘质量下，应当选择费用最少的方法。

（六）恰当的人选

恰当的人选就是要把最合适的人员吸引过来参加企业的招聘，并通过甄选挑选出最合适的人选。

四、员工招聘的原则

（一）公平公正原则

员工招聘必须遵循国家的法律、法规和政策的规定，坚持平等就业、双向选择、公平竞争，在一定范围内面向社会公开招聘，对应聘者进行全面考核，公开考核的结果，通过竞争择优录用。企业对所有应聘者应该一视同仁，不得有民族、种族、性别、身体状况等方面的歧视。这种公平公正原则是保证用人单位招聘到高素质人员和实现招聘活动高效率的基础，是招聘的一项基本原则。国家关于平等就业的相关法律、法规和政策规范制约着企业的招募、甄选和录用活动。

（二）因事择人原则

因事择人就是以事业的需要、岗位的空缺为出发点，根据岗位对任职者的资格要求来选用人员。只有这样，才可以做到事得其人，人适其事，防止因人设事、人浮于事的现象。

（三）人岗匹配原则

人岗匹配是招聘工作的重要目标，也是指导组织招聘活动的重要原则。人岗匹配意味着岗位的要求与员工的素质、能力、性格等相匹配。要从专业、技能、特长爱好、个性特征等方面衡量人员与岗位之间的匹配度。另外，人岗匹配也要求岗位提供的报酬与员工的动机、需求匹配，只有岗位能满足应聘者个人的需要，才能吸引、激励和留住人才。

（四）德才兼备原则

德才兼备是企业历来的用人标准。司马光说过，德才兼备者重用，有才无德者慎用，无德无才者不用。通用电气公司前总裁韦尔奇以文化亲和度（品德）为横坐标，以能力为纵坐标，坐标内画十字，这样就把员工分成四类。在谈到对这四类不同员工的政策时，韦尔奇唯独对有能力但缺少文化亲和度（品德）的人提出警告。因为无德无才的人没有市场和力量并不可怕，唯独有才无德的人是最有迷惑力和破坏力的，许多企业失败与用错这种人有关。

（五）效率优先原则

效率优先是市场经济条件下一切经济活动的内在准则，员工招聘工作也不例外。在招聘过程中发生的成本主要包括广告费用、宣传资料费用、招聘人员工资补助等。效率优先要求企业在招聘过程中以效率为中心，力争用最少的招聘成本获得最适合组织需要的员工。这就需要人力资源部门和其他部门密切配合，在招聘时采取灵活的方式，利用适当的渠道，做出合理的安排，以提高招聘工作的效率。

五、员工招聘的作用

（一）招聘工作保证企业正常的经营与发展

招聘是企业能够正常运作的前提，一方面，如果没有招聘到合适的员工，企业的研发、生产、销售等工作无法进行，因为这些工作都是由人的活动来完成的；另一方面，在组织中，人员的流动如离职、晋升、降职、退休等都是正常和频繁的现象，通过开展招聘活动，可以及时补充人力资源的不足，同时促进企业人力资源的新陈代谢，确保企业正常的经营与发展。

（二）招聘工作为企业注入新的活力，决定了企业竞争力的大小

企业通过招聘工作引进新员工，新员工将新的管理思想、工作模式和观念带到工作中，既为企业注入了新生力量，弥补了企业内部现有人力资源的不足，又给企业带来了更多的新思维、新观念及新技术。如今，企业间的竞争越来越表现为人的竞争，对优秀人才的争夺也成为企业间较量的一个重要方面。有效的招聘可以为企业赢得组织发展所需要的人才，获得比竞争对手更优秀的人力资源，从而增强企业的竞争力。

（三）招聘工作能提升企业知名度，为企业树立良好的形象

企业通过各种渠道发布招聘信息可以提升企业的知名度，让社会各界更加了解企业，招聘活动是企业对外宣传的一条有效途径。因为企业在招聘的过程中要向外部发布企业的基本情况、发展方向、方针政策、企业文化、产品特征等各项信息，这些都有助于企业更好地展现自身的形象，使社会更加了解企业，营造良好的外部环境，从而有利于企业的发

展。研究表明，公司招聘过程的质量高低明显地影响应聘者对企业的看法，招聘人员的素质和招聘工作的质量在一定程度上被视为公司管理水平和公司效率的标志。正因为如此，现在很多外企对校园招聘给予高度的重视，一方面是要吸引优秀的人才，另一方面也是在为企业做形象宣传。

（四）招聘工作影响着人力资源管理的成本

作为人力资源管理的一项基本职能，招聘活动的成本构成了人力资源管理成本的重要组成部分，招聘成本主要包括广告的费用、宣传资料的费用、招聘人员的工资等，全部的费用加起来一般是比较高的。因此，招聘活动的有效进行能够大大降低它的成本，从而降低人力资源管理的成本。

第二节　员工招聘的程序

员工招聘是一个复杂、完整和连续的程序化操作过程，也是一项极具科学性和艺术性的工作。为了保证员工招聘工作的科学规范，提高招聘的效率，员工招聘活动一般要按照下面的几个步骤来进行：准备工作、员工招募、员工甄选、人员录用、招聘效果评估。

一、准备工作

（一）确定招聘需求

确定招聘需求是整个招聘活动的起点，招聘需求包括招聘的数量和招聘的质量，招聘的数量是指空缺的岗位人数，招聘的质量是岗位需要具备的任职资格。招聘需求一般由用工部门提出并向人力资源部提交人员需求表，人力资源部门再根据组织的人力资源规划，与用人部门共同讨论并确定哪些职位确实需要补充人员，哪些职位能通过内部调剂或加班的方式解决。只有明确招聘需求，才能开始进行招聘工作。

（二）组建招聘团队

人力资源的有关工作不是全部由人力资源部门负责，需要与其他部门分工协作共同完成，招聘工作也是如此。一般来说，招聘团队应由人力资源部门和具体的用人部门挑选出来的成员组成，由具体的用人部门共同参与招聘工作，这是因为用人部门从专业的角度出发，能多方面、多角度、深层次地测试出应聘者的真实水平，减少招聘失误，以免耽误时机和浪费人力资源成本。

（三）选择招聘渠道

招聘渠道可分为内部招聘渠道和外部招聘渠道，内部招聘是从组织内部发掘人才以填补职位空缺的方法，外部招聘是指从组织外部获取人才以填补组织内部职位空缺的方法。内部招聘渠道和外部招聘渠道各有利弊，企业应根据空缺的职位特点权衡利弊，选择恰当的招聘渠道，保证招聘的有效性。

（四）制定招聘计划

在正式开展招聘工作之前，须制定详细的招聘计划，以确保招聘工作有条不紊地进行。一般来说，招聘计划包括招聘的规模、招聘的范围、招聘的时间和招聘的预算。

1. 招聘的规模

招聘的规模是指企业准备通过招聘活动吸引应聘者的数量，招聘规模不能太大也不能太小，招聘规模太大会增加企业招聘的工作量和招聘成本；招聘规模太小，不利于企业获取所需的人才，所以企业的招聘规模应适中。一般来说，企业是通过招聘录用的金字塔模型来确定招聘规模的，也就是说将整个招聘录用过程分为若干个阶段，以每个阶段的参加人数和通过人数的比例来确定招聘规模。

2. 招聘的范围

一般来说，招聘活动的地域范围越大，越有可能招聘到合适的人才，但相应的成本也会越高，招聘须在适当的范围内进行。首先，要视空缺职位的类型而定。对于技能要求较低或比较普通的职位来说，企业从当地的劳动力市场上就可获得所需人员；随着职位层次的提高，由于符合要求的人员比例降低，招聘范围也应随之扩大，有时需要超出本地劳动力市场范围才能找到合适的人选。其次，还要考虑当地的劳动力市场状况，如果当地劳动力较为富余，则依靠本地劳动力市场即可解决问题；相反，如果当地劳动力市场比较紧张，则须将招聘范围扩大至本地区以外的劳动力市场以弥补空缺。所以，企业必须权衡招聘成本与招聘效果，视自身情况控制招聘范围。

3. 招聘的时间

招聘工作需要花费一定的时间，而且时间越宽裕，招聘效果通常会越好。但企业是因为有人员需求才进行招聘，如果不能及时填补职位空缺，则会影响到企业的正常运转。所以，企业应合理确定招聘时间。在确定招聘时间时，企业应全面考虑可能发生的情况，如通知的邮寄时间、应聘者的行程时间等，以使规定的期限符合实际。一般来说，招聘时间可用以下公式来表示：

$$招聘时间＝用人时间－招聘周期－培训周期$$

4. 招聘的预算

招聘需要一定的成本，因此在招聘工作开始前，要对招聘的预算进行估计，以保证招聘工作的顺利进行，以及日后对招聘效果进行评估。招聘过程中发生的费用通常包括人工费用、广告费用、业务费用等，有的企业还为应聘者报销食宿及往返路费，这些都要包含在招聘预算中。在计算招聘费用时，应当仔细分析各种费用的来源，并归入相应的类别中，以免出现遗漏或重复计算。

二、员工招募

招聘准备工作就绪后，就进入员工招募环节。所谓员工招募，就是指寻找员工可能的来源和吸引他们到组织应聘的过程。

在这一阶段，企业要将招聘信息通过多种渠道向社会发布，向社会公众告知用人计划和要求，确保有更多符合要求的人员前来应聘以供筛选。一般来说，信息发布面越广、越及时，接收到信息的人越多，应聘者就越多，组织选择范围也越大，但相应的信息发布的费用就越高。发布招聘信息要注意两个方面的问题，一是招聘信息包含的内容，二是发布招聘信息应遵循的原则。

（一）招聘信息应包含的内容

为了使应聘者能客观地了解企业和所需应聘的岗位，做出正确的选择，发布的招聘信息至少应包含以下内容：该工作岗位的名称及工作内容；必备的任职资格；应聘的程序；招聘的截止日期；有关招聘组织的描述性信息；薪酬和福利的相关信息；工作条件、工作时间、工作地点等信息；对求职信或个人简历的要求。

（二）发布招聘信息应遵循的原则

1. 广泛原则

发布招聘信息的面越广，接收到该信息的人就会越多，则应聘人员中符合职位要求的比例就会越大。

2. 及时原则

在条件允许的情况下，招聘信息应该尽早地向社会公众发布，这样有利于缩短招聘进程，并且有利于使更多的人获知信息。

3. 层次原则

由于潜在的应聘人员都处在社会的某一层次，应根据空缺职位的特点，通过特定渠道向特定的人员发布招聘信息，以确保招聘的有效性。

4. 真实原则

在向外界发布招聘信息时，一定要客观真实。在招聘过程中，企业和员工是双向选择，员工只有通过招聘信息真实地了解企业，才能正确地选择，避免因企业发布虚假信息而误导求职者，导致出现其成功应聘进入企业后不久便离职的现象。

三、员工甄选

员工甄选是指组织根据一定的条件和标准，运用科学的方法和手段，对应聘者进行严格的审查、比较和选择，发现和获得组织所需要员工的过程。甄选是员工招聘过程中最关键的一个环节，甄选质量的高低直接决定选拔出来的应聘者是否能达到组织的要求；甄选的最终目的是将不符合要求的应聘者淘汰，挑选出符合要求的应聘者供企业进一步筛选。

四、人员录用

人员录用是指对从招聘选拔阶段层层筛选出来的候选人中选择出的符合组织需要的人做出最终录用决定，通知其报到并办理就职手续的过程。人员录用对组织来说至关重要，如果有失误则可能使整个招聘过程功亏一篑。人员录用主要包含以下几个方面的内容。

（一）录用决策

录用决策主要是对甄选过程中产生的信息进行综合评价与分析，明确每个求职者的胜任素质和能力特点等，根据预先设计的人员录用标准对所有候选人进行客观、公正的评价，确定最符合企业要求的人选。

（二）通知应聘者

1. 录用通知

做出录用决策后，企业应及时通过正式信函、电话、邮件等方式通知录用者，让录用者了解具体的职位、职责、薪酬等，并知会报到时间、地点、方法及报到应携带的资料与注意事项等。在通知报到录用时，最重要的是及时原则，如果通知不及时可能会失去优秀人才，会影响企业的形象。

2. 辞谢通知

除了通知录用者，企业还应该在第一时间以礼貌的方式通知未被录用者，让他们了解到最终的结果，避免盲目等待。其实，对未被录用的应聘者进行答复是有必要的，因为其有助于提升企业的形象，还可能对以后的招聘产生有利的影响。企业在答复未被录用的应聘者时最好采用书信或邮件等书面形式，在措辞上，要尽量坦率、礼貌、简洁，同时应该具有鼓励性。

（三）员工入职

在这一阶段员工需要完成烦琐的入职手续。第一，新员工要到人力资源管理部门报到，填写新员工档案登记表，签订劳动合同，办理各项福利转移手续；第二，新员工所在部门的管理者还需要帮助新员工熟悉与工作相关的情况；第三，企业还应该开展新员工培训，使其了解企业的基本情况和企业文化，还应该培训与工作岗位相关的知识与技能，满足工作岗位的需要；第四，新员工要到相关部门办理各类手续，如领取办公用品和设备、工作服、门卡、饭卡等。

（四）试用与正式录用

新入职的员工在签订劳动合同后，企业如果要求有试用期的，根据劳动合同法的规定实行试用期。试用合格后，试用期满需要根据劳动合同法办理转正手续，办理转正手续后，员工就成为企业的正式员工，开始承担正式员工的责任与义务，同时也开始享受正式员工的各种权利。

第三节　招聘的渠道与方法

一、员工招聘的渠道

如果组织出现空缺职位，如何招聘到合适人员对于组织来说非常重要，人员招聘渠道分为两种：内部招聘和外部招聘。内部招聘是指当企业出现了职位空缺的时候，优先考虑企业内部员工并将其调整到该岗位的方法。外部招聘是根据一定的标准和程序，从企业外部的众多候选人中选拔符合空缺职位工作要求的人员。无论是外部招聘还是内部招聘都取决于组织的内部晋升和内部调动战略。内部招聘和外部招聘对组织来说各有利弊，每一种招聘方法并非完美，要求组织权衡利弊进行选择。

（一）内部招聘

内部招聘就是从组织内部选拔合适的人才来补充空缺或新增的职位。内部招聘具有很明显的优点：第一，从选拔的有效性和可信度来看，管理者和员工之间的信息是对称的，不存在"逆向选择"（员工为了入选而夸大长处，弱化缺点）问题，也不存在道德风险的问题。因为内部员工的历史资料有案可查，管理者对其工作态度、素质能力以及发展潜能等方面有比较准确的认识和把握。第二，从企业文化角度来分析，员工与企业在同一个目标基础上形成的共有价值观、信任感和创造力，体现了企业员工和企业的集体责任及整体关系。员工在组织中工作过较长一段时间，已融入企业文化中，视企业为他们的事业和命运共同体，认同组织的价值观念和行为规范，因而对组织的忠诚度较高。第三，从组织的运行效率来看，现有的员工更容易接受指挥和领导，易于沟通和协调，易于消除边际摩擦，易于贯彻执行方针决策，易于发挥组织效能。第四，从激励方面来分析，内部选拔能够给员工提供一系列晋升机会，使员工的成长与组织的成长同步，容易鼓舞员工士气，形成积极进取、追求成功的气氛，以达成美好的愿景。

（二）外部招聘

外部招聘则是从组织外部招聘德才兼备的人加盟进来。外部招聘具有如下优点：第一，外部招聘是一种有效的与外部信息交流的方式，企业同时可借机树立良好的外部形象。新员工能够带给企业新的经验、理念、方法以及新的资源，使得企业在管理和技术方面能够得到完善和改进，避免了"近亲繁殖"带来的弊端。第二，外聘人才可以在无形当中给组织原有员工施加压力，使其形成危机意识，激发斗志和潜能，从而产生"鲶鱼效应"。第三，外部挑选的余地很大，能招聘到许多优秀人才，尤其是一些稀缺的复合型人才，这样还可以节省大量内部培养和培训的费用，并促进社会化的合理人才流动，加速全国性的人才市场和职业经理人市场的形成。第四，外部招聘也是一种很有效的信息交流方式，企业可以借此树立良好形象。

外部招聘也不可避免地存在不足。比如，信息不对称，往往造成筛选难度大，成本高，甚至出现"逆向选择"；外部招聘的员工需要花费较长时间来进行培训和磨合，学习成本较高；可能挫伤有上进心、有事业心的内部员工的积极性和自信心，或者引发内外部人才之间的冲突；"外部人员"有可能出现"水土不服"的现象，无法融入企业文化氛围中；可能使企业沦为外聘员工的"中转站"；等等。

（三）企业在选择招聘渠道时应遵循的原则

1. 在高级管理人才的选拔过程中应当遵循内部优先的原则

高级管理人才能够很好地为企业服务，他们依靠自身的专业技能、素质和经验，能够为企业服务；更重要的是对企业文化和价值观念的认同，愿意为企业贡献自己全部的能力和知识。

2. 外部环境剧烈变化时企业必须采取内外结合的原则

当外部环境发生剧烈变化时，行业的经济技术基础、竞争态势和整体游戏规则发生根本性的变化，知识老化周期缩短，原有的特长、经验成为学习新事物新知识的一种包袱，企业会受到直接的影响。在这种情况下，从企业外部、行业外部吸纳人才和寻求新的资源，成为企业生存的必要条件之一。不仅因为企业内部缺乏所缺的专业人才，同时时间也不允许坐等企业内部人才的培养成熟，因此必须采取内部招聘与外部招聘相结合的方式进行人才选拔。

3. 企业快速成长时应当广开外部招聘渠道的原则

对于处于成长期的企业，由于发展速度较快，仅仅依靠内部选拔与培养无法满足企业的发展。同时由于受企业人员规模的限制，选择余地相对较小，无法得到最佳的人选。在这种情况下，企业应当采取更为灵活的措施，广开渠道，吸引和接纳需要的各类人才。

4. 企业文化类型的变化决定选拔方式的原则

如果组织要维持现有的强势企业文化，不妨从内部选拔，因为内部员工在思想、核心价值观念、行为方式等方面对于企业有更多的认同，而外部人员要接受这些需要较长的时间，而且可能存在风险；如果企业想改善或重塑现有的企业文化，可以尝试从外部招聘，新的人员带来的新思想、新观念可以对企业原有的东西造成冲击，促进企业文化的变化和改进完善。

二、员工招聘的方法

内部招聘主要通过企业内部人力资源信息系统搜寻、主管或员工推荐、职位公告等方法来进行；外部招聘主要通过广告招聘、推荐或自我推荐、人才介绍机构、人才交流会、校园招聘、网络招聘等方法来进行。

（一）内部招聘的方法

1. 企业内部人力资源管理信息系统

一个完整的企业内部人力资源管理信息系统必须对企业内部员工的三类信息进行完整的收集与整理：个人基本资料，包括年龄、性别、学历、专业、主要经历等；个人特征资料，包括特长、性格、兴趣爱好、职业期望等；个人绩效资料，包括从事的工作与担任的职务、工作业绩、工作态度、绩效评价等。当企业出现职位空缺时，可根据职位对人员任职资格的要求，在企业内部的人力资源信息系统进行搜寻。根据搜寻所获得的信息，找出若干个职位候选人，再通过人力资源部与筛选出的候选人进行面谈，结合候选人本人的意愿和期望选择适岗的人选。

2. 主管或员工推荐

主管或员工推荐是由本组织主管或员工根据组织的需要推荐其熟悉的合适人员，供人力资源部门进行选择和考核。推荐人对组织和被推荐者都比较了解，所以成功的概率较大，是企业经常采用的一种方法。一般来说，组织内部最常见的是主管推荐，因为主管一般比较了解潜在的候选人的能力，由主管提名的人选具有一定的可靠性，而且主管也会因此感到自己有一定的决策权，满意度比较高。但主管推荐可能会受个人因素的影响，出现任人唯亲而不是任人唯贤的局面。

3. 职位公告

职位公告是指在组织内将职位空缺公之于众，通常要列出有关空缺职位的工作性质、人员要求、上下级监督方式，以及工作时间、薪资等级等。同时应附以公告日期和申请截止的日期、申请的程序、联系电话、联系地点和时间等。将公告放在组织内所有员工都可以看见的地方，比如企业的公告栏、内部报刊、公司网站等。

（二）外部招聘的方法

1. 广告招聘

广告招聘一般是由人力资源部门按照组织的员工招聘规划，选择合适的广告媒体或宣传媒介，通过发布由自己或专业部门制作的招聘广告吸引外部人才前来应聘的方法。企业通过媒体广告发布招聘信息时，应注意两个问题，一是广告媒体的选择；二是广告的设计。

（1）广告媒体的选择

通常可采用的广告媒体主要有报纸杂志、广播电视、互联网、印刷品等。组织在选择广告媒体的时候，应考虑媒体本身的信息承载能力、传播范围及各自的优缺点。

（2）广告的设计

好的招聘广告能吸引更多的求职者关注，而且设计精良的招聘广告有利于树立和提升组织的良好形象，因此广告的设计就显得尤为重要。招聘广告的设计要注意以下几个问题。

①广告的形式和内容要能够引起人们的注意，激发求职者的兴趣，一般来说，招聘广告应遵循"AIDA"的原则：

A——Attention，指的是广告要能引起求职者的注意；

I——Interest，指的是广告要能激起人们对空缺职位的兴趣；

D——Desire，指的是广告要能唤起人们应聘的愿望；

A——Action，指的是广告要能够促使人们采取行动。

②广告传递的信息要客观准确。企业所发布的招聘信息，包括组织情况介绍、薪酬福利、晋升机会等信息要客观真实，同时不要以不能兑现的承诺来误导大家。

③招聘广告的设计还要避免出现歧视性的内容，比如应避免在招聘条件中对性别、身高、年龄、健康状况、地域、民族等进行歧视性的限制，以免给企业带来不必要的法律纠纷。

2. 推荐或自我推荐

推荐，是通过企业的员工、客户以及合伙人等推荐人选，这种招聘方式最大的优点是企业和应聘者双方掌握的信息较为对称。介绍人会将应聘者真实的情况向企业介绍，免去了企业对应聘者进行真实性的考察，同时应聘者也可以通过介绍人了解企业各方面的内部情况，从而做出理性选择。

自我推荐指组织收到那些对公司工作感兴趣的人主动提出的申请或者简历。这种方式通常在薪酬政策、组织氛围、工作条件、发展前景等方面都有较好声誉的组织中盛行。许多组织会将这些主动提供的信息存入人力资源信息系统中，并在出现职位空缺时通过该系统获取自荐人的信息。

3. 人才介绍机构

这种机构一方面为企业寻找人才，另一方面也帮助人才找到合适的雇主。一般包括针对中低端人才的职业介绍机构以及针对高端人才的猎头公司。企业通过这种方式招聘是最为便捷的，因为企业只需把招聘需求提交给人才介绍机构，人才介绍机构就会根据自身掌握的资源和信息寻找和考核人才，并将合适的人员推荐给企业。

4. 人才交流会

相对于职业中介机构来说，人才交流会可以为企业与求职者提供相互交流的平台，使企业能够获取大量应聘者的相关信息。在条件允许的情况下，甚至可以对其进行现场面试，极大地提高了招聘的成功率。这种招聘是在信息公开、竞争公平的条件下进行的，便于树立企业的良好形象。

5. 校园招聘

校园招聘是许多企业采用的一种招聘渠道，企业到学校张贴海报，进行宣讲会，吸引即将毕业的学生前来应聘，对于部分优秀的学生，可以由学校推荐，对于一些较为特殊的职位也可通过学校委托培养后，企业直接录用。通过校园招聘来的人员可塑性较强，充满活力，素质较高。但是这些学生没有实际工作经验，需要进行一定的培训才能真正开始工作，且不少学生由于刚步入社会，对自己定位还不清楚，工作的流动性也可能较大。

6. 网络招聘

网络招聘一般包括企业在网上发布招聘信息甚至进行简历筛选、笔试、面试。通过网站发布招聘信息，进行招聘活动。网络招聘没有地域限制，受众人数多，覆盖面广，而且时效较长，可以在较短时间内获取大量应聘者信息，但是随之而来的是其中充斥着许多虚假信息和无用信息，因此网络招聘对简历筛选的要求比较高。

第四节　员工甄选

甄选即为甄别和选择之意，也称为筛选和选拔。在现代人力资源管理中，它是指通过运用一定的工具和手段对已经招募到的求职者进行鉴别和考察，区分他们的人格特点与知识技能水平，预测他们未来的工作绩效，从而最终挑选出最符合组织需要的、最为恰当的职位填补者的过程。甄选过程的复杂性在于，组织需要在较短的时间内，在信息不对称的情况下，正确地判断出求职者能否胜任所应聘的岗位，以及求职者能否认同本组织的企业文化与价值观，从而在未来的岗位上达成优良的绩效。在甄选的过程中，组织需要解决如何挑选合适的人选，配置在合适的岗位上。总的来说，所有的甄选方案都是要努力找出那些最有可能达到组织绩效的人，但不是说一定要挑选出那些非常优秀的人才，相反，甄选的目的在于谋求职位与求职者最优匹配。

员工甄选工作对一个组织来说是非常重要的。首先，组织的总体绩效在很大程度上是以员工个人的绩效为基础的，能否找到合适的员工是确保组织战略目标实现的最大保障；其次，如果甄选工作失误，组织将付出较高的直接成本和机会成本，直接成本包括招募成本、甄选成本、录用成本、安置成本、离职成本等，机会成本是指由于用人不当，可能会使组织错失良好时机而给组织带来损害甚至是毁灭性的打击；最后，甄选失误可能会对员工本人造成伤害，错误甄选代价不只由组织来承担，同样会给员工造成损失和伤害。

一、审查求职简历和求职申请表

（一）求职简历

求职简历又称履历表，是求职者向组织提供背景资料和进行自我陈述的一种文件。简历的内容一般包含个人基础信息、教育背景、工作经历、个人技能、求职意向、自我评价等。简历是求职者一种自我宣传的手段，通常没有严格统一的规格，形式灵活，随意性大，便于求职者充分进行自我表达。在筛选简历时应该注意简历信息的真实性问题。

（二）求职申请表

求职申请表是由企业人力资源部门设计的由求职者填写的一种规范化的表格。求职申请表主要用于收集应聘者背景和现状的基本信息，以评价应聘者是否能满足最基本的职位要求。有些需要经常性、大量招聘的企业往往会要求求职者填写本企业编制的电子求职申请表，以此来收集企业感兴趣的信息，并运用电子化申请表筛选系统，将不符合条件的电子申请表直接淘汰出局，这些都为初步的筛选工作提供了很大的便利。

求职简历和求职申请表的筛选主要是对求职者进行初步过滤，把明显不合格的求职者剔除出去，以免对这部分求职者进行后续的甄选程序，给组织带来不必要的成本负担。

二、笔试

笔试是一种最古老而又最基本的选择方法，它是让应聘者在试卷上答事先拟好的试题，然后根据应聘者解答的正确程度评定成绩的一种选择方法。笔试可以有效地测试应聘者的基础知识、专业知识、管理知识、综合分析能力、文字表达能力等。

笔试的优点主要体现在以下几个方面：①笔试可以对大批应聘者同时进行，成本低，省时省力；②笔试可以涵盖较多的考试内容，能对应聘者的知识进行全面测试；③面对同样的测试题，体现了招聘的公平性；④应聘者在面对一张试题时心理压力相对较小，能够发挥真实水平；⑤笔试试题和考试结果可以长期保存，为综合评定提供依据，也可以为以后的招聘工作提供参考。

笔试存在一定的局限性。首先，笔试要求应聘者以书面形式作答，所以无法考查应聘者的口头表达能力、灵活应变能力、操作能力、组织管理能力等；其次，可能会因为某些应聘者能力较低但善于考试而出现高分低能的情况；最后，在考试过程中可能会出现舞弊的情况，使考试成绩不能反映应聘者的真实水平。

三、面试

面试是现代企业实践中运用最广泛的一种员工甄选方法，几乎所有的企业在员工甄选过程中都要使用面试，而且有时还不止一次地在甄选的相关程序中使用。面试是指面试官通过与应聘者在指定的时间和地点，面对面地观察和交谈，了解应聘者的知识技能、个性特点、求职动机等，其目的是通过分析应聘者的回答及观察他们所作出的各种反应，考察应聘者是否具备相关职位的任职资格的一种人员测评技术。

面试具有简便快捷、容易操作、不需要复杂的专用测试工具和方法等优点，能对应聘者的表达能力、分析能力、判断能力、应变能力进行全面的考察。可以直观地了解应聘者的气质、修养、风度、仪表仪态等，所以面试这种甄选方法很自然地受到各种组织的普遍欢迎。但是，面试也有局限性，一方面，面试的结果是由面试小组或面试官个人通过主观判断得出的，因此判断的结果可能存在偏差；另一方面，面试的成本较高，包括时间成本和人工成本等。因此，任何组织都要重视采取相关措施来增强面试的有效性，同时也要将面试和其他甄选方法结合使用，将各种甄选方法的缺陷降至最低。

（一）面试的种类

1. 根据面试结构划分

（1）结构化面试

结构化面试又称标准化面试，是指按照事先设计好的面试内容、程序、评分结构等进行的面试。在这种面试中，面试官手中会有一份对所有应聘者提出的标准化问题提纲，这些问题包括有关应试的工作经历、教育背景、专业知识、业余爱好、自我评价等方面。这种面试的优点是面试官根据事先设计好的问题提问，避免遗漏一些重要的问题，而且所有的应聘者回答的都是同样的问题，应聘者之间可以对照比较，比较公平也容易得出结论。但缺点是缺乏灵活性，面试官不能深入地了解应聘者。

（2）非结构化面试

非结构化面试是指在面试的过程中，不存在结构化的面试或必须遵循的格式，面试官可就与工作有关的问题向应聘者随意提问，没有事先设计的问题提纲，而且可以根据应聘者的回答进行追问。非结构化面试的优点是比较灵活，面试官与应聘者之间的谈话会显得比较流畅和自然，针对不同的应聘者可以提出不同的问题，收集的信息更有针对性，而且可以对应聘者进行深入了解。但是这种面试方法也有不足之处，首先，没有事先设计问题提纲，很容易遗漏一些重要的问题；其次，由于面试官是自由提问，面试的问题很容易受到面试官个人兴趣或工作背景的影响；最后，由于对不同的应聘者提出的问题不同，可能会由于对不同的应聘者提出的问题难易程度不同而导致不公平的现象存在。

（3）半结构化面试

半结构化面试是介于结构化面试与非结构化面试之间的一种面试方法。面试官根据事先设计好的问题提纲进行提问，然后可以根据应聘者的回答进行追问，以达到对应聘者进一步了解的目的。半结构化面试结合了结构化面试和非结构化面试的优点，使面试官在面试过程中有一定的自主权而又不偏离主题，可以做到面试的结构性与灵活性相结合。因而半结构化面试在许多企业广泛使用。

2. 根据面试组织形式划分

（1）单独面试

单独面试又称一对一面试，是由一个面试官对一个应聘者进行单独面试，面试官进行口头引导或询问，应聘者作出回答。这种方式比较省时，但单独依靠一个面试官得出的面试结论作出的甄选决策，可能难以确保决策的准确性。

（2）小组面试

小组面试又称陪审团式面试，是指由多个面试官对一个应聘者进行面试，若干个面试官可以从不同的角度对应聘者发问，可以使各位面试官在提出问题时相互补充并层层递进地深入挖掘，最后收集到的信息比较全面，得到的结果也更加可靠。但是这个小组面试的形式使应聘者感觉压力比较大，因而可能影响其正常发挥。

（3）集体面试

集体面试是指多位面试官同时对多个应聘者进行面试的方法。这种面试方法可以节省面试官的时间，同时可以对多个应聘者回答同一个问题的不同反应作出比较评价。在这种面试中，面试官往往会提出一个问题后，由大家自由发表意见，而面试官在旁边注意观察每一个应聘者的回答和作出的反应，这样有助于考察应聘者在群体当中的思维方式和行为方式，评价他们的人际交往能力和语言表达能力等。

（二）面试的基本程序

1. 面试准备

（1）选择面试官

选择面试官非常重要，作为面试官必须有较好的表达能力、观察能力、控制能力、总结归纳能力等，有经验的面试官能够很好地掌握面试进程，能够通过对应聘者的观察做出正确的甄选决策。面试官一般由人力资源部门和业务部门的人员组成。

（2）培训面试官

面试官是否具备基本的面试技巧，能否在作出评价时避免犯一些错误，对于面试的有效性有至关重要的影响。对于面试官的培训要关注几个方面：一是面试官在面试过程中的询问、交谈、引导、控制的各种技巧；二是面试官要学会与不同的面试者打交道；三是面试官在进行评价时应避免出现各种偏差，如晕轮效应、刻板效应、面试次序差异等。

（3）明确面试时间

这不仅可以让应聘者充分做好准备，更重要的是可以让应聘者提前对自己的工作进行安排，避免与面试时间发生冲突，以保证面试的顺利进行。

（4）了解应聘者的情况

面试官应提前了解应聘者的相关资料，对应聘者的情况有基本的了解，做到心中有数，方便在面试的时候有针对性地进行提问，以提高面试的效率。

（5）准备面试材料

准备的面试材料包含工作说明书、面试问题提纲、面试评价表、应聘者的求职简历或求职申请表格等。面试评价表记录应聘者在面试过程中的表现和面试官对应聘者的评价，注意对不同的岗位，面试评价表中的各项要素和权重要有所不同。

（6）安排面试场所

面试场所的选择影响着面试的效果，面试场所应该大小适中、明亮整洁、安静幽雅，为应聘者提供一个好的环境，同时也为企业树立良好形象。

2. 面试实施

（1）引入阶段

应聘者刚开始面试时，难免会比较紧张，此时作为考官应该问一些比较轻松的话题，消除应聘者的紧张情绪，营造轻松融洽的气氛。

（2）正题阶段

在这一阶段，考官应根据面试提纲和进程安排对应聘者提问，并同时观察和记录应聘者的反应。考官的提问要注意以下几个方面：①提问应当明确，不能含糊不清或存在歧义，并且提问不宜太长；②提问时尽量避免应聘者用"是"或"否"回答问题；③对于应聘者回答的问题无论正确与否，不要做任何评价，要学会倾听并给予目光鼓励，尽量不要出现异常的肢体语言，以免影响应聘者发挥；④注意控制时间，不要被应聘者支配整个面试，遇到滔滔不绝的应聘者，应懂得转移话题进行引导。

（3）收尾阶段

相关问题提问完毕之后，考官可以鼓励应聘者提出一些与应聘岗位有关的问题并为其解答。同时，应提醒应聘者关注面试结果的通知，并对应聘者参加此次面试表示感谢。

3. 面试结束

面试结束以后，应尽快地整理面试评价表、面试记录等文件，以便于全部面试结束后进行综合评定，做出录用决策。

四、评价中心

评价中心是将应聘者放在一个模拟的真实环境中，让应聘者解决某方面的一个"现实"问题或达成一个"现实"目标。考官通过观察应聘者的行为过程和行为效果来鉴别应聘者的工作能力、人际交往能力、语言表达能力等综合素质。

（一）公文筐测试

公文筐测试又称公文处理测试，是在假定的环境下实施，让应聘者以管理者的身份去处理该职位在真实的环境中需要处理的各类公文。这是评价中心中运用得最多也是最重要的测量方法之一。在模拟活动中，文件筐中装有各种文件和手稿：电话记录、留言条、办公室的备忘录、公司正式文件、客户的投诉信、上级的指示、人事方面的信息（如求职申请或晋升推荐信）等，这样的资料一般有 10~25 条，有来自上级的也有来自下级的，有组织内部的也有组织外部的，有日常的琐事也有重大的紧急事件等。

（二）无领导小组讨论

无领导小组讨论，该方法是将几个应聘者（一般 6 个左右）组成一个临时的小组，让他们讨论一些精心设计的管理活动中比较复杂的问题，目的在于考察被测试者的表现，尤其是考察谁会成为自发的领导者。无领导小组除了考察应聘者的领导能力外，还能考查应聘者个人的主动性、宣传鼓动与说服力、口头表达能力、组织能力、人际协调能力、精力、自信、创造性、心理压力与承受力等。无领导小组讨论的题目从形式上而言，可以分为开放式问题、两难问题、多项选择问题、操作性问题和资源争夺性问题。

（三）角色扮演

角色扮演是由招聘人员设计一个模拟情境，在这个情境中会出现很多矛盾和冲突，应聘者要以某种角色进入该情境，去处理解决这些矛盾和冲突。该情境中的其他角色通常由招聘人员或其专门安排的人员扮演，这些人随时会为应聘者制造一些棘手的问题，并要求其在一定时间内解决。比如以招聘推销员为例，面试官会要求应聘者推销某一种产品，应聘者扮演推销员，而面试官扮演消费者，在推销的过程中，面试官会故意设计一些较难的问题，目的是要通过对应聘者在这样的情境下表现出来的行为进行观察和记录，评价其是否具备与拟招聘职位相符合的素质。该方法旨在考查应聘者的随机应变能力、解决问题能力、情绪控制能力，以及处理问题的方法和技巧等。

（四）模拟演讲

模拟演讲通常是由招聘人员出一个题目或提供一些材料，应聘人员在拿到题目或材料后稍做准备，继而按照要求进行发言。题目的设置可以是做一次动员报告，可以是在集体活动上发表祝词，也可以是针对具体职位发表就职演说等形式，有时演讲结束后，招聘人员还可以针对演讲内容对应聘者进行提问和质疑。该方法主要考查应聘者的思维能力、语言组织能力、理解能力、反应速度、言谈举止、风度气质等方面的素质。

评价中心技术能够全方位地考查应聘者的各方面能力，包括语言表达能力、思维逻辑能力、反应能力、心理承受能力、领导能力、组织能力、人际协调能力、创造性等20多个项目，可以体现一个人的综合水平。由于应聘者在测试过程中面对的是以后工作经常会遇到的实际问题，解决这类问题的能力一般不易伪装，所以这种预测的准确率也较高，可以防止或减少对所需人员任用的错误。

相对于其他的方法来说，评价中心的成本比较高，需要花费较多的时间和人力资源成本等。另外，评价中心对面试官要求较高，需要其有较强的观察能力和分析判断能力等，最后，面试官在评价应聘者的表现时主观性较大。

五、心理测试

在应聘者的素质结构中，心理素质是一项非常重要的内容，是个体发展和事业成功的关键因素。现在，在企业的人员招聘与选拔中，心理测试越来越被企业广泛使用。

心理测试是指用科学设计的量表来测量观察不到的人格结构，将人的某些心理特征数量化，来衡量个体心理因素水平和个体心理差异的一种科学测量方法。通过心理测试，可以了解个体的情绪、行为模式和人格特点。常见的心理测试包括智力测试、性格测试、职业兴趣测试、职业能力测试、心理健康测试等。以下主要介绍智力测试、性格测试和职业兴趣测试。

（一）智力测试

智力测试是对智力的科学测试，是指人类学习和适应环境的能力。智力包括观察能力、记忆能力、想象能力、思维能力等等。智力的高低直接影响到一个人在社会上是否成功。智力的高低以智商 IQ 来表示，不同的智力理论或者智力量表用不同的分数来评估智商，比如，在韦氏量表中，正常人的智力 IQ 在 90~109；110~119 是中上水平；120~139 是优秀水平；140 以上是非常优秀水平；而 80~89 是中下水平；70~79 是临界状态水平；69 以下是智力缺陷。一般来说，智商比较高的人，学习能力比较强，但这两者之间不一定完全正相关。因为智商还包括社会适应能力，有些人学习能力强，但其社会适应能力并不强。用来测试智力水平的工具有很多，包括比纳—西蒙智力量表、瑞文智力测试、韦克斯勒智力量表等。

（二）性格测试

性格指个人对现实的稳定态度和习惯的行为方式，对应聘者性格进行测试有助于判断他们是否能够胜任所应聘的职位。目前，对性格测试的方法很多，主要可以归结为两大类：一是自陈式测试，就是向被试者提出一组有关个人行为、态度方面的问题，被试者根据自己的实际情况回答，测试者将被试者的回答和标准进行比较，从而判断他们的性格。二是投射式测试，该测验将图片作为工具，测试人将一张意义含糊的图或照片出示给应聘者看，并不给其考虑的时间，要求被测试人很快说出对该图片的认识和解释。由于应聘者猝不及防，又无思考时间，就会把自己的心理倾向"投射"到对图片的解释上，结果较为可信。

（三）职业兴趣测试

职业兴趣测试是指人们对具有不同特点的各种职业的偏好以及从事这一职业的意愿。职业兴趣会影响人们对工作的投入程度，如果应聘者的职业兴趣与应聘的职位不符，就会影响应聘者的工作热情；相反，如果应聘者的职业兴趣与应聘职位相符，应聘者就会积极主动地工作。在职业选择以及人员甄选中具有重要影响的霍兰德职业兴趣测试，是霍兰德在个人大量的咨询实践的基础上编制的。霍兰德在一系列关于人格与职业关系的假设基础之上，提出了六种基本的职业兴趣类型，即现实型、研究型、艺术型、社会型、企业型和常规型。

第四章 员工激励与沟通

第一节 激励管理

一、激励概述

（一）激励的含义

激励，就是组织通过设计适当的外部奖酬形式和工作环境，以一定的行为规范和惩罚性措施，借助信息沟通，来激发、引导、保持和规划组织成员的行为，以有效地实现组织及其成员个人目标的系统活动。这一定义包含以下几方面的内容。

第一，激励的出发点是满足组织成员的各种需要，即通过系统地设计适当的外部奖酬形式和工作环境，来满足企业员工的外在性需要和内在性需要。

第二，科学的激励工作需要奖励和惩罚并举，既要对员工表现出来的符合企业期望的行为进行奖励，又要对员工表现出来的不符合其期望的行为进行惩罚。

第三，激励贯穿于企业员工工作的全过程，包括对员工个人需要的了解、个性的把握、行为过程的控制和行为结果的评价等。因此，激励工作需要耐心。赫茨伯格说，如何激励员工——锲而不舍。

第四，信息沟通贯穿于激励工作的始终，从对激励制度的宣传、企业员工个人的了解，到对员工行为过程的控制和对员工行为结果的评价等，都依赖于一定的信息沟通。企业组织中信息沟通是否通畅，是否及时、准确、全面，直接影响着激励制度的运用效果和激励工作的成本。

第五，激励的最终目的是在实现组织预期目标的同时，也能让组织成员实现其个人目标，即达到组织目标和员工个人目标在客观上的统一。

（二）激励的作用

激励的目的就在于寻求个人与组织在目标和行为上的一致性和协调性，引导员工发挥其最大的工作积极性。激励对企业的作用主要有以下几方面。

1. 有助于员工充分发挥能力

激励可以提高员工的工作效率与业绩。在缺乏激励的岗位上，员工不可能充分地发挥出其实际工作能力，而受到充分激励的员工，其潜能才可能充分地被发挥出来。所以，通过激励，可以激发员工的创造性与创新精神，提高员工努力程度，从而取得更好的业绩。

2. 防止员工的负面行为

面向员工的组织激励能够提高员工工作的努力程度，防止负面行为的产生。员工的工作努力程度关系到组织的生存与发展。员工的负面行为主要有两种情况：一种是员工的怠工、不思进取等消极行为；另一种是员工有意损害公司利益的行为。在设计激励制度的时候，应采取各种有效措施，以积极的态度引导和激励员工采取正面行为，激励员工为组织努力工作，并不断提高员工的工作效率。

3. 降低监控员工行为的成本

有些工作是不可测的。例如，软件程序设计师工作的时候，谁也无法排除他会在系统程序里埋下今后导致系统瘫痪的逻辑炸弹的可能。要解决这些问题，不能依靠对员工进行严密监控，因为这样需要相当高的监控成本。只能靠有效的激励方法，才能够真正激励员工发挥内在的热情，唤起他们主动工作的使命感和责任感。有效的方法可以最大限度地降低监控成本，保证员工努力工作并产生相应的工作绩效。

4. 有助于员工提高素质

有效的组织激励能够确保引进高素质员工。低素质员工一旦进入组织，很可能发生所谓劣币驱逐良币的行为，导致组织整体工作人员素质低下，工作效率下滑，严重的可能还会威胁到组织的生存。只有建立合理的激励制度才能够对组织成员起到筛选作用，才能将不合格的员工拒之门外。

5. 有助于组织吸引并留住真正人才

在人才日益短缺、培训成本不断上升、人才对组织的影响力不断加深的情况下，优秀员工的流失对组织来说可能是致命的损失。而在当前人力资源可以自由流动的前提下，只有有效的激励制度才能吸引并留住真正的人才。为了保证组织绩效，组织只有运用各种激励手段吸引和留住人才，才能降低他们的流动意愿和实际流失率，从而吸引并真正留住人才。

6. 有助于实现组织目标

激励是对员工行为进行有目的的引导。根据实际情况，企业的人力资源管理部门针对企业所制定的目标，采取相关措施，使员工自觉地发挥潜能，为完成任务而努力工作。制定激励措施的目的在于调动员工积极性，使员工更快、更好地完成工作任务，创造优良绩效，实现组织目标。

7. 造就良性的竞争环境

科学的激励制度包含有一种竞争精神，它的运行能够创造出一种良性的竞争环境，进而形成良性的竞争机制。在具有竞争性的环境中，组织成员就会受到来自环境的压力，通过造就良性的竞争环境，这种压力将转化为员工努力工作的动力。

（三）激励的原则

1. 公平公正原则

管理者在激励下属时，要做到公平、公正、一视同仁。特别是在涉及下属的切身利益的问题上，如工资、奖金、职称、晋级、提升等方面，必须做到公平、公正，不能因人的地位、家庭背景以及与领导关系的亲疏等而有所不同，否则就起不到激励的积极作用，甚至还会产生消极影响。

2. 目标导向性原则

激励作为管理的有效手段，目的是更好地实现管理目标，提高效率和增强效果。因此，管理者在激励下属时，要做到激励手段同管理目标相互统一、相互结合。这样既能满足下属的需要，又能保证管理目标的实现。

3. 物质激励和精神激励相结合的原则

物质激励是基础，精神激励是根本。在两者结合的基础上，逐步过渡到以精神激励为主。

4. 合理性原则

激励的合理性原则包括两层含义：其一，激励的措施要适度，要根据所实现目标本身的价值大小确定适当的激励量；其二，奖惩要公平。

5. 明确性原则

激励的明确性原则包括三层含义：其一，明确，激励的目的是需要做什么和必须怎么做；其二，公开，特别是分配奖金等员工非常关注的问题；其三，直观，实施物质奖励和精神奖励时都需要直观地表达它们的指标，总结和授予奖励和惩罚的方式。直观性与激励影响的心理效应成正比。

6. 时效性原则

要把握激励的时机，"雪中送炭"和"雨后送伞"的效果是不一样的。激励越及时，越有利于将员工的激情推向高潮，将创造力连续有效地发挥出来。

7. 正激励与负激励相结合的原则

正激励就是对员工符合组织目标期望的行为进行奖励。负激励就是对员工违背组织目标的非期望行为进行惩罚。正负激励都是必要而有效的，不仅会作用于当事人，还会间接地影响周围其他人。

8. 按需激励的原则

按需的起点是满足员工的需要，但员工的需要因人而异、因时而异，并且只有满足最迫切需要的措施，其效果明显，激励强度才大。因此，领导者必须深入地进行调查研究，不断了解员工需要的层次和结构的变化趋势，有针对性地采取激励措施。

二、激励艺术

在人力资源管理工作中，要想使激励收到一定的效果，仅仅通晓激励理论是远远不够的，更重要的是如何在实践中进行有效的激励，这就需要掌握激励的艺术。只有恰当而正确的激励，才会使员工更积极地为企业工作。

（一）物质激励

1. 加薪、奖金、津贴

工资、奖金以及津贴等以金钱形式表现出来的薪酬待遇能满足员工的多种需要，是一种最常用的激励员工的形式和手段，在经济方面，它可以直接满足员工生理需要及其他一些物质需要。在非经济方面，它既是成绩的象征、安全的保障，又是地位的标志、自尊的依据，它的微妙之处在于它是一种力量的象征。如果员工在获得组织报酬时感到不公平的话，员工就会偷懒，从而导致士气低下，流动率和缺勤率随之提升。当工资很低的时候，员工就会偷懒，降低绩效，能少干就少干。因此，适当的工作评估方案，重视有员工代表参与评估工作和科学的薪酬制度是非常重要的。合理的薪酬是建立在公平公正的基础上的，激励人的最好办法就是将两者结合起来：采取固定工资和浮动工资相结合的方式。固定工资能确保员工的基本生存需要，而浮动工资则可以根据员工的工作表现与贡献而变动，这样会激励员工努力工作。

2. 技能培训、职务晋升

技能培训可以提高员工的工作能力和技术水平，这为将来谋求更好的薪酬提升和职位晋升提供了有力保障。

伴随职务晋升而来的，如更高的工资和福利等，取得进步的感觉也具有激励性。让员工在一个有变化的环境中工作，并能直接地看到自己的努力与进步的轨迹，员工就会在一个职位上做更长时间，也会更能提高工作效率。这有助于留住那些优秀的员工，也构成了一种承认员工绩效的方式。

3. 员工持股和股票期权满足

所有权增加了除普通薪酬方案之外的创造额外个人财富的可能性，只靠用常规的工资增长无法显著增加普通员工的收入，激励股票期权给单调的薪酬方案带来令人兴奋的元素。关注公司每天的股票，能让每个拥有公司股份的人都牢记个人奉献对公司绩效的重要性，尤其在股价上。此外，当绩效目标实现时，激励性股票期权的收益是立竿见影的；所有权能吸引有才能和不稳定的员工留在公司，不会为较高的基本薪酬跳槽；所有权，特别是激励性股票期权形式，是一种有经济吸引力的支付员工高绩效报酬的方法。

利益是永恒的激励，员工持股是一种长期的激励方式，以近期满足的不断积累来达到长期满足。这种满足建立在员工与企业长期合作的基础之上，对企业也相当有利。因为员工与企业的利益休戚相关，员工不会有短期行为，所以越来越多的现代企业正在引入、运用并发展这种方法。

4. 社会保障和其他企业的附加福利

通过包含医疗、养老、失业、工伤、生育等重要内容的社会保险来保障员工在遇到不可测的事件时的基本生活，使其不至于陷入困境。企业年金计划等附加福利可以使员工在退休后享受更高的生活质量。

5. 福利性娱乐设施、带薪休假、交通补贴、员工餐厅等

由企业斥资提供的娱乐性福利措施主要目的在于进行一些增加组织内员工交往与锻炼机会的活动，以促进员工身心健康，增强员工和睦的氛围与合作意识，最基本的目的还是在于通过这类活动，增强员工对公司的认同感和归属感。

带薪休假既维护职工休息休假权利，以保证劳动力的再生产，又调动职工工作积极性，有利于实现绩效的提升，适当的交通补贴、通过员工餐厅向员工提供低廉的美味餐饮等一些福利形式，也是重要的间接激励方式。这些方式可以弥补直接满足的不足，是员工重要的动力来源，它能提高员工的积极性，增强向心力和归属感。

（二）非物质手段

某种程度上，非物质奖励不但有效，而且比物质奖励来得更为有效。

1. 信任、区别对待与关怀

管理人员采取信任的态度能让员工知道自己得到了重视。给下属充分的信任，放得开手让员工按照自己的思路去做事，让下属觉得自己也很重要，这样才能让员工充分发挥其潜力，调动其积极性。管理者亲自公开赞扬出色完成任务的员工，员工因赞扬受到激励，对于交付的工作就能愉快地完成。

每个人激励的原动力都不同，应尊重每个人的尊严和价值。关心每个员工的情况，给予处于困难或弱势的员工适当的帮助，这是一种情感激励，也是一种投资，被帮助的员工会心存感激，他会以热情和努力来回报企业。

2. 参与决策，共同设置目标

越是让员工高度参与到制定和他们相关的任务目标中，越是可以激发他们完成这些任务的积极性。通过让员工参与到决策中，领导们也可以提高自身的诚信度。培养员工的主人翁意识，激起员工对工作的自豪感和责任感会起到更有利的作用。不同程度地让员工参加组织的重大问题，可以让员工感受到自己参与与管理者有关的问题而受到激励。

3. 自我激励的组织文化

合理定位并积极宣传组织文化，让员工体会到归属感，确保员工有大量的机会在非正式场合与同事认识，如野餐会和日常工作之外的活动，让他们自己去建立和谐友善的关系，使他们感到自己是组织的重要一员来激励他们。

4. 公正和工作稳定性

员工对公平的感知不仅局限于那些明显的经济因素，在大多数员工的公平和公正观念中一个关键的心理因素在于其是否能受尊重。在组织中，尊重不仅是被当作一个有责任的个体，而且把他们看成是重要和独特的，而不是基于对性别、收入或是对组织的贡献这些因素的考虑。在日常组织工作中，管理者的基本礼仪和礼貌对于员工来说是被尊重的一个标志，如"早上好"之类的简单问候，比起冷漠的态度来说，对员工士气的振奋就有明显的作用。

工作的稳定性以及其对员工士气和绩效的重要性并不意味着可以提升终身雇用的保障。当员工对他们的工作稳定性感到焦虑时，尽量避免不当的裁员，因为这样会对员工的士气产生消极的影响，从而影响经营绩效。但是，如果不得不裁员时，应该与员工进行诚恳和全面的交流，提供合理的解雇金，并承诺当公司再次招聘时一定会优先考虑他们，同时还要让余留的员工明白裁员是为了帮助公司解决当前的困难。

（三）物质激励与非物质激励的关系

物质激励与非物质激励相对应，是按照激励的内容划分的两种激励形式，分别采用物质鼓励和非物质鼓励调动人们积极性的两种方法。物质方面和非物质方面的需求，是员工产生某种动机，导致某种行为的主要源泉。

非物质激励和物质激励紧密联系，互为补充，相辅相成。非物质激励需要借助一定的物质载体，而物质激励则必须包含一定的思想内容。而且，只有非物质激励手段和物质激励的手段相结合，才能收到事半功倍之效。

（四）企业如何做好物质激励与非物质激励

企业首先应该给予非物质激励以高度的关注，在企业内部构建系统的多元化回报与激励体系；其次，在对员工的内在需求现状调查研究的基础上，设计与实施有针对性的非物质激励措施；最后，通过企业文化和组织氛围建设，在企业内部构建长效的激励动力源泉。

从中国企业激励的现实来看，最有效的非物质激励方法应该重点关注：加大人力资源开发的物质投入，通过系统的培训教育，提高员工的职业化能力，提升员工对企业的组织承诺度；通过文化和氛围建设，增强员工凝聚力；通过机制优化和变革，增强员工对企业的认同感。

第二节　沟通管理

一、沟通概述

（一）沟通的含义

"沟通"（Communication）。据考证，这个单词源于拉丁语的"Corflmunication"和"Communis"，14 世纪在英语中写作"Cornynycacion"，15 世纪以后逐渐演变成现代词形，其含义包括"交流、交际、通信、传播、沟通"，也就是纯粹的信息交流。著名组织管理学家巴纳德认为："沟通是把一个组织中的成员联系在一起，以实现共同目标的手段"。沟通是一个涉及思想、信息、情感、态度或印象的互动过程，沟通是组织的生命线，传递组织的发展方向、期望、过程、产物和态度。沟通是信息通过一定符号载体，在个人和群体间、在发送者和接收者之间进行传递，并获取理解的过程。

简而言之，沟通就是个人或组织信息、知识、思想和情感等的交流与反馈的过程。

（二）沟通的类型

根据不同的划分标准，可以把沟通划分为不同的类型：浅层沟通和深层沟通，双向沟通和单向沟通，有意沟通和无意沟通，正式沟通和非正式沟通，言语沟通和非言语沟通，人际沟通、群体沟通、团队沟通、组织沟通和跨文化沟通等。

1. 浅层沟通和深层沟通

根据沟通时信息涉及人的情感、态度、价值观领域的程度深浅，可以把沟通分为两种：浅层沟通和深层沟通。

（1）浅层沟通

浅层沟通是指在管理工作中必要的行为信息的传递和交换，如管理者将工作安排传达给下属，下属将工作建议告诉主管等。企业的上情下达和下情上达都属于浅层沟通。

浅层沟通的特点：浅层沟通是企业内部传递工作的重要内容。如果缺乏浅层沟通，管理工作势必会遇到很大的障碍。浅层沟通的内容一般仅限于管理工作表面上的必要部分和基本部分。如果仅靠浅层沟通，则管理者无法深知下属的情感态度等。浅层沟通一般较容易进行，因为它本身已成为员工工作的一部分。

（2）深层沟通

深层沟通是指管理者和下属为能够进行有更深入的了解，在个人情感、态度、价值观等方面较深入地相互交流。有价值的随便聊天或者交心都属于深层沟通。深层沟通的作用主要是使管理者对下属有更多的认识和了解，便于依据适应性原则满足他们的需要，激发员工的积极性。

深层沟通的特点是，深层沟通不属于企业管理工作的必要内容，但它有助于管理者更加有效地管理好本部门或本企业的员工。深层沟通一般不在企业员工的工作时间内进行，通常在两人之间进行。深层沟通与浅层沟通相比，更难以进行。这是因为深层沟通必然要占用沟通者和接收者双方大量的时间，也要求相互投入大量的情感，深层沟通的效果严重地影响着沟通过程。

2. 双向沟通和单向沟通

根据沟通时是否出现信息反馈，可以把沟通分为两种，双向沟通和单向沟通。

（1）双向沟通

双向沟通是指有反馈的信息沟通，如讨论、面谈等。在双向沟通中，沟通者可以检验信息接收者是如何理解信息的，也可以使接收者明白其所理解的信息是否正确，并可要求沟通者进一步传递信息。

（2）单向沟通

单向沟通是指没有反馈的信息沟通，如电话通知、书面指示等。对于当面沟通，有人认为其属于双向沟通，也有人认为其属于单向沟通，如下达指示、做报告等。严格来说，当面沟通信息，应是双向沟通。因为，虽然沟通者有时没有听到接收者的语言反馈，但从接收者的面部表情、聆听态度等方面就可以获得部分反馈信息。

在企业管理中，双向沟通和单向沟通各有不同的作用。一般情况下，在要求接收者接收的信息准确无误时，或处理执行例行公事时，宜用单向沟通。

双向沟通与单向沟通相比，前者在处理人际关系和加强双方紧密合作方面有着更为重要的作用。因此，现代企业的沟通也越来越多地从单向沟通转为双向沟通。因为双向沟通更能激发员工参与管理的热情，有利于企业的发展。

3. 有意沟通与无意沟通

按照沟通的目的，可以将沟通分为有意沟通和无意沟通。

（1）有意沟通

有意沟通很容易理解，每一个沟通者，对自己沟通的目的都会有所意识。通常的谈话、打电话、讲课、写信、写文章，甚至闲聊，都是有意沟通。表面上，闲聊好像没有沟通目的而实际上闲聊本身就是沟通目的，沟通者可以通过闲聊消磨时光、排解孤独。

（2）无意沟通

无意沟通不容易被人理解。事实上，出现在我们感觉范围中的任何一个人，都会与我们存在某种信息交流。心理学家发现，如果你一个人在路上跑步或骑车，那速度通常较慢，而如果有别人（不管你认识不认识）与你一起，你的速度会不自觉地加快。同样的过程也会发生在别人身上。显然，你们彼此有了信息沟通，发生了相互影响。你走在大街上，无论来往行人的密度有多么大，你也很少与别人相撞。因为你与其他人在走路过程中，随时都在调整彼此的位置。你在与许多人保持着信息交流。

4. 正式沟通和非正式沟通

在正式组织中，成员间所进行的沟通，因其途径的不同，可分为正式沟通和非正式沟通两种。

（1）正式沟通

正式沟通是指组织中依据规章制度明文规定的原则进行的沟通，如国家之间的公函来往、组织内部的文件传达、召开会议等。按照信息流向的不同，正式沟通又可细分为下向沟通、上向沟通、横向沟通、斜向沟通、外向沟通等几种形式。

（2）非正式沟通

非正式沟通和正式沟通不同，它的沟通对象、沟通时间及沟通内容等各方面，都是未经计划和难以辨认的。其沟通途径通过组织成员的关系，这种社会关系超越了单位、部门以及级别层次等。

5. 言语沟通和非言语沟通

根据信息载体的不同，沟通可分为言语沟通和非言语沟通。

（1）言语沟通

言语沟通是指人们为了达到一定的目的，运用口头语言和书面语言传递信息与接收信息、交流思想感情的一种言语活动。言语沟通建立在语言文字的基础上，又可细分为口头沟通和书面沟通两种形式。人们之间最常见的交流方式是交谈，也就是口头沟通。常见的口头沟通包括演说、正式的一对一讨论或小组讨论、非正式的讨论以及传闻或小道消息的传播。书面沟通包括备忘录、信件、组织内发行的期刊、布告及其他任何传递的书面文字或符号的手段。

（2）非言语沟通

非言语沟通是指通过身体语言来传递信息。在人们的沟通中所发送的全部信息中仅有7%是由语言来表达的，而93%的信息是由非言语来表达的。非言语沟通内涵十分丰富，主要包括体态语和符号语等。

在沟通方式中，言语更擅长沟通的是信息，非言语更善于沟通的是人与人之间的思想和情感。

6. 其他沟通方式

沟通按照主体的不同，可以分为人际沟通、群体沟通、组织沟通和跨文化沟通等不同类型。

（1）人际沟通

人际沟通是指人和人之间的信息和情感相互传递的过程。它是群体沟通、组织沟通乃至管理沟通的基础。

（2）群体沟通

群体沟通，当沟通发生在具有特定关系的人群中时，就是群体沟通。

（3）团队沟通

团队沟通是指在特定的环境中，两个或两个以上的人利用言语、非言语的手段进行协商谈判达成一致意见的过程。

（4）组织沟通

组织沟通是指涉及组织特质的各种类型的沟通。它不同于人际沟通，但包括组织内的人际沟通，是以人际沟通为基础的。一般来说，组织沟通又分为组织内部沟通和组织外部沟通。其中，组织内部沟通又可以细分为正式沟通和非正式沟通；组织外部沟通可以细分为组织与顾客、股东、上下游企业、社区、新闻媒体等之间的沟通。

（5）跨文化沟通

跨文化沟通是指发生在不同文化背景下的人们之间信息和情感的相互传递过程。它是同文化沟通的变体。相对于同文化沟通而言，跨文化沟通要克服更多的障碍。

（三）沟通的基本过程

任何沟通都必须有沟通的主体和渠道，信息的发送者和接收者是沟通的主体。

1. 确定想法

沟通过程中的信息发送者首先要确定沟通的信息内容和想法，这些是沟通过程中要努力使对方接受和理解的东西，是实际要发出的信息或思想的核心内容。但是，这些真实的想法和信息并不是直接被发送出去的，它们只是原材料，还需要经过编码进行加工处理。

2. 编码

编码是指由信息发送者根据信息接收者的个性、知识水平和理解能力等因素，努力设法找到一种信息接收者能够理解的语言和表达方式，将自己要发送的信息或想法进行加工处理的工作。只有完成了编码工作以后，信息发送者才能够把自己的信息或思想发送或传递出去。

3. 选择沟通渠道

信息发送者在完成信息编码以后还需要选择合适的沟通渠道，以便将信息通过该渠道传递给信息接收者。沟通渠道的选择要根据所传递信息的特性、信息接收者的具体情况和沟通渠道的噪声干扰等情况来确定。特别是要考虑信息渠道是否畅通、噪声干扰是否过大、是否有利于信息反馈等方面的因素。

4. 传送信息

在选定沟通渠道以后将信息传送给信息接收者。信息的传送过程有时是由机器设备来完成的，有时是通过人们面对面谈话实现的。一般情况下，电子型信息的传送依靠各种信息网络，书面型信息的传送可以通过邮局或快递公司，而思想型信息的传送多数是以面谈的形式完成的。

5. 接收信息

此时，信息从发送者手中传到了信息接收者一方，并被信息接收者所接受。在这一过程中，信息接收者必须全面关注并认真接收对方发送来的信息，特别是在面对面的沟通过程中，仔细倾听对方的讲述，全面接受对方用口头语言和肢体语言传递的信息是非常重要的。

6. 解码

解码是指信息的接收者对已经接收到的信息进行从初始形式转化为可以理解形式的二项信息加工工作。例如，将各种机器码转换成自然语言的过程，将外语翻译成中文的过程，将方言或者暗语、手势转化成能够理解的语言的过程都属于解码的过程。

7. 理解

理解是指通过汇总、整理和推理的过程，全面理解那些已经完成解码的信息或数据所表示的思想和要求。例如，全面认识一件事物的特性、真正知道对方的意图和想法、完全明白对方的想法和感情等。

8. 反馈

反馈是指信息接收者在对信息发送者提供的信息有疑问、有不清楚的地方进行回应或者是为了回应对方而做出的回馈，这是一种反向的信息沟通过程。反馈是沟通过程中必不可少的一个环节，因为它有助于人们的相互理解，而只有相互理解才能够使沟通继续下去。

沟通过程中的编码、解码、理解和反馈是沟通的关键环节，这些环节始于发出信息，终于得到全面理解。在这一过程中沟通的信息，既有用语言、文字表达的信息，又包含"字里行间"和"言外之意"的信息，特别是在思想交换和感情交流的沟通过程中更是如此。因此，必须充分使用反馈和非语言沟通等手段，否则会造成沟通中断或"言者无意，听者有心"等各种误解。

(四) 沟通的意义

沟通交换了有意义、有价值的各种信息，交换了知识、思想、意见、想法和科技，通过保持社会内部的联系与协调，收集、整理和传达系统内部和外部环境变化的信息，来保证社会的正常运行和发展。沟通的重要性具体表现在以下两方面。

1. 实现整体优化的需要

第一，沟通是通过协调组织中的个人、各要素之间的关系，使组织成为一个整体的凝聚剂。为了实现组织的目标，各部门、各成员之间必须要密切地配合与协调。只有各部门、各成员之间存在良好的沟通意识、机制和行为，各部门、各成员之间才能彼此了解、互相协作，从而促进团体意识的形成，进而增强组织目标的导向性和凝聚力，使整个组织体系合作无间、同心同德，完成组织的使命及实现组织的目标。

第二，沟通也是企业与外部环境之间建立联系的桥梁。企业是一个开放的系统，必然要与外部环境进行有效的沟通，通过沟通来实现与外部环境的良性互动。在环境日趋复杂、瞬息万变的情况下，与外界保持良好的沟通状态，及时捕捉商机，避免危机，是关系到企业兴衰的重要工作。

2. 激励的需要

信息沟通是领导者激励下属、实现领导职能和提高员工满意度的基本途径。领导者要引导追随者为实现组织目标而共同努力，追随者要在领导者的带领下，在完成组织目标的同时实现自己的愿望，而这些都离不开相互之间良好的沟通，尤其是畅通无阻的上向、下向沟通。

（五）沟通的作用

1. 沟通有助于改进个人以及群众做出的决策

任何决策都会涉及干什么、怎么干、何时干等问题。每当遇到这些急需解决的问题时，管理者就需要从广泛的企业内部的沟通中获取大量的信息情报，然后进行决策，或建议有关人员做出决策，以迅速解决问题。下属人员也可以主动与上级管理人员沟通，提出自己的建议，为领导者做出决策提供参考，或经过沟通，取得上级领导的认可，自行决策。企业内部的沟通为各个部门和人员进行决策提供了信息，增强了其判断能力。

2. 沟通促使企业员工协调有效地工作

在企业中，各个部门和各个职务是相互依存的关系，依存性越大，对协调的需要就越高，而协调只有通过沟通才能实现。如果没有有效的沟通，管理者对下属的了解也不会充分，下属就可能对分配给他们的任务和要求他们完成的工作有错误的理解，使工作任务不能正确圆满地完成，就会造成企业在效益方面的损失。

3. 提高员工的士气

沟通有利于领导者激励下属，建立良好的人际关系和组织氛围。除了技术性和协调性的信息外，企业员工还需要鼓励性的信息。它可以使领导者了解员工的需要，关心员工的生活，在决策时就会更多地考虑员工的要求，从而提高他们的工作热情。人一般都会要求对自己的工作能力有一个恰当的评价。如果领导的表扬、认可或者满意能够通过各种渠道及时传递给员工，就会产生某种工作激励。同时，企业内部良好的人际关系更离不开沟通。思想上和感情上的沟通可以增进彼此的了解，消除误解、隔阂和猜忌，即使不能达到完全理解，至少也可取得谅解，使企业有和谐的组织氛围，所谓"大家心往一处想，劲儿往一处使"就是有效沟通的结果。

二、人际关系

（一）人际关系的概述

所谓人际关系，是在人类社会生活实践活动中，作为个体的人为了满足自身生存和发展的需要，通过一定的交往媒介而与他人建立和发展起来的、以心理关系为主的一种显在的社会关系。

人际关系是"关系"事物。要把握人际关系的本质，就应该理解它与"关系"的关系；人际关系是一种特殊的社会关系。要把握人际关系的本质，就应当理解它在社会关系中的地位；人际关系是一种心理关系，要把握人际关系的本质，就应当理解它的个性心理特征。人际关系是一种特殊的社会关系，这种特殊性，不仅表现在它在社会关系系统中处于特殊的地位，还表现在它具有明显的心理特征，是人与人之间的心理关系或个性关系。从一定意义上说，人际关系与其他社会关系的本质区别在于它具有个性，在于它是个性关系。

（二）人际吸引

人际吸引是个体双方心理互动的基础，个体的魅力是人际吸引的根本，这种互动性的强弱和持续时间的长短，决定着友谊的深浅和长短。人际吸引有时候如昙花一现，有时候如常绿的"万年青"，这就是一种人际吸引的层次，包括程度的深浅与时间持续的长短。

1. 人际吸引理论

人际吸引在人际交往和人际决策中具有重要的作用，个人获得成就、工作取得成效都与人际吸引有关。对人际吸引的研究主要有以下 3 个理论。

（1）认知理论

认知理论强调寻求人际关系中和谐的认知结构，这种理论以美国心理学家纽科姆（New Comb）的认知平衡理论为代表，他把人际关系中的认知结构区分为平衡的、不平衡的和无平衡的三种关系，从而决定人际吸引力。例如，当某人（P）对另一个人（O）有肯定评价，并且双方对某事或某人（X）的态度一致时，就是认知平衡的关系，他们之间的吸引力会增强；当他们对 X 的意见不一致时，就是认知不平衡关系，这种关系会引起不愉快，并影响他们的活动动机；当 P 和 O 互不喜爱时，感情比较淡漠，这就构成了无平衡的关系。

（2）强化理论

强化理论在历史上根源于学习理论和经典的条件反射学说，把人际吸引看成是另一种学习反应。强化理论强调情感和吸引力之间的关系，评价任何事物乃是基于其所引起的肯定或否定的情感的程度。强化理论还认为，吸引力的大小与奖励和惩罚有相应的关系。对于一个作为中性刺激的人来说，如果同奖励相联系，就会引起别人的喜爱；如果和惩罚相联系，则会使人厌烦。

（3）相互作用理论

相互作用理论着重探讨两人之间的相互作用对吸引力的影响。当两个个体相处时能经常感觉到情绪上的满意时，他们就建立了良好的相互关系，我注意听你讲话，你也注意听我讲话；我尊重你，你也尊重我；当任何一方感到不满意时，关系就会遭到损害。

2. 构成人际吸引的因素

（1）接近因素

社会心理学家认为，人与人之间，由于时空距离接近，如邻座的同事、居住的邻居等，或由于工作的需要，相互接触交往的频率高，如医生与护士、主任与秘书等，一方面容易形成共同的经验、话题、感受，另一方面容易获得有关对方的某些信息，能进一步了解对方，进而预测对方的某些行为，相处安全，所以人际关系密切，相互吸引力就会增强。尤其是在陌生人交往的早期阶段，更是如此。然而，现实生活中也的确存在这样的情况，人际关系最紧张时，往往也出现在彼此时空距离接近时，所谓"以邻为壑"。这是因为双方的关系主要取决于双方的第一印象。第一印象良好，往往也出现在彼此时空距离接近时，反之关系则消极。

可见，接近性因素只是人际吸引的必要条件，但不是充分条件，也不能说是主要条件。只有在其他因素等同的情况下，才能再现出时空距离与交往频率的作用。

（2）相似因素

社会心理学认为，人际吸引相似是一个重要的因素，它包括年龄与性别、社会地位、经济状况、教育水平、职业、籍贯、兴趣、信念、价值观、态度等方面的相似，其中以态度、信念和价值观最为主要，即所谓"志同道合"者。

（3）互补因素

有人对人际吸引进行展开研究，发现相互吸引的恰好是彼此的需要、性格或期望的相异甚至相反。这种现象在日常生活中屡见不鲜，我们常看到：脾气暴躁的人和耐心随和的人友好相处；喜欢主使他人者与期待别人主使者成了好朋友；活泼健谈的人和沉默寡言的人结为亲密伙伴，乃至夫妻。这些表明，彼此特点取长补短，互相满足。

（4）才能因素

相对而言，一个人越有才华，越有能力，人们就越喜欢他。因为人们有一种要满足自己合理的需要，如果与他打交道的你是一个有能力、有才华的人，他就会感到有利于他做出正确的选择而不犯错误、有利于得到提高而不至于退步。因此，你在能力、才华方面比较突出，就会产生一种人际吸引力，使他人对你产生钦佩并欣赏你的才能，愿意与你接近。

（5）仪表因素

虽说大家都知道"人不可貌相，海水不可斗量"，而且嘴上也经常这样说，但在人际吸引中却往往掉进"以貌取人"的泥坑还不自知。为什么美丽的外貌容易受到人们的喜欢？首先，爱美是人的本质力量的一种表现，人类就是在不断地追求美、探索美、创造美的过程中发展起来的。其次，外貌可以使人产生光晕效应，某人的长相漂亮，容易使人以为他还具有一系列好的内涵品质，如优雅的风度、高尚的情操、良好的性格等。据研究，除了长相，人的穿着、体态、风度等外在因素，同样影响着人际吸引。此外，开朗的性格与幽默、风趣等，也是增强人际吸引的因素。

（6）人格品质因素

人格品质是影响吸引力的最稳定因素，也是个体吸引力最重要的因素之一。美国学者安德森（N. Anderson）研究了影响人际关系的人格品质。从而得出，排在序列最前面、喜爱程度最高的六个人格品质是真诚、诚实、理解、忠诚、真实、可信，它们或多或少、直接或间接地同真诚有关；排在系列最后受喜爱水平最低的几个品质，如说谎、假装、不老实等也都与真诚有关。

（7）对等因素

人际交往中应以平等态度对人，如果动辄摆出一副居高临下之势，以"三娘教子"的态度教训别人，那就"互动"不起来，很难令人喜欢你、接近你。

（8）诱发因素

能引起人们注意的客观刺激，一般具有如下特点：刺激的强烈、刺激的变化、刺激的对比、刺激的突发等。

3. 影响人际吸引的因素

（1）光晕效应

光晕效应是社会认知的偏见。在人际交往中，应如何对待光晕效应呢？一方面，利用光晕效应，增加自己的吸引力。美化外表固然重要，但更重要的是优化自己的内涵本质，因为只有它才是持久吸引力的关键。另一方面，防备光晕效应的副作用。记住，认识一个人要冷静；要全面，不要片面；要重内涵品质，不要重外表；要持发展的观点，不要僵化静止；要实事求是，细致分析，全面综合，透过烦冗的现象去捕捉本质。

（2）刻板效应

刻板效应是社会认知中的偏见，它普遍存在于人们的意识深层。我们应该怎样防止克服刻板效应的消极影响以拨正人际吸引？一是防止简单化。对人的处理必须慎重，依据常理做一定的概括是必要的，但更重要的是掌握全面的感性材料，具体问题具体分析，留意个别差异。二是克服群体感情。群体感情容易走向极端，不是偏好，就是偏坏。况且，群体与成员是有距离的，好群体有差成员，差群体也有好成员，一概而论不符合实际。

（3）首因效应

首因效应，也称第一印象，指两个素不相识的人第一次见面时彼此留下的印象。首因效应是双方以后交往的依据。正性的、良好的印象，希望继续交往，增进关系；负性的，不好的印象，则拒绝继续交往，使关系了结。在人际关系中，一方面，利用首因效应，为人际吸引创造条件。与人首次见面，穿着应整洁，打扮入时，态度应大方，谈吐应自然，既不要给对方以不舒服的感觉，也不要给人过分修饰、雕琢、矫揉的感觉。另一方面，防备首因效应，免得交际的本末倒置，上当受骗。我们交友，要交的是"直、谅、多闻"的朋友，这些文化素养、道德品质并不表露于外，与其仪表、仪容等并不存在必然的联系。因此，防备首因效应，就是把直接可见的或间接所获的资料作为现象，通过它去看本质，"择其善者而从之，其不善者而改之"。

（4）近因效应

在人与人之间的长期交往中，最近了解的东西往往占优势，掩盖着对此人的一贯了解。这种现象，心理学上叫"近因效应"。

心理学的研究还表明，在人与人的交往中，交往的初期，即在彼此还生疏的阶段，首因效应的影响重要；而在交往的后期，就是在彼此已经相当熟悉的时期，近因效应的影响也同样重要。对待人际关系中的近因效应，一是应该沉着冷静，二是开诚布公，三是宽宏大量。

（5）投射作用

人际吸引的投射作用表明，人们对他人的认识包含着自己的东西，人们在反映别人的时候也在反映自己。

（三）情商

情商是由五种要素构成的。

1. 自我意识

自我意识的核心是一种对自己的情绪、个性、风格较为深刻的自我认识能力。知人者智，自知者明，即个人不论在什么情况下，应该能够冷静地对自己的性情、脾气、情绪、心理状态有个较为实际、客观、适中的评价和反思，并在一种较为自然的情况下以自嘲式的幽默感表现出来。自我意识要求当事人对自己有高度的自信，这种自信建立在扎实的知识和经验基础之上，不是夜郎自大，更不是妄自尊大。企业中的高层领导人在脾气爆发时对自己的内在心态和行为举止无意识，实施的是一种简单粗暴的领导风格，组织中的下属只能敢怒不敢言，久而久之，粗暴的领导风格也势必传染到下属领导的行为举止之中。

2. 自我管理/约束

自我意识是自我管理或自我约束的基础。自我管理的核心是在工作、学习、生活的高压下，个人情绪突然爆发时，能够很快地镇静下来，迅速调整心态，及早恢复正常状态，把握住自己。自我管理要求当事人能够运用知觉和敏感、心理暗示等方法迅速体会到心态和情绪的失误，在较短的时间内抗拒冲动，停止欠缺考虑的反应行为。自我管理可以通过心理暗示、体育运动、音乐欣赏等心理注意力的转移而做出较快的调整。自我管理的基础与本人的价值观、人生观、理想、品格和信仰有关系。对世界的认知，对人生的感悟，对生活的积极态度，对周边人信任和正直、诚信、坦然的品质，可以对市场环境、组织环境中所出现的压力有较好的心理抵抗能力。

3. 自我激励

自我激励、对工作保持持续的热情，是情商的一个重要组成部分。例如，西点军校的士官生四年大学教育的核心，是在毕业后能够在不同环境下保持一种不断进取、自我激励的精神。再如，通用电气对中、高层经理最重要的要求也是提高他们自我激励的能力，不论组织或客观环境发生多大的变化。对工作持续的热情源于一种内在的，超越物质、金钱、地位的动机，以及坚定不移追求理想和目标的价值取向。这类人往往具有很强的成就动机和奉献精神，对生活和工作持有积极的态度，跌倒了，爬起来，永不承认失败。因此，优秀的领导者不仅要能激励他人进取，还要善于自我激励。在中国竞争环境极为激烈的今天，自我激励的品质尤为重要。它可以把工作压力和生活压力转化成工作生活的动力，为事业的成功、生活的美好建立良好的心理基础。

4. 移情能力或同理心

移情能力是一种能够通过语言或非语言交流，比较客观地了解对方内在情感的一种能力。移情能力的基础，首先建立在对自己情感的把握之上。对自己了解得越多，对别人的内心处境也就了解得越准，这种能力能够使人与人之间建立一种相互信任的关系。有这种能力的人对别人的感受极为敏感，具有敏锐的观察能力和判断能力，不要先入为主，善于观察，长于倾听思考，然后再谨慎判断。在跨国文化管理中，有同理心的经理对多样性文化具有天然的敏感性。

5. 社会交往能力

情商的最后一种要素就是我们熟悉的人的社会交往能力，一种能够迅速建立人与人之间友谊、友情、信任关系的能力。在企业经营中，大家一致公认最重要的能力就是沟通。善于沟通，精于交流，很容易在企业经营中建立广泛的关系网络和社会关系。在今天激烈的竞争环境中，这种交流公关能力具有极为重要的社会价值，对企业国际化、企业的创新与变革，以及建立一种新型的企业文化也都很有帮助。

三、管理沟通策略

管理沟通策略是指基于管理沟通的目标而制定的实现该目标的各种行动方案或具体的计划、措施、方法和技巧等。管理沟通策略包括沟通者策略、受众策略、信息策略、渠道选择策略和文化策略。

（一）沟通者策略

沟通者策略，又称主体策略，是指作为沟通主体在沟通之前必须思考或制定的沟通方案或具体的计划、措施、方法和技巧等。通常，沟通主体在沟通前主要需要思考并厘清四个问题：一是沟通的目标是什么；二是我是谁；三是你选择的沟通风格是什么；四是你的可信度如何。

1. 管理者沟通目标

管理者沟通目标是在组织总目标之下的一种具体的目标。任何沟通目标总是源于一定的沟通目标或动机。明确沟通目标有助于明确前进的方向，避免盲目、随意沟通造成的沟通无效；有了明确的目标，才有可能清晰地表达自己的目标，确保沟通对象正确地理解你的真实意图。

2. 沟通者的自我剖析

进行自我剖析，关键是分析个人的竞争能力或个人的核心竞争能力，即能够集中体现个人最突出、最内在、最具代表性、最具实力的能力。

3. 沟通风格的选择

在完成了沟通目标定位和自我剖析之后，就应该考虑选择一种适合自己的沟通风格去实现目标。人不应该在任何时间、任何范围内都采用同一种沟通风格。当你想让受众向你了解信息时，可采用告知和推销策略；而你想要向受众了解信息时，可采用征询和参与策略。

4. 可信度分析

可信度是指受众心目中沟通者可以依赖的程度。可信度可分为初始可信度和后天可信度。沟通者可信度分析是沟通者在策略制定时分析受众对自己的看法，从受众需求的角度对对方心目中的可信度进行分析的过程。

初始可信度是指在沟通发生之前或之初受众对沟通者的看法。后天可信度是指沟通者在与受众沟通之后，受众对沟通者形成的看法。

（二）受众策略

受众策略又可称为客体策略，或沟通对象策略。制定受众策略是管理沟通策略的第一个重要环节。《孙子兵法》曰：知己知彼，百战不殆。受众策略就是要在"知彼"的基础上采取有针对性的沟通方法、对策措施。受众策略主要解决以下三个问题：一是沟通对象有哪些，关键是谁；二是分析沟通对象，了解他们已知什么、需知什么、感觉如何等；三是怎样激发受众，以求达成共识。

（三）信息策略

管理沟通的信息策略是指沟通者在进行自我分析和沟通对象分析之后，进一步思考如何将信息有效地传达给受众而定的相关对策、措施。在这一过程中，着重解决三个问题：

一是如何筛选和过滤信息；二是怎样强调信息；三是如何组织信息。

（四）渠道选择策略

渠道策略是指对沟通活动中信息传递的渠道选择，即通过自我沟通和换位思考，选择最有效的沟通渠道以实现沟通的目标。渠道策略要解决的是有哪些可供选择的沟通渠道，如何选择正确的沟通渠道。

可供选择的沟通渠道包括电话、面谈、书信、文件、会议、报刊、广播、电视、互联网等。每一种渠道又可划分为多种具体形式。例如，面谈可以是一对一面谈、一对多面谈、多人座谈、两方或多方谈判等；互联网又可细分为即时通信工具、E-mail、音频、视频、文字聊天、即时新闻或消息、广告、博客、播客、论坛等渠道；会议可划分为小组会议、全体会议、行业会议、国际会议、博览会、订货会、电视电话会议、茶话会、联欢会、报告会等。

（五）文化策略

文化策略就是要根据沟通对象的文化背景制定有效的沟通方法、措施。文化背景是影响沟通效果的一个不可忽视的重要因素，主要包括沟通双方的价值观、风俗习惯差异，所在国家、地区、行业、组织、性别、民族、团队之间的不同文化背景，组织环境、人际关系状况等。文化影响沟通目标的确定、渠道的选择、沟通风格、沟通语言的选择，并且影响沟通主体策略、客体策略、信息策略、渠道策略的制定。因此，在制定具体的沟通策略时，必须考虑文化背景的影响。

四、管理沟通模式

管理沟通模式就是在管理沟通实践中形成的沟通活动的标准样式。在长期的组织实践和个人实践中，形成了众多的管理沟通模式。总的来说，管理沟通模式可分为传统管理沟通模式和现代管理沟通模式两大类。

传统管理沟通模式主要是根据组织结构和信息交流需要逐步形成的沟通模式，其方式主要有链式、轮式、环式、Y式与倒Y式、全通道式、金字塔式与倒金字塔式、扁平式等。现代管理沟通模式主要是通过互联网和通信工具进行沟通而形成的沟通模式。其方式主要有信息群发式、视听会议式、新闻发布式、ERP式、网上即时交流式、电子商务式等。

（一）传统管理沟通模式

1. 链式沟通

链式沟通又称为直线沟通。顾名思义，链式沟通就是若干沟通参与者依次传递信息，形成信息沟通的链条。其特点是，机制比较简单；信息传递速度比较快；有明确的领导人，适合等级结构；传递过程中任一环节出现问题，就会导致沟通失败，因此满意度低，失真度高。

在一个组织系统中，链式沟通相当于一个系统过于庞大、需要分层授权管理的正式组织，链式沟通就是一种行之有效的方法。链式沟通的优点是：传递信息的速度最快；解决简单问题的时效最高。链式沟通的缺点是：信息经过层层筛选，容易出现失真的现象，使上级不能直接了解下级的真实情况，下级不能了解上级的真实意图；各个信息传递者接收信息差异很大，平均满意程度有很大的差距；处于最低层次的沟通只能作上行沟通，或接收失真度较大的信息，造成心理压力大，最容易产生不满足感。每个成员的沟通面狭窄，彼此沟通的内容分散，不易形成群体共同意见，最低层次的沟通者与最高层次的沟通者难以通气，不利于培养群体凝聚力。

2. 轮式沟通

轮式沟通是指沟通者直接将信息同步辐射发送到沟通对象。在轮式沟通过程中，沟通者是核心、主导者，起着一种领导、支配与协调的作用。只有沟通者能够知晓信息传递的效果，受众之间没有沟通。

在企业中，轮式沟通就是一个主管领导直接负责管理几个部门，凸显领导权威。它是加强组织控制，争时间、抢速度的一种有效方法。一般生产机构多采用这种沟通模式，以便于管理。在某一组织接受了紧急攻关任务、要求进行严格控制时，也可采用这种沟通模式。

轮式沟通的优点是：①集中化程度高，解决问题的速度快、精确度高。②对领导人物的预测能力要求很高。③处于中心地位的领导人的满足程度较高，有利于了解、掌握、汇总全面情况并迅速把自己的意见反馈出去。轮式沟通的缺点是：①沟通渠道少。②其他成员之间互不通气，平行沟通不足，不利于提高士气。③组织成员心理压力大，成员平均满足程度低，影响组织的工作效率，将这种沟通网络引入组织机构中，容易滋长专制型交流网络。

3. 环式沟通

环式沟通是指沟通者与沟通对象经过依次信息传递后，最终将信息反馈给沟通者，信息链首尾相连，形成一个封闭的信息沟通的环。环式沟通可能产生于一个多层次的组织系统之中。

环式沟通的优点是：①沟通者能够了解沟通效果；②沟通对象拥有一定的信息知晓权，组织内民主气氛较浓，团体的成员具有一定的满意度。环式沟通的缺点是：组织的集中化程度和领导人的预测程度较低，沟通速度较慢，信息易于分散，往往难以形成中心。

4. Y式与倒Y式沟通

Y式沟通是指沟通核心居于中间层级，分别与两个或两个以上的上级进行沟通，同时又与下级存在链式沟通。Y式沟通的优点是：集中化程度比较高，比较有组织性，传递和解决问题的速度较快。其缺点是：全体成员的沟通满意程度较低，组织气氛可能会不太和谐，而且信息都汇总于中间环节，可能会导致信息被沟通中心操作、控制的风险，影响组织的正常运行。

倒Y式沟通是Y式沟通的特殊形式，只是沟通核心发生转移。其优点是：信息有集中也有扩散，比较适合于一些具有阶段性保密的信息传递，通过一个中间层级沟通信息，可减轻沟通者的负担等。其缺点是：沟通效果容易受到沟通核心信息处理能力的影响。

5. 全通道式沟通

全通道式沟通是指所有沟通参与者之间实行全方位沟通，实现信息共享。这是一种无等级式、开放式沟通，信息传递范围广，参与者满意度高，失真度低。

全通道式沟通的优点如下：

（1）该网络是高度分散的，组织内的每一个成员都能同其他任何人进行直接交流，没有限制。

（2）所有成员是平等的，人们能够比较自由地发表意见，提出解决问题的方案。

（3）各个沟通者之间全面开放，彼此十分了解，组织成员的平均满足程度很高，各个成员之间满足程度的差距很小。

（4）组织内士气高昂，合作气氛浓厚，个体有主动性，可充分发挥组织成员的创新精神。

（5）比环式沟通的沟通渠道开阔，弥补了环式沟通难以迅速集中各方面信息的缺陷。

全通道式沟通的缺点如下：

（1）沟通渠道太多，易于造成混乱。

（2）对较大的组织不适用，在一个较大的企业组织中，各成员很难有彼此面对面的接触机会。

（3）沟通路线的数目会限制信息的接收和传出的能力。

（4）信息传递费时，影响工作效率。

6. 金字塔式沟通与倒金字塔式沟通

金字塔式沟通就是按照传统的组织管理构架，自上而下进行层级沟通，即最上层的决策者、总经理向中层管理者传递信息、发布指令，中层管理者再向最下层一线工作员工传达上司的指令或信息。

金字塔式沟通的优点是：层层负责，职责相对明确，沟通对象比较明确。其缺点是：信息沟通需要逐级进行，一方面效率低，容易误事；另一方面最下层往往没有自主权，完全处于被动状态。

倒金字塔的管理结构是最上层——一线工作人员、中间层——中层管理者、最下层——总经理、总裁。倒金字塔的优点是：给了一线员工更大的自主权，最大限度地调动了其积极性，使其明确责任与使命、权利与义务；而最高管理者则起到一个观察、监督、推进的作用。其缺点是：一旦员工的素质和能力欠缺，容易陷入沟通误区；高层管理者如果缺乏有效跟踪，会局面失控，陷入被动等。

7. 扁平式沟通

扁平式沟通模式是基于组织结构的扁平化而产生的。扁平化组织是由于科层式组织模式难以适应激烈的市场竞争和快速变化环境的要求而出现的。组织扁平化，就是通过破除公司自上而下的垂直高耸的结构，减少治理层次，提高治理幅度，裁减冗员来建立一种紧凑的横向组织，达到使组织变化灵活、灵敏，富有柔性、创造性的目的。它强调系统、治理层次的简化、治理幅度的增加与分权。

扁平式管理沟通模式又可分矩阵式、团队式、虚拟网络式等。由于扁平化组织需要员工打破原有的部门界限，绕过原来的中间治理层次，直接面对顾客和向公司总体目标负责，因此是一种以群体和协作优势赢得市场主导地位的组织。

扁平式管理沟通模式的优点是沟通层次减少，沟通效率提高，尤其是现代网络技术使扁平式管理沟通效率大为提高；基层的员工与顾客直接接触，使他们拥有部分决策权，能够避免顾客反馈信息向上级传达过程中的失真与滞后，大大改善服务质量，快速响应市场的变化，提高顾客的满意度。

扁平式管理沟通模式的缺点是沟通系统复杂，系统开发程度较高，沟通管理难度大；信息传递快捷导致决策行为常常滞后，容易使沟通对象产生不满等。

（二）现代管理沟通模式

1. 信息群发式沟通

信息群发式沟通模式就是利用现代信息技术通过手机、电子邮件和网络平台将公共信息或共享信息以最快捷的方式传递给受众的一种方式。其优点是：快捷、方便、成本低。其缺点是：难以了解受众的真实需求和是否接收到信息，也受到部分沟通对象经济条件的限制，使信息难以全部到达目的地。

2. 视听会议式沟通

视听会议式沟通模式又称为电视电话会议式管理沟通模式，就是利用现代通信技术传递信息的一种方式。其优点是：信息传递速度快，可以立即反馈信息，具有身临其境的感觉等。其缺点是：沟通效果受到通信设备、传输技术、场地等影响。

3. ERP 式沟通

ERP 式沟通模式也称为信息系统化管理沟通模式。ERP 是指建立在信息技术基础上，以系统化的管理思想为企业决策层及员工提供决策运行手段的管理平台。ERP 系统集信息技术与先进的管理思想于一体，成为现代企业的运行模式，反映时代对企业合理调配资源、最大化地创造社会财富的要求，成为企业在信息时代生存、发展的基石。

ERP 式沟通模式是现代管理沟通理念与企业资源管理、信息技术开发相结合的产物。其优点是：将组织的战略、文化、制度、业务以及人、财、物、信息资源等管理实行一体化，实现全方位信息整合与共享，能够最大限度地使信息得到整合和利用；信息管理规范化、科学化；信息提取方便、快捷；信息实现共享等。其缺点是：信息的筛选、过滤难度大，信息的准确性、完整性、及时性等难以保证；信息的管理和使用受到制度、技术、人为因素的影响较大，需要较长时间的优化与适应。

4. 网上即时交流式沟通

网上即时交流式沟通模式是目前最流行的一种沟通方式，即利用网络平台和技术，实现即时通信。随着科学技术的发展，即时通信的工具种类越来越多。

网上即时交流式沟通模式的优点是：沟通即时、方便、快捷、功能齐全。其缺点是：由于信息泛滥，管理有一定的难度。

5. 电子商务式沟通

电子商务式沟通模式就是利用计算机技术、网络技术和远程通信技术，实现整个商务过程中的电子化、数字化和网络化的一种方式。通过网络发布或获取商品信息，通过物流配送系统发货和取货，通过网上银行资金结算系统进行交易，极大地方便了人们的生活和工作。

电子商务式沟通模式的优点是：满足了人们各种不同的需求，节约了宝贵的时间等。其缺点是：沟通效果受到社会诚信程度和管理制度的影响。

第三节　团队管理

一、团队概述

（一）团队的含义

团队是指所有成员聚集于一个共同的工作目标，一同并主动地工作。同时，成员之间能够很好地分工与协作，注重分享、责任和相互尊重。这样的一个有机组成才能称为真正意义上的团队。

团队不是一些人聚在一起工作那么简单，更不是一些人认为的群体性的形式主义。团队和群体有着本质的区别，二者最大的差别就是团队具有创造性，而群体只具有制造性，群体永远不能追及团队的工作效果。

（二）团队的构成要素

团队的构成要素总结为5P，分别为目标、人、定位、权限、计划。

1. **目标**（Purpose）

团队应该有一个既定的目标，为团队成员导航，知道要向何处去，没有目标这个团队就没有存在的价值。

自然界中有一种昆虫很喜欢吃三叶草（也叫鸡公叶），这种昆虫在吃食物的时候都是成群结队的，第一个趴在第二个的身上，第二个趴在第三个的身上，由一只昆虫带队去寻找食物，这些昆虫连接起来就像一节一节的火车车厢。管理学家做了一个实验，把这些像火车车厢一样的昆虫连在一起，组成一个圆圈，然后在圆圈中放了它们喜欢吃的三叶草，结果它们爬得精疲力竭也没吃到这些草。这个例子说明在团队中失去目标后，团队成员就不知道往何处去，最后的结果可能是饿死，这个团队存在的价值可能就要打折扣。团队的目标必须跟组织的目标一致，此外还可以把大目标分解成小目标，然后具体分派到各个团队成员身上，大家合力实现这个共同的目标。同时，目标还应该有效地向大众传播，让团队内外的成员都知道这些目标，有时甚至可以把目标贴在团队成员的办公桌上、会议室里，以此激励团队的所有人为这个目标去工作。

2. 人（People）

人是构成团队最核心的力量。3个及以上的人就可以构成团队。目标是通过人员具体实现的，所以人员的选择是团队中非常重要的一个部分。在一个团队中可能需要有人出主意，有人制定计划，有人实施，有人协调不同的人一起去工作，还有人去监督团队工作的进展，评价团队最终的贡献。不同的人通过分工来共同完成团队的目标，在人员选择方面要考虑人员的能力如何，技能是否互补，人员的经验如何。

3. 定位（Place）

团队的定位包含两层意思：

①团队的定位，团队在发展过程中处于什么位置，由谁选择和决定团队的成员，团队最终应对谁负责，团队采取什么方式激励成员？

②个体的定位，作为成员在团队中扮演什么角色，是制订计划还是具体实施或评估？

4. 权限（Power）

团队当中领导人的权力大小跟团队的发展阶段相关，一般来说，团队越成熟，领导者所拥有的权力相应越小，在团队发展的初期阶段领导权是相对比较集中的。团队权限关系的两个方面：

①整个团队在组织中拥有什么样的决定权，如财务决定权、人事决定权、信息决定权。

②组织的基本特征。如组织的规模多大，团队的数量是否足够多，组织对于团队的授权有多大，它的业务是什么类型。

5. 计划（Plan）

计划的两层含义如下：

（1）目标最终的实现，需要一系列具体的行动方案，可以把计划理解成目标的具体工作的程序。

（2）提前按计划进行可以保证团队的顺利进度。只有在计划的操作下团队才会一步一步地贴近目标，从而最终实现目标。

（三）团队的类型

根据团队存在的目的和团队拥有自主权的大小，一般可以将团队分为4种基本类型，即自我管理型团队、多功能型团队、跨职能型团队和问题解决型团队。

1. 自我管理型团队

真正意义上的团队一般都具有自我管理的特征。企业中，团队一般享有较大的自我管理权。自我管理型团队可以进行自我激励、自我评估和自我改进，这样，就可以在很大程度上降低团队的管理成本。

2. 多功能型团队

多功能型团队，是指由来自同一种等级的不同领域的人组成的团队。多功能型团队中的成员能够走到一起，其唯一的目的就是要完成某项任务。

多功能型团队的优点是团队成员之间可以交换信息，激发新的观点和思路，协调复杂的项目，以解决团队所面临的一些问题。

多功能型团队的缺点是在早期阶段需要耗费大量时间；团队成员在知识、经验、背景和观点方面不甚相同，建立起信任并合作需要一定时间。

3. 跨职能型团队

跨职能型团队，在实现团队中隐性知识共享的过程中扮演着核心的角色。跨职能型团队可以使团队中的每一名成员在进行交流与沟通的同时，增长跨专业化、跨职能化的知识和技能。

4. 问题解决型团队

问题解决型团队的核心特点是提高生产质量、生产效率、改善企业工作环境等。团队成员就如何改变工作程序和工作方法相互交流，提出建议。

按照团队在组织中的功能进行划分，可以将团队分为生产服务团队、行动磋商团队、计划发展团队、建议参与团队。

1. 生产服务团队

生产服务团队通常是由专职人员组成的，从事的工作是按部就班的，很大程度上是自我管理的。

2. 行动磋商团队

行动磋商团队由一些拥有较高技能的人员组成，共同参与专门的活动，每个人的作用都有明确的界定。这种团队以任务为中心，具有不同专门技能的团队成员都对成功完成任务做出贡献。团队面临的任务十分复杂，有时是不可预测的。

3. 计划发展团队

计划发展团队是由技术十分娴熟的科技人员或专业人员组成，并且团队人员来自不同的专业。这类团队的工作时间跨度一般较长。他们可能需要很多年才能完成一项发展计划，如设计一种新型汽车，他们也可能是组织中承担研究工作的永久团队。常见的计划发展团队有科研团队、生产研发团队等。

4. 建议参与团队

建议参与团队主要是提供组织性建议和决策的团队。大多数建议参与团队的工作范围都比较窄，不占用大量的工作时间，成员在该组织中还有其他任务。

(四) 团队的特征

团队具有以下八个基本特征。

1. 明确的目标

团队成员清楚地了解所要达到的目标，以及目标所包含的重大现实意义。

2. 相关的技能

团队成员具备实现目标所需要的基本技能，并能够形成良好的合作关系。

3. 相互间信任

每个人对团队内其他人的品行和能力都确信不疑。

4. 共同的诺言

这是团队成员对完成目标的奉献精神。

5. 良好的沟通

团队成员间拥有畅通的信息交流。

6. 谈判的技能

高效的团队内部成员间角色是经常发生变化的，这要求团队成员具有充分的谈判技能。

7. 公认的领导

高效团队的领导往往担任的是教练或后盾的作用，他们对团队提供指导和支持，而不是试图去控制下属。

8. 内部与外部的支持

内部与外部的支持既包括内部合理的基础结构，也包括外部给予必要的资源条件。

二、团队凝聚力与团队士气

（一）概念与特征

1. 团队凝聚力的概念

团队的凝聚力即指团队对每个成员的吸引力和向心力，以及团队成员之间人际关系的程度和力量。它是维持群体行为有效性的一种合力。它可以通过团队成员对团队的向心力、归属感、荣誉感、责任感等来表示，也可以用团体成员之间的人际关系融洽、众志成城、齐心协力、友谊和志趣等态度来说明。团体凝聚力是衡量一个团体是否有战斗力、是否成功的重要标志。它对团队的存在和发展、团体行为和团体效能的发挥都有重要作用。

凝聚力的中心点就是一个团队对所有成员的吸引力。这主要表现在三个方面。

（1）团队本身对成员的吸引力

团队的目标方向、组织形态、行业精神、社会位置等适合成员，吸引力就大；反之，吸引力就会降低，甚至会使成员厌倦、反感，从而脱离团队。

（2）满足所有成员多种需要的吸引力

团队满足成员个人的各种物质和心理需要，是增强团队吸引力的最重要条件。

（3）团队内部成员间的吸引力

团队成员利益一致，关系和谐，互相关心、爱护和帮助，吸引力就大；反之，吸引力就小，甚至产生反感，相互排斥。

2. 高凝聚力团体的特征

一个高凝聚力的团队，主要有以下特征。

（1）成员间意见沟通快，信息交流频繁，而不是互不理睬，老死不相往来。

（2）有良好的团体气氛，民主意识深厚，关系和谐，成员没有压抑感。

（3）团体成员有强烈的归属感，并为成为该团队的一分子感到骄傲和自豪，而不是"孔雀东南飞"，跳槽现象不断。

（4）团队成员之间互相关心，互相尊重。

（5）团队成员有较强的事业心与责任感，愿意承担团体的任务，维护团体的利益和荣誉，集体主义精神盛行。

（6）团队为成员的成长与发展，自我价值的实现提供了良好的条件。

管理实践证明：有的团体成员之间，关系融洽，凝聚力强，意见一致，团结合作，能顺利完成组织任务；有的团体成员之间，意见分歧，关系紧张，相互摩擦，凝聚力差，个人顾个人，一盘散沙，不利于任务的完成。

（二）团队凝聚力的基本原则

团队凝聚力的产生有内外两方面的因素。内在因素来自成员与团队本身，外在因素来自环境的压力。团队凝聚力可以是团队成员关于情境的理解与反应趋向一致的过程，也可以是成员对他人行为的附和，还可以是成员共同持有一种特定的价值观。这种价值观主要内涵就是要遵循四条基本原则。

一是对共同利益的认同原则，将团队的共同利益与大家讨论清楚。面对社会上现实的收入反差，大家容易形成对共同利益的认同，考虑到税务人员的固有素质，这种认同会自动转化为维护大局的自觉行动。对个人利益暂时与集体的根本利益不完全重合的同志，要给予选择机会。

二是以贡献论报酬的公平原则。计划经济时代留下来的摩擦、争斗、攀比应该随着那个时代结束了。大家都能接受同事们彼此有不同的收入，只要这种差别大体上是合理的。畸形的报酬/贡献曲线，是葬送凝聚力的毒瘤，要注意防止并及时修正。

三是杜绝损害整体利益的公正原则。不拉帮结派，不亲此疏彼，劳动纪律面前人人平等。不允许发生占用公家资源，占据工作时间，大搞个人业务的现象。这种现象特别影响同事们的工作热情，特别影响团队的形象和威望，特别影响集体的形象，对凝聚力的毒害是不可估量的。

四是强调发展目标的激励原则。一个团队要有共同的发展目标，有没有共同的目标，共同目标的设定，直接影响团队的风气、精神和凝聚力，共同目标，要通过个体目标来实现，个体目标要注重个体的发展。一个团队的未来设想与方向要经常与团队成员讨论，让他们在潜意识支配下进行自我设计。个体成员看重未来，更看重创造未来的机会，对其追求的这种境界要鼓励，要尊重和珍惜他们的创业激情。

（三）影响团队凝聚力的因素

1. 外部影响因素

在受到外部威胁时，群体通常会变得凝聚力更强，但这种现象是有条件的。如果团队成员认为实力悬殊，他们的团队根本无力应对外部的威胁和攻击，那么，团队作为成员安全之源的重要性就会下降，团队凝聚力就很难增强。另外，如果团队成员认为外部攻击仅仅是因为团队的存在而不是个人的原因引起的，只要团队放弃或解体就能终止外部的威胁或进攻，团队凝聚力也可能降低。

2. 内部影响因素

（1）领导方式

领导是团队行为的导向和核心，领导采取什么样的领导方式会直接影响团队的内聚力。开放、民主型领导方式下的小组，成员有充分表达自己意见的机会，有较强的参政意识，成员之间团结协作、互助友爱，活动交往积极性高，因而有较强的凝聚力；而专制型领导方式下的则不同，领导独裁、武断，一人说了算，成员没有参与团队活动的机会，包括集体活动，甚至决策，所以成员从内心对这个团队非常不满意，牢骚满腹，彼此之间推卸责任，甚至进行人身攻击，其攻击性言论明显高于民主型领导方式下的团队。至于放任的领导方式，团队本身就如一盘散沙，人心涣散，凝聚力肯定强不了。

（2）团队规模

团队规模大小是影响团队凝聚力的一个重要因素，规模过大，一方面容易造成团队成员意见分歧，信息交流与信息沟通受阻；另一方面成员之间相互接触相对减少，关系疏远。再者，过大的团队容易产生人浮于事、互相扯皮、不负责任、办事拖拉等现象，更有甚者，随着团队规模的增大，团队内部产生小集团的可能性相应增大。如果团队人数过少，内部压力太小，会失去平衡，影响工作任务的完成，造成团队成员心理不平衡，有了矛盾难以调解与解决，从而降低了凝聚力。

（3）团队目标

团队目标是团队奋斗的方向，是团队成员的共同行为导向，一个吸引力、号召力强的团队目标，如果能与个人目标相一致，使成员通力合作才能完成，团队的凝聚力就会增强；反之，如果团队成员的任务目标互不关联，成员间交往合作少，团队成员间的感情就会冷漠，从而就会降低团队的凝聚力。

（4）奖励方式

管理心理学的研究与实践表明，个人奖励与集体奖励方式有不同的作用。西方管理心理学的研究一般认为集体奖励方式可能增强团体的凝聚力，因为团队奖励会使成员意识到个人的利益和荣誉与他们所在的团队是不可分割的。为了争得团队的奖励，他们必须紧密地团结奋斗。团队奖励将促进团队间的竞争，而团队间的竞争，会导致团队凝聚力的增强；而个人奖励方式可能增强团队成员之间的竞争力，各人顾各人，从而使相互协作的成员形成利益对立关系，弱化团队的凝聚力。把个人奖励和团队奖励结合起来，既能调动个人的积极性，又能增强团队的凝聚力。

（5）团队成员对团队的依赖性

人们参加一个团队，总希望满足一定的需求，包括物质需求和精神需求。在这个团队里，成员喜欢它，可能仅仅是由于他喜欢这个团队所从事的活动或所做的事情。如果团队成员的多种需求在团队中得不到满足，或满足很少，团队也就失去其聚合的魅力。

（6）团队以往达成目标的状况

如果团队一贯有成功的表现，团队在过去总是能够按照团队目标的导向很好地运行，它就会增强团队成员的信心，容易建立起团队合作精神来吸引和团结群体成员。在这样的团队中，内聚力的提高是为了取得共同的目标利益，使个人利益和团队目标直接联系在一起。团队成员个性之间的共同性是团队行为一致性和建立共同观念、需求的出发点，共同性越多，越容易形成内聚力。尤其是在态度和价值标准方面的相似性，在团队环境中可能起到重大作用。

（四）培育团队凝聚力的措施

团队凝聚力不仅是维持团队存在的必要条件，而且对团队潜能的发挥有很重要的作用。一个团队如果失去了凝聚力，就不可能完成组织赋予的任务，本身也就失去了存在的条件。培育团队凝聚力是必不可少的。

1. 明确一致的目标

管理者与团队成员共同建立目标，融团队目标与个人目标于一体，使个人目标与团队目标高度一致，可以大大提高团队的凝聚力。有效目标的建立一般有如下原则：①目标的具体化、可测量化。②清楚地确定时间限制。良好的目标应该是适时的，它不仅需要确定的时间限制，而且还要对完成任务的时间进行合理的规定。③运用中等难度的目标。除了上述三个方面以外，定期检查目标进展情况；运用过程目标、表现目标以及成绩目标的组合；利用短期的目标实现长期的目标；设立团队与个人的表现目标；等等，都有利于团队凝聚力的培育。

2. 良好的团队内部管理

（1）领导

在领导方式上，要增强团队凝聚力，应较多地采取民主型领导方式，在团队决策上应共商共议，力求最大限度地反映民意，切忌独断专行，这样可以使成员之间更友爱，成员相互之间情感更积极，思想更活跃，凝聚力更强。

（2）沟通

团队成员之间的沟通与交流既可增强人际凝聚力也可增强任务凝聚力，所以在团队内部应保证有足够的沟通时间、适宜的空间或渠道、良好的沟通氛围。①在沟通时间上，可以根据任务的需要安排每天或每周的某个固定时间或其他合宜时间，各成员汇报最近的任务进展情况、新的想法、新发现的问题等，以便能即时调整，避免浪费不必要的人力、物力；②要保证有沟通的空间与渠道，沟通的场所可以选择在办公室、会议室、休息室、餐厅等，渠道可以由面对面交流、电话、网络等，场所与渠道的多样性与优质性可以方便成员间进行快捷、有效的沟通，保证信息在团队内部的畅通以及知识和信息的共享；③营造良好的沟通氛围就是要让各成员敢于表达、愿意表达、能够表达自己的思想，来集思广益。营造良好沟通氛围应注意成员之间相互信任（信任的四个要素，即获得成效、一致性、诚实和表现关注）、相互尊重彼此的想法、把交流的中心集中在任务上，对事不对人，避免伤及他人感情，团队中的领导或权威人物对成员发言进行评价时要慎重，避免伤害发言者或欲发言者的积极性，为了让成员打开思路，可以对其发言进行追问，不要急于评定其想法的优劣，另外，也可考虑延迟评价。

（3）制定有效的团队规范

团队规范，是团队成员认可的并普遍接受的规章和行为模式，它可以具体化为团队成员对某种特定行为的认同或反对，区分出某种行为是有益的或是有害的，以此来规范团队成员的行为，鼓励有益的行为，纠正有害的行为，帮助成员了解什么是被期望的行为，提高团队的自我管理、自我控制的能力，促进团队凝聚力的形成。

（五）团队凝聚力的效果

团队凝聚力是团队活性的重要标志，增强凝聚力必然能够增强团队行为的效果，主要体现在以下几方面。

1. 团队的凝聚力与团队的生产率

社会心理学家沙克特做了一个关于凝聚力、诱导关系与生产效率的研究。他用一个控制组和四个实验组进行对照，即高凝聚力和积极与消极诱导组；低凝聚力和积极与消极诱导组。通过实验，得出如下结论。四种不同的条件，对生产效率的影响是不同的。无论凝聚力高低，积极诱导都能提高劳动生产率，其中高凝聚力组的生产率更高；而消极诱导则明显降低了劳动生产率，高凝聚力组的生产率更低。

团队凝聚力是影响生产效率高低的决定性因素，但不是唯一因素，也不是有了凝聚力，生产效率就自然得到提高。管理者必须在增强凝聚力的同时，提高团队生产指标的规范标准，使团队目标与组织目标保持一致，加强对团队成员的思想教育和指导。克服团队中的消极因素，这样才能使团队凝聚力真正成为提高生产效率的动力，使团队向正确的方向发展。

2. 增强团队成员的工作满意度

凝聚力较强的团队其成员对工作的责任感也较强。共同的利益价值观使他们能够在达成目标之后，获得一定的工作满足感。同样，这样的团队中，成员之间彼此容易接纳、相容，因此而增强了友谊和吸引力。

3. 团队对个人的成长与发展

在高凝聚力的团队中，个人的成长会再现出积极和消极两个方面的特征。一方面，高凝聚力的团队可以提高人际吸引力，在共同分担的基础上提高生产率，使个人从中得到成长的机会。另一方面，高凝聚力有较强烈的团队限制特性，已形成的规范、行为准则可能会限制个人潜能及能力的发挥。

4. 加强对团队行为的指导和控制

凝聚力是团队行为表现一致的反映。利用形成的团队规范、人际吸引力和聚合的力量，指导团队行为是一种有利的管理手段。当然，这种手段也可能被消极力量所控制，从而对团队的发展产生不利的影响。

总之，高凝聚力团队是在共同目标下，使成员的价值观相互联结在一起，促成和推动凝聚力的增长，是提高工作绩效、工作满意度、发展个人和团队的重要管理手段。

（六）团队士气的概念与特征

士气的本义指军队作战时的精神状态，其含义延伸到现代企业和组织中表示团队的工作精神和服务精神。概括地说，就是团队精神，即团队成员愿意为实现团队目标而奋斗的精神状态和工作风气。

高士气团队具有以下特征。

第一，团队的团结来自团队内部的凝聚力，而非由外部情境决定。

第二，团队中的成员之间没有分裂为相互对立的小团队的倾向，没有离心倾向。

第三，团队本身具有解决内部矛盾，处理内部冲突和适应外部环境变化的能力。

第四，成员之间彼此理解，对团队具有强烈的认同感，成员对团队有较强的归属感。

第五，团队成员都明确地掌握和理解团队目标。

第六，团队成员对团队的目标及领导者抱信任和支持的态度。

第七，团队成员承认团队的存在价值，并且有维护团队继续存在与发展的愿望。

（七）影响团队士气高低的原因

1. 对团队目标的认同

如果团队成员赞成、拥护、接受团队的目标，认识到团队目标反映了自己的要求和愿望，具有较高的价值，个人就愿意为达到团队目标而努力，则团队士气高涨。

2. 利益分配的合理性

人们奋斗所争取的一切，都同他们的利益有关，这是马克思的至理名言。人们为团队工作，总要获得利益，或物质的，或精神的。利益的分配，代表着一个人的贡献和成就。必须公平合理，同工同酬，论功行赏，这样才可以调动职工的积极性，提高团队士气；反之，则会引起职工的不满，挫伤职工的积极性，降低团队的士气。

3. 团队成员对工作产生满足感

对工作感到满足就能够提高士气。什么是满足？个人对工作非常热爱、感兴趣，而且工作适合个人的能力与特长，有用武之地。因此，要提高士气，就应根据职工的智力、才能、兴趣、技术特长安排每个人的工作。如果个人的能力超过了工作的要求，个人就不会有什么满足感，觉得没劲。反之，如果个人的能力不及工作的要求，则个人就会生活在一种痛苦的压力中。所以，工作的安排必须以能够施展员工的抱负且具有挑战性为宜。

4. 优秀的领导者及领导集团

领导者和领导集团作风民主，广开言路，乐于接纳意见；办事公道，遇事能同大家商量；善于体谅和关怀下级，则团队士气高涨。反之，遇事独断专行、压抑成员积极性创造性的领导者和领导集团可能会降低团队的士气。

5. 团队内部团结和谐

团队成员之间人际关系和谐，相互赞许，认同，信任，体谅和通力合作，凝聚力强，很少有敌对冲突现象，则士气较高。反之，搞"窝里斗"，本来想好好干，有点生机的团队也会慢慢地变得没有了生机和活力。

6. 良好的信息沟通

领导与下级，下级与上级，以及同仁之间的意见沟通受阻，会引起职工的不满情绪而影响士气。单向沟通，没有反馈信息，容易使人陷入不安并产生抗拒心理，从而降低团队的士气。所以要让员工参与决策，进行双向沟通，方可提高员工的工作精神和状态。

第五章 绩效与薪酬管理

第一节 绩效管理

一、绩效管理概述

（一）绩效管理相关概念

1. 绩效的含义与特点

（1）绩效的含义

对于绩效的概念，由于研究角度不同、理念不同，长期以来并没有一个公认的含义。尽管对绩效的含义有不同界定，但我们仍然可以看出，绩效是与员工或组织的目标、工作成果等紧密相关的概念。因此，我们可以对其做如下阐述：绩效是为了实现组织目标，员工在工作过程中所表现出来的工作业绩、能力和态度的综合。其中，工作业绩是指工作的结果，包括数量和质量；能力和态度是指工作的行为或过程。在理解这个概念时，应当把握以下几个要点。

①绩效是与组织目标相关的概念

只有与组织目标相一致的工作成果或工作行为，才是绩效的范畴。比如，在销售工作中，推销员与顾客建立了良好的私人关系，顾客帮助推销员为其小孩解决了上学问题。虽然这对于推销员来说算是一项工作成绩，但它与组织的目标没有关系，不能算绩效。

②绩效是因为工作而产生的

先有工作，才谈得上绩效；绩效是在工作过程中产生的，工作之外的行为和结果都不是绩效。

③绩效是已经表现出来的工作行为和工作结果

尚未表现出来的不能算绩效。这与招聘和配置时的评价是不同的，招聘和配置时的评价仅仅是考虑可能，对员工将来可能表现出来的绩效进行预估；而绩效是员工在实践工作中表现出来的实际成绩。

（2）绩效的特点

多数情况下，我们认为绩效具有以下三个特点。

①绩效的多因性

这是指员工的绩效受到多种因素的影响，既有员工自身的因素，也有组织的因素及其他因素。一般认为，这些因素可以归纳为主观和客观两大类，主观因素是指与员工自身相关的因素，包括他所拥有的知识、技能、能力、态度等，也包括他在工作中所受到的激励，比如受到奖励后更加努力工作；后者是指与员工自身不相关的因素，如他所处的工作环境，比如有一台高效运转的计算机、使用顺手的工具等。此外，机会也是影响绩效的重要因素，如推销员外出推销的时机和运气都与绩效相关。

②绩效的多维性

这是指对绩效的考核与衡量需要从多个方面展开。比如，对于一名工人的绩效考核，不仅要考查其生产了多少数量，还要考查其生产的产品质量、生产产品时的原材料消耗、出勤情况、同事关系、遵纪守法方面的表现，等等。在考核时，不仅员工本人可以做出评价，他的上级、同事、客户等也可以进行评价。

③绩效的动态性

绩效并非是固定的，随着时间的推移，绩效差的员工可能改进转好，绩效好的也可能退步变差。这是因为员工的绩效受到多种因素的影响，其中任何一个因素的变化都可能对绩效产生影响。

2. **绩效管理内容**

绩效管理是指为了达到组织的目标，通过持续开放的沟通，推动团体和个人做出利于目标达成的行为，形成组织所期望的利益和产出。在这个过程中，持续沟通是核心环节，涵盖了绩效计划与指标体系构建、绩效计划实施与过程控制、绩效考核与评价、绩效反馈与面谈、绩效考核结果的应用等环节。

（二）绩效管理的功能与主体

1. **绩效管理的功能**

对于组织来讲，绩效管理具有以下功能。

（1）战略功能

绩效管理是为了确保员工绩效、团队和部门绩效及组织绩效能与组织的战略目标保持一致，高质量的绩效管理是组织战略目标实现的重要保障。

（2）控制功能

绩效管理能为人事管理提供客观而公平的标准；使员工牢记工作职责，养成按规章制度工作的自觉性，避免员工不良行为的出现，从而实现对组织的有效管理。

（3）激励功能

绩效管理会对员工的工作绩效进行评估，使绩效结果与员工薪酬、晋升、奖罚等紧密联系，能在员工中产生一定的心理效应，起到激励先进者、鞭策后进者的作用，充分调动员工的工作积极性。

（4）诊断功能

通过绩效管理，能分析出组织中有利于员工绩效和不利于员工绩效的因素，寻求相应的解决办法，进一步完善管理机制，提高组织经营管理效率。

（5）开发功能

通过绩效管理，能明确每个员工的工作绩效状况，及其擅长和不适宜发展的方面，组织可根据这些结果决定员工的培养方向和制定员工的使用计划，充分发挥员工的长处，促进员工个人发展。

（6）沟通功能

沟通在绩效管理中起着十分关键的作用。良好的沟通有利于促进上下级、各部门及岗位间的相互理解，解决管理中存在的一些问题。

2. 绩效管理的主体

绩效管理涉及组织战略的分解、各级考核者与被考核者的持续沟通、确定考核目标并通过绩效管理系统进行各级监督控制等一系列工作，这些事情仅仅依靠组织的人力资源管理部门是无法完成的。因此，绩效管理工作的主体是由人力资源部门主持，各级管理者和员工共同参与管理的组织绩效管理团体。

（三）绩效管理的地位与作用

1. 绩效管理在人力资源管理系统中的地位与作用

绩效管理是开发员工能力、提高组织绩效的有力工具。在人力资源管理系统中，绩效管理是一个重要的分支系统，它的作用主要表现在以下几个方面。

（1）绩效管理有利于组织经营目标的实现

绩效管理对于组织战略目标的实现起着重要功能。通过绩效管理和评价，能对员工的工作结果进行反馈，及时发现工作中存在的问题并进行解决，通过提升员工的业绩，达成企业的业绩，实现企业的战略目标，使企业进入良性循环。

（2）满足员工的需求

通过绩效管理，不仅能对员工的绩效状况进行了解，还能分析绩效背后的各项影响因素，其中，员工的需求是否得到了满足就是重要的分析要素。通过绩效管理，能准确了解员工的需求，并据此提出相应的满足方案。如果没有考核或考核不准确，员工就会处于盲目状态，失去努力的目标和方向。

（3）解决管理中存在的问题

绩效管理不仅能对员工自身原因产生的绩效问题提出解决方案，也能分析与员工自身不相关的组织和环境因素。通过绩效评价和反馈，可以发现组织管理中存在的问题并及时解决，使组织顺利地向前发展。

（4）配合人力资源管理体系的运行

绩效管理是人力资源管理的重要一环，人力资源管理体系的运行离不开它的有效支持。

2. 绩效管理与人力资源管理相关活动的关系

从绩效管理的角度来理解人力资源管理，人力资源管理的实质是完成两个任务：一是使组织员工具有创造高绩效的能力，如员工选拔和培训都是为了这个目的；二是促使员工创造高绩效，如员工激励、培训、控制等都是为了这一目的。因此，绩效管理与人力资源管理的相关活动关系十分密切。

（1）绩效管理与职位分析

职位分析是绩效管理的重要基础，提供了绩效管理的一些基本依据。只有依据科学的职位分析结果，才能确定出各个职位的关键绩效目标。因此，没有职位分析或职位分析的结果不准，绩效管理工作将难以开展。

（2）绩效管理与招聘

绩效管理与招聘录用是双向的，绩效管理可以对招聘录用的结果进行衡量，优化招聘渠道和方式，对招聘的有效性进行检测；而在人员招聘与选拔中，采用各种人才测评手段考查人的一些潜在的能力倾向、性格与行为特征；同时，如果招聘录用工作做得好，那么员工的工作绩效也可能会高。

（3）绩效管理与培训、开发

人力资源部根据员工目前绩效中有待改进的方面，设计整体的培训、开发计划，并帮助主管和员工共同实施培训、开发。而有效的培训与开发工作能促成员工高绩效的实现，便于绩效管理工作的开展。

（4）绩效管理与薪酬管理

绩效是决定薪酬的一个重要因素。通常而言，职位价值决定了薪酬中比较稳定的部分，绩效则决定了薪酬中变化的部分，比如绩效工资、奖金等。同时，合理而公平的薪酬设计能有效满足员工需求，促成组织中高绩效的实现。

二、绩效管理的流程

绩效管理是一个管理过程，具有持续性、循环性和周期性的特点。一般来说，绩效管理的步骤可分为五个：绩效计划、绩效监控、绩效考评、绩效反馈和绩效考评结果运用。

（一）绩效计划

绩效计划是通过充分沟通，对员工应当实现的绩效进行沟通的过程，并将沟通的结果落实为正式书面协议。这个正式书面协议可以是绩效计划和评估表，是评估者和被评估者在明晰责、权、利的基础上签订的一个内部协议。

绩效计划的设计一般从公司最高层开始，将绩效目标层层分解到各个部门或所属子公司，最终落实到个人。对于各个部门或子公司来说，这是制定经营业绩计划的过程，而对于员工来说，这是绩效计划过程。

1. 绩效计划的制定步骤

绩效计划包括准备阶段、沟通阶段、审定与确认阶段等几个阶段。

（1）准备阶段

绩效计划是在充分沟通，了解各方面信息的基础上制定的，因此，为了全面获得各方面信息，必须事先准备好相应的信息。这些信息主要有以下几方面。

①组织层面的信息

为了将员工的绩效计划和组织目标保持一致，管理人员与员工应就组织战略目标、年度经营计划等进行充分沟通，并确保双方对绩效的理解是一致的。所以，在正式沟通中，管理人员和员工都需要重新回顾组织目标，保证在绩效计划会议之前双方都对组织目标有正确的理解。

②关于部门的信息

部门的目标是从组织总体目标分解而来的，因此在进行绩效沟通时也必须对每个部门的绩效指标予以充分了解。并非只有业务部门的目标可以明确，作为组织的职能部门，也应当依据实际情况明确自己的目标。

③个人层面的信息

个人层面的信息准备主要包括两个方面：一是职位描述的信息；二是员工个人上个绩效期间的评估结果。需要说明的是，职位描述也是需要不断修订的，应随着时间的推移，根据实际情况，重新思考职位存在的目的，并根据变化了的环境调整其描述。

（2）沟通阶段

绩效计划是在双方沟通的基础上制定出来的，因此沟通阶段是整个计划的核心。在这个阶段，管理人员与员工必须经过充分的交流，对员工在本次绩效期间内的工作目标和计划达成共识。

①沟通的内容

一般来说，双方沟通的内容包括以下几点。

a. 员工在本次绩效周期内要达到的工作目标是什么？通常不是一个单一的目标，而是目标体系，包括定性目标和定量目标，以及各项具体目标的权重关系等。

b. 员工实现目标的程序和方式是怎样的？

c. 评判员工目标是否达成的标准是什么？

d. 员工在实现目标时的权限和资源有哪些？

e. 员工在实现目标的过程中可能遇到哪些困难？如何寻求支持和帮助？

f. 员工实现目标需要学习哪些技能？

……

②绩效沟通注意事项

绩效计划会议是绩效计划制订过程中进行沟通的一种普遍方式。虽然并不存在固定化模式的绩效计划会议，但无论是怎样的会议，都要根据组织和员工的具体情况进行修改，把重点放在沟通上面。

一般来说，组织应当确定专门的时间来进行绩效计划的沟通，并确保在该时间内不受到其他事情的打扰。沟通时的氛围要尽可能宽松，不能压制言论。会议开始后，首先要回顾一下已经准备好的各种信息，包括组织的要求、发展方向及其与具体工作职责有关系和有意义的其他信息；再进行充分讨论和沟通。沟通的结果是能形成一份绩效计划书。

沟通时，应注意如下事项：首先，确保沟通双方是平等关系；其次，要相信员工在自己所从事工作上的权威性，在制定工作的衡量标准时更多地发挥员工的主动性，更多地听取员工的意见；再次，管理人员的作用是将员工个人目标与组织整体目标整合；最后，双方共同决定而不是管理人员代替员工做出最终决定。一般来说，最后决策中员工的权重越大，绩效管理也就越容易进行。

（3）审定与确认阶段

这是绩效计划的最后阶段，是对形成的绩效计划书进一步确认，形成书面绩效合同，要求管理人员和员工双方确认签字。绩效计划书一般一式两份，组织和员工各持有一份，作为绩效期内工作开展的指南，也是各方面进行工作监督、检查与考评的依据。

在实际工作中，绩效计划书签订后并非完全不可改变，可根据实际工作的开展状况进行调整。

2. 绩效指标体系

绩效计划的主要表现形式是构建绩效目标指标体系，各项绩效目标的实现，要以指标的形式呈现。

（1）良好绩效指标的设计原则

设计一个良好的绩效考评指标体系必须遵循 SMART 原则。

S 代表的是 Specific，是指绩效指标要切中特定的工作目标，适度细化，并且随着情境变化而发生变化。

M 代表 Measurable，是指绩效指标或者是数量化的，或者是行为化的，验证这些绩效指标的数据或信息是可以获得的。

A 代表 Attainable，是指绩效指标在付出努力的情况下是可以实现的，避免设立过高或过低的目标。

R 代表 Relevant，是指绩效指标应该与工作高度相关，是实实在在的，是可以证明和观察得到的，而非假设的。

T 代表 Time-Bound，是指在绩效指标中要使用一定的时间单位，即要设定完成这些指标的期限，这是关注效率的一种表现。

（2）绩效指标的设计

①以战略为导向进行指标设计

绩效指标应坚持战略导向，否则很难确保绩效管理工作对组织战略的支持。在指标设计时，与组织战略紧密相关的要素应成为主要考虑点，如果指标与组织战略的关系不大，那它所衡量的职位努力方向也会与组织战略发生分歧，组织战略将最终难以保障。比如，如果一家私营企业将销售员工的传统道德设置为关键绩效指标（KPI），那么它就可能与组织战略相偏离，其销售的效果很难得到保障。

②以职位分析为基础设计指标

职位分析是人力资源很多活动的基础，也是设计绩效指标的重要基础。设计绩效指标时，要对被考核对象的职位工作内容、性质及完成这些工作所具备的条件等进行研究和分析，进而分析该职位所应达到的目标、采取的工作方式等，初步确定绩效考核的各项要素。

③综合业务流程进行绩效考评指标设计

在设计绩效指标时，还需要考虑业务流程因素。根据被考核对象在流程的扮演角色、责任以及同上下游之间的关系，来确定其衡量工作的绩效指标。此外，如果流程存在问题，还应对流程进行优化或重组。

（二）绩效监控

绩效监控是指在绩效计划的基础上，各级管理者采取恰当的管理方式，预防或解决绩效周期内可能发生的各种问题，以更好地帮助下属完成绩效计划，以及记录工作过程中的关键事件或绩效信息，为绩效评价提供依据的过程。它是绩效计划和绩效评价的中间环节，是绩效管理中持续时间最长的环节。

1. 绩效监控的目的和内容

绩效监控是为了确保绩效计划的切实履行。绩效监控始终关注员工工作绩效，并希望通过员工个体绩效的提升来实现部门和组织绩效的改善。

为了达到这个目的，绩效监控要对绩效周期内员工对绩效计划的实施和完成情况，及这一过程中的态度和行为进行全程监控，具体来说，它包括了监控在绩效计划环节中确定的评价要素、评价指标和绩效目标的落实情况，在监控过程中得到的信息也正是绩效周期结束时评价阶段所需要的。但是，不同的组织、不同类型的部门、不同特点的职位、不同层级的管理者，其绩效监控的具体内容并非固定统一，而是根据工作实际的不同而有所不同。

2. 绩效监控的关键点

尽管不同情况下的绩效监控内容有所不同，但是都有相似的规律，绩效监控的关键点都差不多。要判断绩效管理的监控过程是否有效、判断管理者的绩效监管是否成功，可从以下三个方面考查。

（1）管理者的领导风格和绩效辅导水平

管理学及多种学科的研究表明，管理者的领导风格对下属绩效的影响十分重大，管理者能否对下属实现绩效目标的方法和过程进行有效指导也比较关键。如果管理者能针对下属的工作实际和各种情景因素，积极有效开展绩效指导，能有效确保组织员工的绩效朝着既定目标前进。现实中一些管理者将自己完全置于一个"监督者"的角色，只对下属的工作指手画脚，而面对员工在工作中遇到的困难和不足时，只会一味指责，却无法进行有效指导而助其改变现状，这样的绩效监控很显然是无效或低效的。

（2）管理者与下属之间要实现有效的绩效沟通

管理者与下属之间能否做好绩效沟通，是决定绩效管理能否发挥作用的重要因素。只有实现了有效沟通，才能实现绩效管理的目的，否则绩效管理将只剩下纸面上的计划和评价，完全失去了存在的意义。可以从三个方面来认识管理者与下属之间的绩效沟通作用：一是持续沟通能对绩效计划进行及时调整；二是持续有效的沟通能向员工提供进一步的信息，为员工绩效计划的完成提供条件；三是通过持续有效沟通能让管理者了解相关信息，以便将来客观评估员工绩效。

（3）绩效评价信息的有效性

绩效监控过程是整个绩效管理周期中历时最长的环节。在这个过程中，要持续、客观、真实地搜集和积累工作绩效信息，方能应对评估绩效计划的实施情况，客观、公正地评价员工工作，发挥绩效管理三个方面应有的作用。在这一过程中，不论是绩效计划的执行，还是调整和修订，都需要有及时、有效的信息记录和整理；否则，绩效评价工作就会走到"就人评人"的老路上去，导致整个绩效管理和评价系统失败。

（三）绩效考评

1. 绩效考评的概述

（1）绩效考评的含义

绩效考评是指按照组织目标和绩效标准，采用一定考评方法，对员工工作任务完成的情况、履职程度和发展情况等进行考核，并对考核结果予以评价的过程。绩效考评是绩效考核和评价的总称，绩效考核是用相应方法对员工绩效进行客观描述的过程，绩效评价是对客观描述进行评价、以确定绩效高低的过程。

（2）绩效考评与绩效管理

现实中，很多人将绩效考评与绩效管理混为一谈，但它们并非是一回事，而是既有联系、也有区别。二者的关系如下。

①绩效管理以组织战略为导向，是人力资源管理中的一个重要活动，是一个完整的管理过程，包括绩效计划制定、绩效监控、绩效考评、绩效反馈和绩效结果应用等五个环节；绩效考评只是其中的一个环节，重在对员工的绩效进行判断和评估。

②绩效考评是做好绩效管理的必要条件，也是绩效管理中技术性最强的阶段，没有绩效考评是做不好绩效管理的。

③绩效考评侧重于考，将实绩与标准相对照；而绩效管理要求以战略为导向，注重组织绩效的持续改进和员工能力的提升。只有比较而不注重组织绩效持续改进的考评方式，

不能持久地促进企业战略目标的实现。

2．绩效考评的分类

根据不同的分类标准，绩效考评可以有不同的分类。

（1）按考评时间划分，可分为定期考评和不定期考评

定期考评是组织考核的时间是固定的，比如每隔一个月、一个季度、半年或一年就进行考评，不同的组织文化和不同职位，其固定的时间会有差异。不定期考评是在需要的时候进行考评，通常有两种情况：一是在组织中人员需要提升或岗位变动时对其进行考评；二是主管对下属的日常进行考评，以便及时发现问题和解决问题，同时也为定期考评提供依据。

（2）按考评的内容，可分为特征导向型考评、行为导向型考评、结果导向型考评

特征导向型考评的重点是员工的个人特质，如诚实度、合作性、沟通能力等，即考量员工是一个怎样的人；行为导向型考评的重点是员工的工作方式和工作行为，是对员工工作过程的考评，如服务员的微笑和态度、待人接物的方法等；结果导向型考评是对工作内容和工作质量的考评，主要是对员工工作的产品或任务进行考评，如产品的产量和质量、劳动效率等。

（3）按主观性和客观性，分为客观考评方法和主观考评方法

客观考评方法是对可以直接量化的指标体系所进行的考评，如生产指标和个人工作指标，这些方面因为有客观标准，由不同的考评者考评出来的结果出入不大；主观考评方法是由考评者根据一定的标准设计的考评指标体系对被考评者进行主观评价，如工作行为和工作结果，由不同考评者考评的结果可能有所不同。

3．绩效考评主体

绩效考评主体是指由谁来进行绩效考评。优秀的绩效考评主体应当满足以下几个条件：一是对被考评者的职位性质、工作内容、工作要求和组织绩效考评的政策清晰明了；二是熟悉被考评者的工作表现；三是客观公正，不带个人偏见。常见的考评主体有五类人员：直接上级、同级同事、直属下属、员工本人、服务对象。

（1）直接上级

直接上级是最常见的考评主体，其优点有：熟悉工作要求和员工本人，能对其工作实际情况有全面了解；有助于帮助上级实现管理目的，体现管理权威。不足有：考评信息来源单一；容易受到管理者的工作风格和与下属的人际关系影响；也容易导致上下级关系不和睦。

（2）同级同事

同级同事通常不是一个人考评，而是多个人共同考评，信息来源广泛，可以有效避免个人偏见；同级之间相互了解，对被考评者的工作情况比较熟悉，这都是同级同事考评的优点。但是，同级同事之间可能会存在一定竞争关系，所考评的结论未必客观公正；同时，人际关系因素的影响较大，过度依赖同级同事考评可能会造就太多的"好好先生"。

（3）直属下属

下属考评的优点有：下属对上级的工作比较熟悉，能够对上级的工作状况进行反映；能促进上级对下属工作的关心，限制上级对下属的无视。缺点有：下属考评占太多权重，会导致上级不敢充分管理，削弱上级权威，产生迁就下属的行为；下属可能会顾忌上级反应，不会给出真实评价。

（4）员工本人

员工本人考评的优点有：有助于员工本人对自己工作的反思，能增强其参与感，对考评结果的接受程度较高。缺点有：考评中过于看重自己做得好的方面，忽略不好的方面，容易得出高于实际情况的考评结论；同时，如果自己的考评结果和其他人的考评结论差距较大时，容易引起矛盾。

（5）服务对象

服务对象既包括员工服务的外部客户或消费者，也包括内部服务对象。服务对象的考评能直接督促员工更加关心自己的工作态度和结果，进而提升工作质量；但是，服务对象往往只看到了工作结果，而无法看到工作过程，因此其考评可能存在不全面的问题；同时，也不是所有职位都有明确的服务对象。

（四）绩效反馈

绩效反馈是将绩效考评的结果反馈给被评估对象，并对被评估对象的行为产生影响。

1. 绩效反馈的目的

进行绩效反馈的目的有很多，常见的有以下几类。

（1）对员工的绩效表现达成一致的看法

绩效评估结果代表了组织对员工工作的绩效评价，但员工未必会持有同样的观点。通过绩效反馈，不仅要将组织评估的结果告诉员工，肯定其成绩并提出改进的意见，同时也可征询员工对绩效的意见，解释其持有异议的内容，最终实现双方对绩效的一致看法。

（2）对员工今后的努力方向予以指导

绩效反馈是一个沟通过程，组织可通过这个沟通过程，将组织对员工的期望做详细阐释，以指导其今后的行为。

（3）协商下个绩效周期的目标与绩效标准

绩效管理是一个循环往复的过程，绩效周期的考评结果反馈也通常是下个绩效考评周期的绩效计划面谈，两者往往可以同时进行。

（4）制定绩效改进计划

当组织与员工在绩效考评结果方面达成一致意见后，可以对今后努力的方向共同制定改进计划。管理人员可对员工提出组织层面的建议；员工可向组织提出需要组织支持的建议。

（5）使员工对自己的工作状态有客观认识

员工虽然对自己的工作情况比较熟悉，但通常都难以做到客观公正。绩效反馈能将组织做出的相对客观公正的评价告诉员工，有助于员工对自己做出客观认识，并对其今后的工作行为和态度产生影响。

2. 绩效反馈的形式

绩效反馈的形式有很多，既有正式形式的反馈，也有非正式形式的反馈。正式形式的反馈是事先计划和安排好的，如定期书面报告、面谈、小组或团队会议等；非正式反馈形式有很多，如闲聊、走动式交谈等。下文简单介绍书面报告和面谈。

（1）书面报告

书面报告既可以是纯文字的书面报告，也可以是特定设计的结构化表格或图文并茂的材料。在内容上，书面报告可以是员工向上级报告自己的工作进展情况；或说明自己在工作中遇到的问题或寻求帮助等；也可以是组织向员工反馈绩效评估的依据和结果，或询问其是否有需要解释的因素等。常见的形式有工作日志、周报、月报、年报或临时性报告等。

书面报告的优点有：形式严谨，信息可信度高，便于保存和核查，能全面反映所搜集到的各方面情况，能解决异地工作的考核问题，也有助于提升员工理性、系统思考问题的能力。不足有：书面报告通常是单向沟通，难以双向信息交流，不利于及时沟通和商定问题的解决办法，且这种沟通的工作量较大，容易引起员工反感，导致沟通流于形式。

（2）绩效面谈

绩效面谈是在绩效考评结果产生后，由管理者和员工针对这一评估结果进行面对面交流和讨论，指导员工工作绩效持续改进的管理活动。

绩效面谈的优点有：员工可以通过绩效面谈了解自身绩效、强化自身优势、改进不足，管理者能通过绩效面谈将组织文化、组织对员工的期望进行有效传递；同时，能增强员工自我管理的意识，充分发挥员工潜能。

（五）绩效考评结果运用

绩效考评结果运用是绩效管理的最后一个环节，也是与其他人力资源管理活动相衔接的纽带。通过这个环节，要实现员工能力提升、绩效持续改进，并最终实现绩效管理的目的。绩效考评结果有多种用途，具体来说，有以下几个方面。

1. 管理诊断和绩效改进

绩效管理的根本目的不是将部门或员工进行优劣排序，而是通过绩效管理发现组织中存在的绩效问题，并通过相关措施使整个组织的绩效不断提升。因此，在绩效评估完成后，管理者要对影响绩效的原因进行分析，找出组织中对绩效产生影响的诸多因素，并提出相应的改进措施，不断推进绩效进步。

2. 薪酬调整

绩效考评结果能较为准确地反映出员工对组织所做的贡献，组织在进行薪酬分配时可以根据员工的绩效考评结果，建立绩效薪酬制度。在薪酬调整方面，也应根据员工的绩效变化情况来调整，确保不同绩效周期的薪酬随着绩效的变动而变动。

3. 职位调整

人力资源管理的重要职能之一是进行人力资源配置，实现人职匹配。绩效考评结果是人员职位变动的重要依据，对于那些在职位上创造了高绩效的员工，组织应当积极培养和提拔，在纵向职位体系中实现及时变动；而对于那些绩效不好且原因在于其自身的员工，则可以予以降级或通过职位的横向变动来进行调整。

4. 人员招聘与选拔

通过绩效考评，可以发现在某些特定职位上创造高绩效的员工都具有哪些特性，总结出本组织中不同职位所要求的员工特质。在人员招聘时，可将这些特质作为员工招聘和考评的依据，减少组织在招聘中的失误。

5. 员工培训与职业发展

从绩效考评的结果中，能发现员工在态度、知识、能力及行为等方面的不足之处，进而考虑应采取哪些培训可予以显著改善。在持续性的绩效管理中，管理者能清晰发现员工的真实潜能和职业倾向，从而科学指导其职业发展。

总之，绩效考评的结果能对人力资源管理的各项活动和组织其他管理活动都产生实际帮助作用，只有将绩效考评的结果用于这些活动中，绩效管理活动的意义才能真正实现。

三、绩效考评的方法和技术

绩效考评是绩效管理的核心环节，这个过程需要使用恰当的方法和技术，方能得到理想的考评结果。

（一）绩效考评方法

1. 核查表法

核查表法又称为清单法。这是由考评人员经过实地观察、调查访谈之后，对照被考评对象的工作说明书和规范，书面拟定考评清单条目。考评时，按照这个清单条目逐条考评并最终确定考评结果。

2. 评级量表法

评级量表法是根据设计的等级考评量表来对被考评者进行考评的方法。在量表中，每个指标的标准被区分为不同等级，每个等级对应一个分数。考评时，考评主体对被考评者进行评定等级和打分，最后得出总的考评结果。

3. 关键事件法

关键事件法进行绩效考评时，考评主体通过观察，记录下员工完成工作时特别有效或特别无效的行为，并以此对员工进行考评。所谓关键事件，既可以是正面事件也可以是负面事件，所记载的事应该是具体的事件与行为，而不是评判；事件的记录本身不是评语，而是素材的积累；考评时通过对这些素材的综合评价，可以得出相应的考评结论。

4. 行为锚定法

这种方法将上述评级量表法和关键事件法的优点结合起来，为考评职位的各个考评指标设计出一个评分量表，用一些典型的行为描述语句与量表上的一定刻度相对应和联系（这就是锚定）。其常见的步骤如下。

（1）获取关键事件

由一组对工作较为了解的人找出一些代表优秀业绩或劣等业绩的关键事件。

（2）初步建立绩效考评要素

根据关键事件，提炼出为数不多的几个绩效考评要素，并给每个要素定义。

（3）重新分配关键事件，归入相应的绩效考评要素

向另外一组同样熟悉工作的人展示绩效考评要素及所有关键事件，要求他们对关键事件重新排序，将这些关键事件分别放入他们认为最合适的考评要素中去。如果第二组中一

定比例的人（通常比例为 50%~80%）的归类方法和第一组的归类相同，就可以确认这一关键事件应归入某个考评要素。

（4）确定各关键事件的等级和分数

第二组人评定各个关键事件的等级（一般为 7 分或者 9 分等级尺度，可以是连续尺度，也可以是非连续尺度），判断它们能否有效代表某一考评要素所要求的绩效水平。

（5）建立最终的行为锚定评价表

对于每个绩效考评要素来说，都将会有一组关键事件作为"行为锚"。

这个方法的优点是评估较为精确，各考评指标之间的独立性高，因此可以得出更加准确的评估结果；同时，这种方法依赖关键事件记录，能对被评估对象进行反馈和激励，也能为最终评估结果收集足够依据。

5. 排序法

排序法有简单排序法和交替排序法两种。

简单排序法是考评者将所有被考评者的员工从绩效最高者到最低者排出顺序。

交替排序法是首先从被考评者中找出最优秀的和最糟糕的，再找出次优秀的和次糟糕的，如此循环，从简单到复杂，直到最后排序完毕。

排序法的优点是简单易行，考评成本低；缺点是精确性不足，如果考评指标模糊不清，更容易受到质疑。它常适用于规模较小的组织。

6. 配对比较法

配对比较法的基本做法是，将每一位员工按照所有的考评要素与其他员工的该项要素进行比较，评出谁更优或更劣；并事先确定得分标准，比较后将所有分值汇总，最后按照分值高低进行排序。

7. 强制分布法

强制分布法是将员工的绩效分成若干个等级，每一等级强制规定一个百分比，根据员工的总体工作绩效，将他们分别归类。比如，某企业将某个绩效考评要素分为优、良、中、一般、差五个等级，并规定优秀的比例为 10%，良好的比例为 20%，中等的比例为 40%，一般的比例为 20%，差的比例为 10%。如果该组织有 100 人，那么评估的结果中，一定有 10 名优秀、20 名良好、40 名中等、20 名一般、10 名差。

这种方法可以有效避免考评者过于宽松或过于严厉的倾向，同时也能有效激励员工，尤其是在引入了淘汰制的组织中。但是，如果组织中的所有员工都很糟糕或都很优秀，这样强制分布也会导致不公平。

8. 观察量表法

这种方法是对每个具体考评项目给出一系列相关的有效行为，考评者在考评时通过观察员工做出有效行为的频率来确定其工作绩效的方法。比如，将某一行为分为"几乎总是（5分）""经常（4分）""一般（3分）""偶尔（2分）""几乎没有（1分）"五个等级，通过观察某员工在该行为上的表现给予相应评分，最后对各个行为的分数汇总得出总评分数。

（二）绩效考评技术

1. 360°绩效考评技术

360°绩效考评，是由员工本人、负责经理、直属下属、同事、客户对员工的工作绩效做全面的评价，以保证评估的客观性。其特点是考评维度多元化（通常是4或4个以上），适用于对中层以上的人员考评。

传统绩效考评多是由被评价者的上级考评，难以确保考评的全面性。360°考评的考评视角多样，其考评者常有：来自上级监督者的自上而下的评价、来自下属的自下而上的评价、来自同级的评价、来自企业内部的支持部门和供应部门的评价、来自公司内部和外部的客户的评价，以及本人的自我评价等。

360°考评法的优点有：多角度考评，能使结果更加客观、全面和可靠；考评主体多元化，能增强合作意识和自我发展意识；同时也减少了对抗，避免权力滥用。缺点有：这种考评方法由于涉及主体众多，比较费时费力，收集信息的成本很高；如果在考评中出现了串通勾连，所考评的结果仍然难以保证客观。

所以，一般来讲，只有当下述条件具备时，方能使用此技术进行绩效考评：一是组织氛围良好，高层大力支持；二是能处理好公正与保密的关系，且具备有效的评价工具；三是员工参与度高，能实现充分的信息沟通；四是在考评前进行了系统的培训，让所有考评者充分掌握考评的指标、标准、程序等；五是需对不同考评者的权重进行设计。

2. 关键绩效指标法

关键绩效指标（KPI）是指对于组织的生存和发展起关键作用的指标，它们能有效呈现部门、团队或个人的绩效行为和表现，体现出对组织目标的实现做了多大的贡献。

（1）关键绩效指标的特点

关键绩效指标的特点一般有：它涉及组织实现战略目标的关键领域；是对组织所需要行为的集中测量；能将组织的战略目标转化为明确的行动内容；能确保组织中各级不同类

型员工向同一个方向努力；是上下级共同参与达成的结果。

（2）关键绩效指标的确定过程

①KPI体系的确定

这是指通过分析，确定组织绩效考评的KPI指标体系。它通常包括三个层次：一是组织层KPI的确定，这需要在明确组织战略目标的基础上，通过组织会议确定组织的业务重点，用头脑风暴法等具体方法找出这些关键业务领域的关键绩效指标；二是部门级KPI的确定，这是由各部门主管人员根据组织的KPI，在分析部门目标和工作流程的基础上，建立部门KPI体系；三是职位KPI的确定，这是由部门主管和部门相关人员将部门KPI进一步细分，确定各个职位的KPI指标。

②确定各个指标的评价标准

第一步中提出的指标，只解决了从哪些方面进行评价的问题，却没有说明在这些方面，怎样算好绩效、怎样算差绩效的问题。因此，在明确了各个指标后，还需要对各个指标的评价标准予以规定，指明各位员工在各个指标上应达到什么样的水平，解决被评价者"怎样做，做多少"的问题。

③对KPI进行审核

并非建立起KPI指标就可以直接投入使用，而是需要经过审核、修订的过程。在审核时，通常需要审核指标的客观性、全面性、可操作性以及能否对信息进行反馈等。审核的结果如果不能令人满意，有必要对指标进行修订和重新调整。

3. 平衡记分卡法

平衡记分卡是以信息为基础，系统考虑组织业绩驱动因素，多维度评价组织绩效的一种方法。同时，它也是将组织战略目标与业绩驱动因素相结合，实施动态战略管理的战略管理系统。

这个方法认为，组织应从四个角度审视自己的业绩：客户、内部经营过程、学习与成长、财务。通过对这四个方面指标之间相互驱动的因果关系进行分析，展现组织的战略轨迹，实现绩效考核—绩效改进以及战略实施—战略修正的目标。

（1）各个维度的解释

①财务维度

财务绩效衡量的是组织战略及其实施和执行是否正在为最终经营结果的改善做出贡献。常见的指标有：资产负债率、流动比率、应收账款周转率、存货周转率、资本金利润率、销售利税率等。尽管组织在长期或短期方面对财务追求的目标有差异，但利润应当始终是组织追求的终极目标。从财务指标能看出组织的获利能力。

②客户维度

这是衡量组织所提供的产品和服务能在多大程度上满足顾客需要、提高顾客满意度。常见的指标有：客户的满意程度、客户的挽留率、新客户获取率、获利能力和在目标市场上所占的份额，等等。通过这个维度，能反映组织在质量、性能、服务等方面对客户提供的绩效状况。从客户维度可以看出组织的竞争能力。

③内部经营过程

这是对存在于组织内部，能对客户满意程度和实现组织财务目标产生较大影响的内部过程进行的衡量。常见的衡量指标有：新产品开发、风险控制、市场份额、售后服务系统、信息系统等。从内部经营可以看出组织的综合提升力。

④学习和成长方面

组织的学习和成长主要体现在三个方面：人才、系统和组织程序。平衡记分卡会对组织中的人才、系统和程序的现有能力和实现突破性绩效所必需能力之间的差距进行揭示，从而制定出恰当的绩效考评指标。常见的指标有：内部满意度、绩效考核达标率、员工技能提升率、合理化建议采纳率等。从学习和成长指标可以看出组织的持续发展动力。

需要说明的是，平衡记分卡中的四个维度并非彼此割裂，而是彼此联系的。财务指标是组织的终极追求，也是组织存在的根本物质保障；而要提高组织的利润水平，又必须以客户满意为前提；要让客户满意，需要有高效的内部运营；而内部高效运营又常常取决于能否有效学习和快速成长。

（2）平衡记分卡的做法与实施步骤

①平衡记分卡的做法

平衡记分卡的具体做法是：在组织整体战略的引导下，通过对组织产出和未来成长潜力的考核，充分考虑客户和内部运营的状况，寻找能够驱动组织战略成功的关键因素，建立与关键成功因素具有密切联系的关键绩效指标体系。也就是说，平衡记分卡成功地将组织的长期战略和短期行为联系起来，把组织的远景目标转化为一套系统的绩效考核指标。在此基础上，加强对关键绩效指标的跟踪监测，衡量战略实施过程的状态并进行必要的修正，以实现战略的成功实施及绩效的持续增长。

②实施步骤

a. 将战略转化为目标。以组织的共同愿景与战略为内核，运用综合与平衡的哲学思想，依据组织结构，将公司的愿景与战略转化为下属各责任部门在财务、客户、内部经营过程、创新与学习等四个方面的系列具体目标，然后设置相应的四张计分卡。

b. 设置对应绩效考评指标体系。依据各责任部门在财务、客户、内部经营过程、创新与学习等四个方面的可具体操作的目标，设置对应的绩效评价指标体系。这些指标不仅与公司战略目标高度相关，而且是以先行与滞后两种形式呈现，同时兼顾和平衡组织的长期和短期目标、内部与外部利益，综合反映战略管理绩效的财务与非财务信息。

c. 设定各项指标的评分规则。由各主管部门与责任部门共同商定各项指标的具体评分规则。一般是将各项指标的预算值与实际值进行比较，对应不同范围的差异率，设定不同的评分值。

d. 开展绩效考评并运用考评成果。以综合评分的形式，定期考核各责任部门在财务、客户、内部经营过程、创新与学习等四个方面的目标执行情况，及时反馈，适时调整战略偏差，或修正原定目标和评价指标，确保公司战略得以正确与顺利地实行。

此外，常见的绩效考评技术还有目标管理法、标杆超越法等。有兴趣的读者可以自行查阅资料了解相关知识。

第二节　薪酬管理

一、薪酬与薪酬管理

（一）薪酬

薪酬这个概念是涉及员工能因为自己的工作而从组织中获得什么的概念，在不同时期有不同的内涵。20世纪20年代以前，"工资"这一概念在西方国家流行，主要是指支付给体力劳动者的工作报酬，主要内容是基本工资，常以小时工资、日工资、月工资的形式出现，工作时间的长短决定了收入的多少。在20世纪20年代以后，出现了"薪水"这一提法，通常指支付给白领者的工作报酬，通常是在一段固定时间后获得相对固定的收入，如月薪或年薪；此时的薪水既包括基本工资，也包括津贴、福利等内容，但收入相对固定，加班等情况是不会获得额外收入的。1980年以来，薪酬这一概念开始为大多数人所接受。这时基本工资的比例又减少了一些，津贴、补贴和福利等的比例在增多，还提出了非经济性的薪酬。

1. 薪酬的概念与内容

（1）薪酬的概念

尽管不同的人对薪酬这一概念的理解或有不同，但我们仍然可以认为，薪酬是员工为组织贡献了自己的劳动而获得的各种形式的酬劳。从本质上讲，薪酬是组织基于交易或交换关系而支付给员工的劳动价格，是员工向组织让渡自己劳动使用权后所获得的补偿。

（2）薪酬的内容

组织应当对薪酬的概念有全面认识，对薪酬这个概念的理解会对其后的薪酬管理行为产生重大影响。一般来说，组织应明确，所谓的"薪酬"是一个综合性概念，它包含了非常丰富的内容。

①经济性薪酬和非经济性薪酬

所谓经济性薪酬，又包含直接和间接薪酬，直接薪酬如工资、奖金、津贴等能用货币加以衡量的薪酬部分，间接薪酬是指组织所提供的各种福利和服务，并不一定以货币的形式出现，比如保险、公积金、免费午餐等，它们能给员工的生活带来便利，减少员工的额外支出。

所谓非经济性薪酬，包括工作本身、工作环境、组织特征等无法用货币加以衡量的因素，它们能给员工带来心理上的安全感、归属感、荣誉感等心理效用。这些之所以也被纳入薪酬范围，是因为这些心理效用与经济性薪酬一样，也会对员工的择业和工作努力程度产生重要影响，它们通常也是组织吸引人才、留住人才的工具和手段。

②内在薪酬和外在薪酬

"全面薪酬"将薪酬分为内在薪酬和外在薪酬。内在薪酬是指能激发员工内在工作动力的精神性收益；外在薪酬是指能从外部刺激员工努力工作的物质或非物质收益。

（3）经济性薪酬的常见组成部分

尽管薪酬的内容非常复杂，但多数时候组织中所提到的薪酬仍然主要是指经济性薪酬。经济性薪酬的组成部分也比较复杂，常见的组成部分有以下几种。

①基本薪酬

基本薪酬是以员工的劳动熟练程度、工作的复杂程度、责任大小、工作环境、劳动强度为依据，并考虑劳动者的工龄、学历、资历等因素，按照员工实际完成的劳动定额、工作时间或劳动消耗而计付的劳动报酬。基本薪酬通常又包括岗位薪酬、等级薪酬、结构薪酬、技能薪酬和年功薪酬等几项主要内容，不同的组织中其内容也有所不同。基本薪酬与员工的工作努力程度和所取得的绩效关系不大，属于比较稳定的收入部分。

②福利薪酬

福利是组织为了吸引新人、留住旧人，在人力资源市场上赢得竞争而支付的一种补偿性薪酬，通常包括法定的社会保险、带薪休假、优惠住房、免费工作餐、生活用品的发放等内容。不同的组织所提供的这部分差别可能会很大；但是在组织内部的所有员工的差别并不大，只要拥有成员身份就可以获得。

③奖励薪酬

又通常称为奖金，是组织对员工超出正常劳动强度或努力程度后所支付的奖励性薪酬，常包括红利、利润分享及通常所说的奖金等内容。在同一个组织甚至同一个部门或职位上，不同的员工所获得的奖励薪酬可能有很大差异，这主要取决于员工的努力程度，以及组织的薪酬制度和绩效考评等因素。

④成就薪酬

成就薪酬是指当员工在组织内工作卓有成效，为组织做出重大贡献，组织以提高基本薪酬的形式付给员工的薪酬。很显然这部分薪酬与员工的个人成就紧密相关，不是每个人都可以获得的。

⑤附加薪酬

又常称为津贴或补贴，是组织为了鼓励员工在苦、脏、累、险等特定职位上工作，而在普通薪酬内容之外所支付的劳动报酬，比如为经常需要出差的人支付的餐饮补贴、通讯补贴等。一般把属于生产性质的称为津贴，属于生活性质的称作补贴。这部分薪酬只有从事特殊工作的员工在从事特殊工作时才能拥有。

⑥股票期权

股票期权通常是以激励手段的形式出现的。组织为了激发员工的主人翁意识，采取多种形式让部分员工持股经营，在组织取得了一定业绩后让员工根据持股的多少来分得各种权益。

2. 薪酬的作用

薪酬反映的是组织和员工之间的利益交换关系，对员工和组织都有重要的作用。对员工来说，薪酬的作用主要体现在保障、激励、信号等方面；对组织来说，薪酬在调节、凝聚、改善绩效、控制成本、塑造组织文化等方面发挥作用。

（1）保障作用

员工作为组织的人力资源，通过向组织提供劳动付出来换取自身和家庭的衣食住行及发展需要。组织只有向员工提供足够的补偿，才能使其生活顺利进行、解决后顾之忧，不断投入到新的劳动中去。薪酬的保障作用主要是由基本薪酬来实现的，因此，组织所提供的基本薪酬要满足员工的日常生活和工作所需。在因为员工错误而需要扣罚薪酬时，一般也不扣发基本薪酬，否则员工的生活将失去保障。

（2）激励作用

薪酬不仅决定员工的物质条件，而且还是体现一个人社会地位的重要因素，是全面满足员工多种需要的经济基础。有时候员工能获得高收入所带来的益处可能不仅是获得了丰富的物质收入，更重要的是这种高收入给他带来的肯定和荣誉感。同时，薪酬的公平性、成长性等都会影响到员工的工作积极性。在薪酬各构成部分中，奖励性薪酬、成就性薪酬的激励作用最为明显。

（3）信号作用

薪酬往往还是一种代表，传递着一些重要信息。比如，人们可以根据员工的薪酬来判定其职业和社会地位及生活状况等。在组织内部，相对薪酬能反映一个员工在组织中的地位和重要性程度。在组织外部，员工薪酬的高低也反映了他在劳动市场上的价值。

（4）调节作用

薪酬差异是人力资源管理流动与配置的重要的"调节器"。在组织内部，如果组织通过薪酬调整来重新部署组织内部的人力资源，比用行政命令来重新部署要有效得多；在组织外部，组织可以通过差别性优势薪酬来吸引紧缺的人才。在国家层面上，也可以通过薪酬调节来实现人们的利益分配，形成社会分配的总体平衡，实现全社会范围内的人力资源合理配置。

（5）凝聚作用

公平合理的薪酬体系，能充分调动员工的积极性，激发员工的创造力，使员工增强对组织的信任感，产生情感依恋，形成较强的凝聚力。反之，如果组织薪酬混乱，随意性强，不能有效反映每个员工对组织的贡献，组织就很可能失去员工的信任，凝聚力受损。

（6）改善绩效作用

薪酬对员工的工作态度、行为和绩效都会产生直接影响。科学的薪酬体系能有效激励员工，使员工产生良好的工作态度和行为，取得高绩效；同时，合理的薪酬也能为组织吸引更多外部优秀人才的加盟，使组织绩效大幅提升。

（7）控制成本作用

薪酬是组织成本中的重要内容。较高薪酬虽然有助于吸引优秀人才，但同时也会增加组织的成本。同时，并非高薪酬就能实现对员工的有效激励。所以，组织应设计合理的薪酬制度，以实现低成本、高效益。

（8）塑造组织文化

合理和富有激励性的薪酬体系有助于组织文化的塑造，或有助于既有组织文化的强化。许多组织的文化变革都伴随着薪酬制度变革，通过薪酬制度来加深员工对组织文化的理解，促进员工对新文化的认同。

（二）薪酬的管理

1. 薪酬管理的含义

薪酬管理是在组织总体发展战略的指导下，根据不同时期组织的经营目标，针对所有员工为组织所提供的劳务来确定他们应当得到的报酬总额、报酬结构及报酬形式，并进行薪酬分配和调控的过程。需要说明的是：薪酬管理是在组织战略指导下开展的，最终目的是确保组织战略目标的实现。因此，薪酬管理的目的不仅是要让员工获得相应的经济收入，还要通过薪酬对员工的工作行为进行引导，激发其工作热情，不断提升其工作绩效，并最终实现组织的发展目标。

2. 薪酬管理的内容

（1）薪酬的目标管理

薪酬管理要从两个方面实现目标：一是如何通过薪酬管理实现组织的战略目标；二是如何通过薪酬管理满足员工的需要。

（2）薪酬水平的管理

薪酬水平是指组织内部各类职位和组织整体平均薪酬的高低状况。在薪酬管理中，既要确保组织内部薪酬的一致性，又要确保其外部的竞争性。这就要求组织要根据员工绩效、能力特征和行为态度进行动态调整，使组织内部各团队、各部门和各子公司的薪酬水平具有公平性，有利于组织目标的实现；对于稀缺人才的薪酬水平要略高于竞争对手，以确保薪酬的外部竞争性。

（3）薪酬结构的管理

薪酬结构是指组织内部各职位之间薪酬的相互关系。合理的薪酬结构不仅能反映出不同职位对组织贡献的大小，也能有效节省组织运营成本。在薪酬管理中，要正确划分合理的薪级和薪等、正确划分合理的级差和等差，并考虑如何适应组织结构扁平化和员工岗位大规模轮换的需要，合理确定宽带薪酬，等等。

（4）薪酬形式的管理

薪酬形式是指在员工总体薪酬和组织总体薪酬中，不同类型薪酬部分的组合方式。如一位员工能拿到的全部薪酬中，是否包括基本薪酬、福利薪酬、奖励薪酬等内容以及这些内容各占了多少比重。此外，薪酬形式的管理还包括如何给员工提供个人成长、工作成就感、良好的职业预期以及提升员工就业能力等方面的管理。

（5）薪酬制度的管理

这包括薪酬决策应在多大程度上向所有员工公开和透明化，谁负责设计和管理薪酬制度，薪酬管理的预算、审计和控制体系又该如何建立和设计，组织如何维持合理的薪酬成本控制，等等。

3. 薪酬管理的原则

（1）公平性原则

公平性是薪酬管理的首要原则，它要求薪酬管理能让员工认为组织的薪酬分配是公平的。如果员工感觉到自己得到了不公正的薪酬，他们就可能会不再继续努力工作。不公平感的存在有可能会恶化组织中的人际关系或导致一部分员工离职。

薪酬的公平性原则可以分为四个层次。

①外部公平性

这是指组织的薪酬应该与同一行业或同一地区或同等规模的不同组织类似职位的薪酬大致相同，因为同一职位对员工的知识、技能与经验的要求相似，大家的努力程度可能都差不多。如果同样的职位，另一家企业中的薪酬水平远高于本企业的薪酬水平，那么本企业的员工就可能选择跳槽到另一家企业。

②内部公平性

这是指在组织内部各职位中，所获得的薪酬应当与各自做出的贡献成正比。只要这个比值是一致的，多数人就会觉得这是公平的。职位评价是决定内部公平的首要方法。

③小组公平

这是指组织中不同任务小组所获薪酬应正比于各自小组的绩效水平。

④员工公平

这是指组织中仅根据员工的个人因素诸如业绩水平和学历等，对完成类似工作的员工支付大致相同的薪酬。

为了确保组织薪酬系统的公平性，组织在薪酬系统设计时应当注意：在薪酬制度方面有明确统一的要求，并有明确的可以说明的规范和依据；薪酬系统应当有足够的民主性和透明度；组织应为员工创造机会均等、公平竞争的条件，并将员工的注意力从追求结果均等转到机会均等上来。

（2）竞争性原则

这是为了确保组织获得所需的人力资源，组织所制定的薪酬水平应当不低于当地人力资源市场上的平均水平。当然，这可能会抬高组织的人力资源成本，因此是否推出这个政策以及保持多高的人力资源价格，应当根据本组织的财力状况和相关情况决定。但是，如果是组织紧缺的人力资源，通常应确保其薪酬具有足够的竞争性。

（3）激励性原则

组织薪酬的公平性，并不意味着是绝对平等，无论什么岗位、做出多大贡献都得到相同的薪酬收入，这种体现不出差异的"大锅饭"式的薪酬设计只能起到奖懒罚勤的作用，无法激发大家的工作积极性。因此，在制定薪酬政策和设计薪酬体系时，应当在各类、各级职务的薪酬水准上，适当拉开差距，真正体现按劳按贡献分配的原则。

（4）经济性原则

组织的薪酬是组织运行成本的重要组成内容，高水准的薪酬水平固然可以提高其竞争性和激励性，但也同时可能会导致组织的运营成本上涨。因此，在设计薪酬体系时，不仅要考虑其竞争性和激励性，还要考虑如何控制总体运行成本，使组织所制定的薪酬政策在较经济的水平基础上，实现高效的激励效果并对外展现足够的竞争力。

（5）合法性原则

这是指组织的薪酬政策、薪酬体系必须符合国家的法律法规，与地方政府所制定的相关政策保持一致。比如，不能低于当地所制定的最低工资标准，必须为正式员工缴纳五险一金，不能出现性别歧视，必须如期支付薪酬，等等。

（三）影响薪酬及薪酬管理的因素

影响员工薪酬和组织薪酬设计及管理的因素有很多，大致可以归纳为三个方面：组织外部因素、组织内部因素及员工个人因素。

1. 组织外部因素

（1）人力资源市场的供求状况和竞争关系

按照经济学中的观点，供求关系会对产品的价格产生重要影响。薪酬可算是劳动力在人力资源市场上的价格。供求状况也往往决定了组织在人力资源方面的竞争关系。如果某类人力资源有很多组织都需要，那么该类人力资源的薪酬一定会上涨，反之则会下跌。

（2）地区及行业薪酬水平及相关惯例

一个组织中的薪酬水平通常会与当地和相似行业的平均薪酬水平相似。当一个组织初次成立需要设计薪酬体系，或者将重新进行薪酬设计时，通常要以地区及行业中类似组织的薪酬水平作为参考。同时，一个地区的社会流行价值观、地区特点等也会影响到组织的薪酬状况。

（3）当地物价水平

人们的薪酬通常是其生活保障的基础。如果一个地区的物价水平较高，那么当地人的生活成本就较高，他们必须以高薪酬来支撑自己的生活开支，因此那些无法满足人们薪酬需求的组织可能招不到足够的人力资源来确保组织的运转。当然，确保人们薪酬与物价水平同步上涨的货币收入主要是名义薪酬，名义薪酬的上涨并不意味着人们的购买力会增加。

（4）薪酬及相关方面的法律法规

组织的薪酬政策必须与政府及相关方面的法律法规相一致，并且，政府及相关方面的法律对组织的薪酬具有强制约束性。

2. 组织内部因素

（1）组织的业务性质与内容

不同性质和内容的业务的薪酬水平会有所不同。如果组织处于传统型的、劳动力密集型行业，员工所从事的活动主要为体力劳动，那么组织中的总成本中劳动力成本可能占据着较大比重；反之，如果组织是资本密集型或技术密集型，人工成本可能只会在组织总成本中占较小比重。同样的，组织内部不同职位的性质和内容也各不相同，对组织目标的达成所做的贡献也有差异，那么它们的薪酬水平和结构也必然存在差异。

（2）组织的经营状况和支付能力

如果一个组织的经营状况不好，各方面支出捉襟见肘，它很难维持一个足够高的薪酬支付体系；反之，如果组织的经营良好，营利能力强，有足够的支付能力，那么它可能支撑较高的薪酬支付水平。但是，组织的经营状况通常很难保持稳定的水平，随着时间的变化总在不断变化，且经营好坏无绝对的判断标准，员工一般不愿凭此评价组织的付酬合理性。所以经营状况对报酬的影响具有间接性和远期性。

（3）管理哲学和组织文化

如果组织将员工视为"经济人"，认为员工所有工作的目的都是获得经济报酬，那么管理者所设计的薪酬可能主要以货币性表现为主；如果组织将员工视为"社会人"，他们会更加重视员工的社会性需求，其薪酬结构中除了货币性支付外，还有丰富的非货币内容。

（4）组织的经营战略

组织所采用的经营战略不同，所需要的人才或所鼓励的人事政策就会有所差异，其薪酬政策也必然不同。比如，采用总成本领先的组织会重视各方面的低成本，追求每一份成本支出都能获得足够的回报。所以，在薪酬政策方面，组织会重视竞争对手的劳动成本，在薪酬形式中重视可变部分的比重，强调薪酬对生产效率的激励；采用差异化战略的组织更重视产品和服务的优越性，其薪酬会更加鼓励在产品和服务方面的创新，而对薪酬在组织总成本中所占的比重不会特别在意；实施目标集聚战略的组织强调在特定市场上做到特别优秀，其薪酬政策可能会十分重视顾客评价。

（5）组织的发展阶段

不同发展阶段的组织任务有所不同，在各方面的管理重点和策略也有差异，这种差异在组织的薪酬管理中也会有所体现。

3. 员工个人因素

（1）员工的职位

不同职位对组织的重要性程度是不一样的，对组织的贡献能力也各有大小。因此，组织中不同的职位通常有不同的薪酬结构和水平，处于不同职位上的员工所能获得的薪酬状况也就有所差异。

（2）员工的工作能力

职位的差异会使处于不同职位上的员工获得不同的薪酬待遇；但即使是同一个职位上的员工，也会因为其文化程度、专业知识和技能、工作经验等方面的差异，而在薪酬收入方面有所不同。

（3）员工的实际绩效

一般来说，员工的薪酬中会有一部分内容与其绩效紧密相关，员工在绩效期内的表现优异，那么他可能获得较高的绩效薪酬或奖励性薪酬。这是为了鼓励员工在所处的岗位上努力做出贡献。

二、薪酬设计

（一）基本薪酬设计

科学合理的薪酬体系是薪酬管理的重要工作，其设计的要点是"对内具有公平性，对外具有竞争性"。

1. 职位分析

职位分析是薪酬设计工作的基础，职位分析工作的成果——职位说明书是薪酬体系建立的依据。应当在科学职位分析的基础上，对某一职位的主要工作职责、业绩标准、工作条件、工作特征以及任职资格要求等予以明确，为职位评价提供全面的基础性信息。

2. 职位评价

职位评价是借助一定方法，对组织内部各个职位对组织的价值进行评价。需要说明的是，职位评价的分析对象是职位，而不是任职者；它所反映的是职位的相对价值，而不是绝对价值。

职位评价的目的是解决薪酬的内部公平性问题，分析需要达到两个目的：一是比较组织内部各个职位的相对重要性，得出职位等级序列；二是为进行薪酬调查建立统一的职位评估标准，消除本组织中实际工作内容相似、工作要求相近但处于不同部门且名称不同的岗位之间的差异，以及名称相似但工作内容截然不同的岗位之间的差异，使内部公平成为可能。

职位评价的方法一般有四种，即排序法、分类法、评分法、要素比较法。下面分别做简单介绍。

（1）排序法

排序法是最古老也是最简易的一种方法。它通常以职位说明和职位规范要求作为基础，由负责职位评价的人员根据主观经验和认识，对组织中所有职位从整体上按其重要性或相对价值进行比较并排序。在确定薪酬额时，应参照职位的重要性，如职位价值、责任、贡献度等计算出相应的数量比例。这类方法的优点是简单易行，成本较低，又能确保重要职位得到较高薪酬；但这种评价方法主观性强，评价标准不明确。通常适合于规模小、结构简单、职位种类不多的组织。

职位排序法又有简单排序法、交替排序法、配对比较法等几种常见的分类。

①简单排序法

这是最简单又同时是最粗略的方法，是指从总体上根据职位价值的大小从高到低对职位进行排序。

②交替排序法

交替排序法是从所有待评估职位中，找出价值最高的一个和价值最低的一个；再从剩下的职位中，找出价值最高的一个和价值最低的一个。

（2）分类法

分类法又称套级法，是请专家或管理者将组织的所有职位大体划分为若干等级并确定等级标准，再将组织中所有待评估职位与这一标准加以对照，将各个职位分别套入各个等级中，明确确定职位序列。

这种方法比较简单，只对职位做整体上的综合评价，因此操作成本较低，也能快速得出职位评价结果；但由于定性分析成分较大，不作因素分解，难以精确评比，而且评级者的主观成分仍然较大。因此，其主要适用于小型组织。

分类法的实施步骤如下。

①划分职位大类

将组织所有待评价职位分为若干大类，如管理干部类、工程技术类、销售类、文秘类等。

②确定每种类型职位等级的数量

对于每类职位可分多少等级，并没有明确规定，只要能满足实际需要、便于操作、能有效区分就可以。一般来说，组织规模越大、职位数量越多、职位类型越多，职位等级的划分也就越多。

③定义各个职位等级的含义

选择报酬要素，界定各个职位等级的定义。所谓报酬要素，是指一个组织认为在多种不同的职位中都包括的一些对其有价值的特征，是在多种不同的职位中都存在的组织愿意为之付出报酬的一些具有可衡量性质的质量、特征、要求或结构性因素。

④将职位归入职位等级

根据职位说明书，对照确定好的标准，将职位归入与等级定义相同或相近的职位等级中去。

（3）评分法

也称计点法，这是目前大多数国家在组织中广泛应用的一种方法。该法先将职务分解为构成要素，再以各个要素为依据，将职务与标准相比较，比较的结果用数据来表示，然后将各种要素、分数合计起来，形成该职务的总分数，这一总分数就是该职务的相对价值。最后将职务按规定纳入相应的薪酬等级系统。

这种方法的优点是：量化分析，评价的主观性较少，精确性、可靠性强，评价的结果容易获得员工的认可；能对不同性质的职位进行横向比较，衡量出各个职位的相对价值差距大小，而这种大小决定了不同职位的薪酬差距。它的不足有：实施难度较大，操作比较烦琐，在量化过程中也包含了很多主观判断的成分，如报酬要素选取、权重设置等都受到主观判断的影响。

（4）要素比较法

要素比较法是将待评价职位与标准职位进行比较来确定其相对价值和工作薪酬的定量方法，它实际上是一种在排序法基础上进行了改进的量化职位评价方法。它的操作步骤如下。

①确定报酬要素

在这个阶段，需要选择各个职位的可比较因素，以确定用来进行职位对比的依据和尺度。这些报酬要素要涵盖所有进行比较的职位，通常包括责任、环境、体力消耗、精力消耗、教育背景、技能和相关经验，等等。这个步骤也可以放在标准职位选择之后进行。

②选择标准职位

标准职位选择是要素比较法的关键，因为其他职位的薪酬确定都依赖于标准职位的内容以及与之相适应的支付额。标准职位一般应选择在组织中普遍存在、工作内容相对稳定、工资水平公开的职位。选择时应当依据的标准是：具有代表性、能表现工作职位等级、能充分显示每一报酬要素重要程度的不同等级、能在确定的范围内被准确定义。

③按照每个报酬要素，对标准职位进行多次排序

按照各报酬要素对标准职位进行排序，有多少个报酬要素，就要进行多少次排序。排序工作由评价小组的每个成员分别进行排序分级，然后将分级结果交给评定小组综合分析。

④确定标准职位各个报酬要素的工资率，并依此对标准职位进行再次排列

首先，确定标准职位的薪酬水平，然后确定各个报酬要素在该职位总体价值中的权重，权重可以通过经验或统计方法得出。

⑤剔除不合理的标准职位

将上述第4、第5步得到的结果进行对比，剔除两次排序不一致的职位。从理论上讲，对于每个报酬要素来说，上述第4、第5步的比较结果应当是一致的；如果不一致，说明这个职位不能作为标准职位使用，需要重新选择标准职位并进行排序。

⑥评价其他所有工作，并确定其薪资

按照各个报酬要素，将其他待评价职位与标准职位进行一一对比，求出各个职位的薪酬。

要素比较法与排序法相比都要排序，但是排序法是对职位按照整体印象进行排序，而要素比较法是根据多个报酬要素排序；同时，要素比较法要根据得到的评价结果设置一个具体报酬金额，并汇总得到职位的报酬总额。要素比较法的优点是定量分析较多，每个步骤都有详细说明，有助于评价人员判断，也容易向员工进行解释说明；但是该方法过程复杂、费时费力，且仍然有很多主观性因素在其中。

3. 外部薪酬调查

职位分析和职位评价是从组织内部分析，仅仅解决了内部公平性的问题。但薪酬设计除了要考虑内部因素外，还需要考虑外部薪酬状况，以确保薪酬的外部竞争性。这个阶段的工作内容主要是：调查本地区、本行业尤其是主要竞争对手的薪酬状况，并确定或调整本组织对应职位的薪酬状况，以保证组织薪酬体系的外部公平性和竞争性。

在信息和资料收集时，首先需要对各种公开的外部资料进行研究，如国家及地区统计部门、劳动人事机构、工会等公开发布的资料，图书馆及档案馆中收藏的年鉴等统计工具

书，人才交流市场与组织、有关高等学府、研究机构及咨询单位所拥有的相关资料等；其次可通过抽样采访或发放专门问卷进行收集。此外，从新招聘的员工或前来应聘的人员那里获得相关资料，也能了解其他组织的薪酬信息；其他组织所发布的招聘广告和招聘信息也常常披露其薪酬与福利政策。

这个工作的常规步骤如下。

（1）选取调查职位

一般情况下，组织不会对所有职位都进行外部薪酬调查，而是只选择部分关键职位进行调查了解。在确定选择何种职位进行调查时，通常考虑如下因素：

①职位的典型性，是否为当地大多数同类组织中都存在的职位；

②职位容易界定；

③职位职责明确，内容稳定，不易变化。

（2）确定调查计划

根据自己的需要，对将如何展开调查进行设计。通常需要解决的问题如下。

①谁来实施调查

外部薪酬调查既可以是组织自己开展调查，也可以委托专业人员调查或咨询公司展开调查；如果市场上已有相应调查报告或数据，也可以直接向这些报告或数据的所有者购买。

②确定具体的调查方式

一般来说，组织可以采用的薪酬调查方法有问卷调查、访谈调查、网络调查等。

③调查工具设计

不管采用何种调查方式，都需要相应的调查工具来搜集或记录相关数据，比如薪酬调查表。通常薪酬调查表应当围绕下列因素进行设计：一是被调查职位的基本信息，如职位名称和基本工作特征等；二是了解被调查对象的组织信息，目的是判断该组织与本组织之间是否相似，调查的结果有多大可用性；三是职位描述，目的是让被调查者能准确识别该职位；四是分析被调查者的个人信息，以判断从事相同工作的任职者是否因个人因素差异而导致薪酬差异；五是职位的薪酬结构和薪酬水平。

此外，还需要对调查的人员、物资、时间、预算等进行明晰规划。

（3）薪酬调查数据分析和结果应用

对所搜集的数据进行分析，生成调查报告，并对调查的结果加以应用。薪酬调查结果的应用主要是确定本组织在某一薪酬上应当如何支付薪酬。

4. 薪酬定位

在分析同行业的薪酬数据后，组织应根据自身情况制定薪酬政策，选用不同的薪酬水平，也就是开展薪酬定位工作。

（1）影响薪酬定位的因素

不同情况下影响组织薪酬定位的因素有很多，大致可以分为外部因素和内部因素两个方面。

从外部来看，国家相关法律规章政策、宏观经济运行状况、行业特点和竞争状况、人力资源供求状况等，都会对薪酬定位和工资增长水平有不同程度的影响。在公司内部，组织的盈利能力和支付能力、成员的素质要求、组织所处的发展阶段、人才稀缺程度和招聘难度、公司的市场品牌和综合实力等等都是重要影响因素。

（2）薪酬水平的选择

组织常见的薪酬水平策略有四种：领先型策略、匹配型策略、落后型策略、混合型策略。所谓领先型策略，是组织的薪酬水平高于相关劳动力市场的平均薪酬水平，通常是指在劳动力市场上薪酬水平居于前25%的那些组织所代表的水平。采用这种策略的组织通常需要有雄厚的财力、过硬的产品和较高的管理水平来支持，并且需要有稳定的经营业绩，否则一旦市场发生动荡，组织将可能难以维持其领先地位。

所谓匹配型策略，是组织的薪酬水平与相关劳动力市场的平均薪酬水平大抵相当，通常由劳动力市场上薪酬水平居于25%~75%的那些组织所代表的水平。这种组织既可以是经营水平一般的组织，也可以是经营状态良好的组织。

所谓落后型策略，是组织的薪酬水平低于市场平均水平，通常是指那些薪酬水平居于最低25%的组织。

混合型策略是组织针对不同职位采用不同的策略，比如对于紧缺职位采用领先型策略，针对人力资源富余的职位采用落后型策略，这样既能保持对紧缺人力资源的吸引，又可以保持较低水平的人力成本。

5. 薪酬结构设计

薪酬结构设计是针对每一职位或职位等级的工资范围，包括中点工资、最高工资、最低工资和工资范围系数等进行确定。它能使组织建立起对薪酬进行管理的结构，使组织能针对从事相同工作但拥有不同能力水平和工作绩效的员工给予不同报酬。

（1）薪酬曲线

薪酬结构反映了职位的相对价值和其对应薪酬的对应关系，这种对应关系并非随意，而是要以某种原则为依据，具有相应的规律，这种关系可用"薪酬曲线"来表示。该曲线横轴为职位相对价值，纵轴为薪酬水平。

薪酬曲线从理论上讲可以呈任意曲线形式，但实际上多数时候是直线或若干直线段构成的折线形式。这是因为薪酬设计必须遵循公平原则，即某一职位的员工报酬应与其付出成正比。所以，绘制薪酬曲线的各点斜率应基本相等，薪酬曲线以直线形式呈现。

（2）职位薪酬等级结构

在绘制好组织薪酬曲线后，从理论上来说，基本薪酬的设计就应该结束了，按照职位评价结果，通过薪酬曲线就可以确定每个职位的基本薪酬水平。但实践中，如果一个组织中职位很多，采用这种方式针对每个职位都设定一个薪酬标准，管理成本将大幅上升。事实上，大多数组织在实践操作中，都会将多种职位工资组合成若干等级，形成薪酬等级标准序列，通过职位工作评价的得分高低与这个标准序列对应，确定出特定职位工作的具体薪酬范围或标准。

完整的薪酬等级结构需要确定：职位等级的数量、不同等级间的薪酬差距、同一职位等级的薪酬范围（包括中位值、最低值和最高值），以及确定薪酬差距的标准等。在我国人力资源管理实践中，评分法应用较为广泛，下边以评分法为例来说明如何进行薪酬等级结构的确定。

①划分职位等级

根据职位评价得到的各职位分数对职位进行分级。划分时可采用等差、递增或递减等集中方式。等差是不同等级间的分数差距相同；递增是较低职位等级包含的分数差距较小，较高职位等级包含的分数差距较大；递减则相反。在划分时，要根据组织的实际情况来选定相应方法。

②建立薪酬范围

每个职位等级的分数范围确定后，接下来是为各个职位等级建立薪酬范围。薪酬范围，是指每一职位等级的最低工资和最高工资分别是多少。薪酬范围的建立依据是结合前边的薪酬曲线，由薪酬曲线的回归方程计算出每一职位等级相对应的薪酬中位值；再在一定浮动率的基础上，确定各个职位等级的最低值和最高值。

③确定相邻薪酬等级的重叠度

不同职位等级的薪酬范围之间还存在着重叠式结构。即在相邻两个职位等级中，低等职位的最高薪酬值比上一等级职位的最低薪酬值还高。这一重叠部分的比例称为重叠比例，是衡量相邻两个职位等级重叠程度的指标。

需要说明的是，组织既可以采用重叠的薪酬结构，也可以采用不重叠的薪酬结构。无重叠的薪酬结构下，低等级职位的员工往往会努力向高等级职位奋斗；而随着重叠的出现，以及重叠比例越来越大，低等级职位的员工缺乏向高等级职位奋斗的动力。因此，从这个意义上来讲，重叠比例会对薪酬管理以及组织管理产生重要的影响。

6. 薪酬体系的运行、控制与调整

在确定了最终薪酬后，组织的薪酬体系已经完全确定了。接下来，要将这个体系投入运行，并采取有效的监控手段予以控制和管理；在发现薪酬体系的运行与组织实际需要不符时，或组织内外环境发生变化时，薪酬体系要随着新需要而做出相应调整。这一过程是一项长期的工作。

薪酬体系的调整一般有以下几种情况。

（1）薪酬定级性调整

这是对原本没有薪酬等级的员工进行工作等级的确定。常见的情况有：对试用期满或没有试用期的新入职人员的工资定级；对原来没有的职位或没有在组织中聘任的专业人员的薪酬定级；对有工作经历但新入职的员工进行薪酬定级等。

（2）物价性调整

随着物价上涨，组织通常也需要对薪酬进行调整。一些组织建立了员工薪酬水平与物价指标自动挂钩的机制，在保持挂钩比例稳定的情况下，可实现的薪酬水平能对物价上涨造成的损失进行有效补偿。

（3）工龄性调整

工龄工资是鼓励员工在组织中持续贡献力量的薪酬部分。随着员工工作年限的增长，要对员工的薪酬进行提升调整。工龄性薪酬把员工的资历和经验作为调整依据。

（4）奖励性调整

这是对员工努力工作，取得了突出成绩后应给予的奖励。

（5）效益性调整

这是指随着组织的效益变化，组织对全体员工给予等比例变动薪酬的调整方法。当然，很多组织为了避免"奖懒罚勤"，也常采用非等比例的变动。

（6）考核性调整

这是根据员工的绩效考评结果来进行的调整。

（二）激励薪酬设计

激励薪酬是指以工作绩效为依据而支付的一种报酬形式，支付激励薪酬的目的是激发员工的创造性和积极性。激励薪酬是可变的，与员工的工作成果挂钩，比基本薪酬对员工

积极性的调动更有意义。

激励薪酬可分为个人激励薪酬和群体激励薪酬。

1. 个人激励薪酬

这是根据员工个人工作成果来进行支付的薪酬。这种薪酬有利于员工不断提升自己的工作绩效水平，但通常不利于团队的相互合作。个人激励的常见形式如下。

（1）计件制

这是最古老、最常见的薪酬激励形式，是根据员工的产出效率来决定其工资报酬。实践中，经常采用的计件制有以下几种。

①普通计件制

计算公式为：

$$应得薪酬＝完成的产品件数×每件工资$$

这种计算方法的优点有：计算简单，易于理解，计量原则公平，有利于员工努力生产更多数量的产品。缺点是：只有便于计量的职位方可使用该方法，在这种计酬方式下，员工更关注数量而不是质量，也通常会反对技术变革。

②差额计件制

实践中经常采用差额计件制的付酬方式，也就是针对不同的产量分别规定不同的工资率。主要有泰勒制和梅里克计件制。

（2）工时制

这是根据员工完成工作的时间来支付相应报酬，鼓励员工努力提高工作效率，节省工时和各种制造成本。最基本的工时制是标准工时制，它是在确定完成某项工作的标准时间后，当员工在标准时间内完成工作任务时，依然按照标准工作时间来支付薪酬。比如，规定的工作时间是1个小时，员工事实上只花了45分钟就完成了，但员工仍然可以得到1个小时的薪酬，这就相当于提高了薪酬待遇。此外，还有哈尔西的五五奖金制和罗恩制等方法，有兴趣的读者可自行查阅相关资料。

（3）绩效工资

上述两个方法均有不足，就是不能适合于所有岗位，只适合于方便计量的工作职位。此时，需要引入绩效工资，这是根据员工的绩效考评结果来支付对应薪酬的办法。绩效工资主要有三种形式：绩效调薪、绩效奖金、特殊绩效激励计划。

①绩效调薪

这是根据员工的绩效考评结果对其基本薪酬进行调整。比如，如果绩效考评的结果分为优秀、良好、中等、一般、差五个等级，对于优秀的人调薪幅度为8%，良好的人调薪幅度为4%，中等的人不调薪，一般的人调薪幅度为-2%，差的人调薪幅度为-4%。调薪周期一般是按年进行，调薪要既有加薪、也有减薪，才能起到有效的激励作用。

②绩效奖金

绩效奖金是一次性奖金，是根据员工的绩效考核结果给予的一次性奖励。奖励的方式与绩效调薪类似，但不会给绩效不良者罚款。

绩效奖金与绩效调薪的差别是：首先，绩效调薪是针对基本薪酬，绩效奖金不会对基本薪酬产生影响；其次，绩效调薪的变动不会太频繁，因为它涉及基本薪酬，频繁变动会增加管理负担，但绩效奖金的变动周期相对较短。

③特殊绩效激励计划

特殊绩效激励计划是一种针对个人特别突出的优质绩效进行激励的方式，类似于"个人突出贡献奖"之类的奖项。这是一种非常具有针对性和灵活性的激励方式，能突破普通激励制度在支付额度、支付周期和支付对象方面的局限，谁在工作中做出了特别贡献，就对谁实施奖励。这种奖励往往是一般奖励难以在一次就达到的，比如，对做出特别贡献的员工，奖励一套房子或者一台跑车，不仅能在很大程度上激励受奖者本人，也能在组织全体员工中产生很大的激励效应。

2.群体激励薪酬

群体激励是以团队或整个企业的绩效为依据进行薪酬支付。实施群体激励的好处是促使组织成员更加重视团队协作和组织整体效益，避免成员相互拆台的行为；但是，这种做法也很容易引发"吃大锅饭"的弊端，所以在群体激励的基础上，通常还要辅助以个人激励方式。

常见的群体薪酬激励方法有如下几类。

（1）利润分享计划

这是指员工根据其工作绩效而获得一部分公司利润的整体激励计划。通常的做法有三种形式：一是现金现付制，就是决定给员工分享利润时，立即支付给他；二是递延滚存制，是指将分享给员工的部分不立即发放，而是转入员工账号，未来再支付，很显然这对于那些计划跳槽的员工来说是一种束缚，但同时也可能让员工产生不满；三是混合制，即前两者混合。

组织实施利润分享计划有很多好处，它将员工个人的收益与组织的整体收益联系在一起，促进员工从组织的整体利益出发考虑自己的行为，增强员工的责任感；同时，这种分享属于一次性支付，不会增加组织的人工成本，如果组织的整体收益不佳，员工就可能得不到这笔奖励，组织也不用支付这笔钱。

（2）收益分享计划

这是组织与员工分享由于组织或团队绩效的改善而带来的财务收益。它与利润分享计划不同的是，利润分享计划是分享"利润"，而收益分享计划是分享"收益"，也就是按照组织的一些业绩标准来实施激励。常见的业绩标准有：成本、生产率、质量、时效性、反应灵敏度、客户满意度等。组织实施这一计划的目的，是鼓励员工广泛参与组织决策，积极主动对组织经营效率的改善提供建议，组织再将改进效率后所获得的收益拿一部分奖励员工，形成良性循环。

（3）股票所有权计划

这是让部分员工持有组织的股票或股权，让他们与组织形成一个利益共同体，鼓励员工发挥主人翁精神，长期为组织的发展做出贡献。常见的股票所有权计划有三种：现股计划、期股计划、期权计划。

现股计划是让员工拥有现实股权，常见的方式是直接赠予、参照当前市场价格向员工出售等。该计划通常会要求员工在一段时间内必须持有该股票，这样的情况下，股价的变动就会影响到员工的收益。通过这种方式，可促使员工更加关心组织的长远发展。

期股计划是组织和员工约定，在将来的某一时期内以一定的价格购买一定数量的公司股权，购买价格一般是参照股权的当前市场价格。这样，如果未来股价上涨，员工按约定价格买进股票就会有所收益；未来股价下跌，员工就会蒙受损失。该计划同样要求员工在一定时期内必须持有股票。

此外，员工到期时可以行使、也可以放弃这项权利。通常情况下，若未来股价上涨，员工按约定价格购买时能获利则会行使权利买入；若未来价格下跌，员工可以放弃行使该权利以规避损失。该项计划仍然对员工的持有期限进行了规定。

第六章 人力资源管理的创新

第一节 人力资源管理模式创新

一、网络时代的人力资源与传统人事管理的比较

（一）概念上的差异

传统的人事管理，是计划经济体制下的人事管理，由政府及其所属的劳动人事部门为核心，由政府统一配置人才的人事管理制度，在这种制度下地方、企业与个人处于服从和被动的状态。这种人事管理是相对稳定的，与计划经济体制相适应。这种管理模式曾有利于中央和地方政府集中有限的人力、财力建设社会主义的物质基础和技术基础，对国民经济的恢复发挥了积极作用。但这一模式的管理过程强调事而忽视人，人的调进调出被当作管理活动的中心内容；管理过程受政治影响较大；强调听从安排，否定个人的需要和个性，扼杀了劳动者的积极性和创造性，极大地束缚了生产力。随着市场经济的发展，其弊端更加突出，于是，现代人力资源管理的发展便顺理成章。

网络时代的人力资源管理更加重视整个社会人力资源的供需平衡和协调发展，是一种有关资源配置的战略管理活动。网络时代的人力资源管理部门积极与其他部门相协调，共同为企业创造效益。它强调以人为中心，除了具备传统人事管理的内容外，还具有进行工作设计、规划工作流程、协调工作关系等职能。与传统的人事管理相比，现代的人力资源管理是一种更深入、更全面的新型管理形式。

（二）招聘方式的差异

由于传统的人事管理基本上是一种业务管理，其人事的重大决策权集中在政府行政部门，所以，企业在员工招聘方面没有完全的自主权。传统的人事管理仅在需要时发挥作用，因而只是在企业人手不够时补充员工，所以招聘工作主要着力于企业当前的需要。

网络时代的人力资源管理招聘是利用计算机网络进行的，企业可以在网上公布招聘信

息，并在线浏览求职者的信息。互联网使人才需求信息成为公开的消息，企业的招聘人员可以在不离开办公室的情况下，广泛开展人才搜索。计算机网络招聘主要包括吸引人才、分析人才、联系人才以及最后达成协议等几个环节。这些环节是通过网上信息发布、网上人才测评与分类、在线联系或电子邮件，并利用人才招聘的一些管理软件处理相关事宜等手段来完成的。计算机网络招聘利用互联网交互性和实时性的特点，不受时间、地域的限制，向任何一台计算机终端的应聘者发出招聘信息，应聘者也可以随时随地与招聘企业联系，获取需要的最新信息。

（三）培训方式的差异

传统的培训因时间和地点的限制，一般都是选定某一段时间，把员工集中到室内或室外进行，这将耗费大量的人力、物力和财力。此外，一个培训师一次可以指导的学员数量是有限的，同样的培训课程每一次都要重新准备，传统的培训方式效率较低。当然，集中授课的培训方式也有一定的优越性：这种互动式的学习可以让培训师发现学员是否需要更多的帮助。此外，这种培训方式可以使参加者的精力集中在培训课程上。

网络时代的企业培训打破了传统培训的时空限制，各地的员工可以利用计算机网络，在本地接受异地培训。企业将培训内容发布在企业内部网站上。员工可以根据自己的需要，不受时间、地点的限制，在互联网上寻找适合自己的培训内容进行自主学习，以拓展知识与技能的深度和广度。员工之间可以进行在线探讨、交流，企业还可以提供在线疑难解答。这样使企业和员工都可以及时得到培训绩效的反馈，有利于企业及时改进培训内容和目标。但是，网络培训的自助式课程往往会被工作打断，网络培训要求组织建立良好的网络培训系统，这需要大量的资金，中小企业受资金限制，往往无法花费资金购买相应的培训设备和技术。

二、人力资源在网络经济中的作用与影响

（一）人力资源是网络经济增长的重要源泉之一

经济增长是指国内生产总值或国内生产总值在总量上的扩张。为了清楚地反映出每一要素在经济增长中的贡献水平，经济学家们建立了经济增长模型，在这一模型中，一般采用三个要素，即资本、劳动力和技术进步。这实质上是人力资源不同侧面的表现，其量的多少、质的高低取决于人力资源的数量及素质。人力资源的素质高低决定了企业产品的质量优劣和劳动生产力的素质高低，以及投入与产出的比例。在网络经济时代，企业的成败

取决于对人的管理，学会求才、用才、知才、育才，是每个成功企业管理者的必备素质。

（二）人力资源是网络经济结构优化的决定因素

经济发展既表现为经济的增长，也表现为经济结构的优化。经济结构是否优化，是衡量经济发展与否的重要因素。我们在分析一个国家经济结构是否优化时会发现，经济结构是否优化不仅取决于该国自然资源的禀赋，更取决于人力资源结构是否优化。人力资源结构的优化不仅表现为静态的人力资源结构能与经济结构保持协调一致和相对平衡，而且表现为动态的人力资源结构能与经济发展所需的经济结构相适应。经济结构的调整往往是从调整人力资源结构开始的，采取的又大多是强烈的市场化手段，即政府调整经济结构时，先指明经济结构运行的方向，引导具有相关素质的劳动者首先进入这一经济部门，并获取相应的高收入，从而强制或迫使其他劳动者转岗改行，接受新经济部门的素质培训，向这一经济部门配置相应的人力资源，直至人力资源处于饱和状态，经济结构得到有效调整。

（三）人力资源是网络经济下企业的兴盛之本

任何企业都拥有三种基本资源，即物力资源、财力资源和人力资源。对于企业来说，物力资源和财力资源是企业的有形资源，是衡量企业的重要尺度，但二者都具有有限性；而人力资源正好与之相反，它是一种无形资源，具有相对无限性，是可再生资源。企业可以通过教育、培训和开发等活动提高人力资源的品质，增加人力资源的数量，用人力资源代替非人力资源，从而减轻企业发展过程中非人力资源稀缺的压力。同时，企业为提高产品质量、降低成本和在市场上占据优势，纷纷改进工艺，运用先进机器设备，而这些又需要高素质的人力资源来完成。所以，人力资源开发的好坏，在很大程度上决定了企业的兴衰。

三、网络对人力资源开发与管理的影响

（一）网络对人力资源组织的影响

在传统的金字塔式组织结构中，强调命令、控制以及清晰地描述员工的任务，因此，组织对员工的期望是明确的，员工的晋升路线也是垂直的。晋升意味着责任的增加、地位的提高和更高的报酬，人力资源管理的全部信息都集中在组织的最高管理层。

网络时代，由于信息沟通及处理的便捷性，公司的管理层次将大大减少，所以，扁平式、矩阵式、网络状的结构将成为多数公司的组织架构模式。项目管理小组和在线合作将

成为工作中最常见，也是最有效的一种方式。组织将鼓励员工扩大自己的工作内容，提高员工的通用性和灵活性。

（二）网络对人力资源管理各职能的影响

1. 网络对绩效评估的影响

网络将遥远的距离拉近，主管可以很快看到来自各地的每个下属定期递交的工作反馈。员工考核及述职也可以在网络中实现。员工的工作地点已经不重要，只要具备工作条件，只需按计划去完成工作就可以了，员工的满意度将大大提高。

在线评估系统实时录入公司所有员工的评估资料，其强大的后台处理功能将出具各种分析报告，为公司的管理改进提供及时的依据。对于评估结果，系统自动根据权重改进评分进行统计，并将结果与薪酬以及人才培养计划挂钩。

2. 网络对员工培训的影响

网络时代，员工培训的形式更加多样化，已经不再是简单的"我说你听"。网络资源极其丰富，利用网络资源进行岗位培训，成为许多公司的一个培训方向。通过网络的形式进行员工培训，企业不仅可以提高效率，更可以节约成本。企业的人才培训可以请专家来公司讲课，也可以让员工脱产外出学习，但这两种方法都是小范围的，而且费用较高，因此仅适用于公司高层人员；对于基层人员的培训，因人员较多，如仍采用上述方法，相应的费用较高，但以网络为基础的虚拟学习中心可以大大节约费用。通过开发远程教育系统，人力资源部门可以选择最好的、性价比最高的培训公司实施培训。

四、网络化人力资源实践

人力资源管理职能在下面几个领域可以采用网络化管理方式：

（一）网络化招聘

与传统的招聘方式相比，网络化招聘的优势十分明显，其优势集中表现在以下几个方面：

1. 扩大了招聘范围

互联网的全球性、交互性、实时性的特点，使企业有可能在世界上任何一台计算机终端上找到其潜在的合格人选。

2. 增强了招聘信息的时效性

企业可以全天候地向潜在的应聘者发出招聘信息，而应聘者也可以随时随地与招聘企业联系，同时，企业可以根据需要及时更新招聘岗位，传递最新信息。

3. 降低了招聘成本

网络化招聘不受时间、地域、场所等条件的限制，供需双方足不出户即可进行直接交流。这样既可以节约招聘活动中的各项开支，又可以节省人力资源管理部门的精力和时间，企业还不必向"猎头公司"等中介组织支付高昂的服务费用。

（二）网络化沟通

网络使企业的信息沟通更为快捷、广泛、有效，企业内部的信息交流、情感融合也更为通畅。组织可以在内部网上贴出各方面的情况介绍，还可以建立员工的个人主页，开设论坛、聊天室、建议区、公告区以及企业各管理层的公共邮箱。

网络化沟通方式有助于克服人际沟通过程中的一些人为障碍，使企业的上行、下行及横向沟通更为通畅，为企业员工参与管理、反映问题、发表评论和提出建议提供了更为方便的渠道和途径。这样的沟通方式有利于企业良好氛围的建立，有利于员工创造性、自主性、责任感以及自我意识的提高，有利于员工工作生活质量的提高。

（三）网络化绩效考核

网络化绩效考核在一定程度上可以减少人际知觉和判断上的偏差。它可以远距离进行工作实绩和工作情况的客观评价，避免了人与人之间的心理影响，减少了考核中的主观因素，这对建立规范化和定量化的员工绩效评价体系，以代替以经验判断为主体的绩效考评手段有很大的作用，能使员工绩效考评更为公正、合理、科学。

第二节　人力资源管理信息化系统创新

一、人力资源管理信息化系统的功能解析

人力资源管理信息系统是由相互联系的各个子系统组成的，子系统之间相互关系的总和构成了人力资源管理信息系统的整体结构。不同的管理层次和工作任务对应不同的系统，要求系统发挥不同的功能。

（一）信息处理与服务功能

1. 信息处理功能

人力资源管理信息系统设置标准化计量工具、程序和方法，对各种形式的信息进行收集、加工整理、转换、存储和传递，对基础数据进行严格的管理，对原有信息进行检索和更新，从而确保信息流通顺畅，及时、准确、全面地提供各种信息服务。

（1）数据处理

数据处理涉及设备、方法、过程以及人的因素的组合，完成数据的收集、存储、传输或变换等过程。将原始数据资料收集起来，输入计算机，进行文字处理，在计算机屏幕上直观、方便地对文字进行录入、编辑、排版、增删和修改，方便存档、复制、打印和传输，由计算机完成计算、加工整理、分类、排序和分析等信息处理工作，进行数据的识别、复制、比较、分类、压缩、变形及计算活动。数据处理实现信息记录及业务报告的自动化，通过对大批数据的处理可以获得对管理决策有用的信息。

（2）电子表格

人力资源管理信息系统拥有丰富的人力资源数据，具有灵活的报表生成功能和分析功能。能够用软件在计算机上完成制表、录入数据、运算、汇总、打印报表等工作，十分快捷地得到准确、美观的表格。系统直接利用来源于各基本操作模块的基本数据，既以信息库的人力资源数据作为参考的依据，又根据人力资源管理者提供的信息进行综合分析，提供从不同角度反映人力资源状况的信息报表和分析报表。如生成按岗位的平均历史薪资表，员工配备情况的分析表，个人绩效与学历、技能、工作经验、接受培训等关系的统合性分析报表，供日常管理使用和决策参考。报表提供的不是简单的数据，而是依赖于常规的人力资源管理与分析方法，从基本的数据入手，形成深层次的综合数据，反映管理活动的本质，指导管理活动。

（3）电子文档管理

运用电子文件处理软件，可以实现文件的审定、传阅、批示、签发以及接收、办理、反馈、催办、统计、查询、归档等环节的处理。用计算机管理文件材料，完成文件的编目、检索，进行文件信息统计分析，实现使用者的身份确认、签名、验证，方便使用者查找文件资料，办理借阅手续，达到安全管理信息的目的。

（4）图形与图像处理

图形处理是利用计算机完成条形图、直方图、圆瓣图和折线图等各种图形的制作，对图形进行剪辑、放大、缩小、平移、翻转等处理，满足不同需求的使用。图像处理是利用计算机将图像转变为数字形式，再用数字形式输出并恢复为图像。主要包括图像数字化、图像增强与复原、图像数字编码、图像分割和图像识别等。

2. 信息服务功能

人力资源管理信息系统的特点，是面向管理工作，收集、存储和分析信息，提供管理需要的各种有用信息，为管理活动服务。

（1）整合优化管理

由于现代管理工作的复杂性，人力资源管理信息系统以电子计算机为基础，按照所面向的管理工作的级别，为高层管理、中层管理和操作级管理三个层面提供服务。按其组织和存取数据的方式，可以分为使用文件和使用数据库的服务；按其处理作业方式，可以分为分批处理和实时处理的服务；按其各部分之间的联系方式，可以分集中式和分布式服务务。一个完整的管理信息系统，能够针对多层次的结构，以最有效的方式向各个管理层提供服务，使各层次间结合、协同行动。一方面进行纵向的上下信息传递，把不同环节的行为协调起来；另一方面进行横向的信息传递，把各部门、各岗位的行为协调起来。

人力资源管理信息系统，通过各种系统分析和系统设计的方法与工具，根据客观系统中信息处理的全面实际状况，合理地改善信息处理的组织方式与技术手段，以达到提高信息处理的效率、提高管理水平的目的。人力资源管理信息系统是为各项管理活动服务的一个信息中心，具有结构化的信息组织和信息流动，可以按职能统一集中电子数据处理作业，利用数据库构成较强的查询和报告生成能力，有效地改善各种组织管理状况，提高电子计算机在管理活动中的应用水平。只有这样，管理活动才能成为一个有机的整体，呈现整体化和最优化的局面。

（2）组织结构管理

系统根据相关信息，形成组织结构图，提供组织结构设计的模式。通过职能分析，确定职务、职能、职责、任职要求、岗位编制、基本权限等，形成职务职能体系表，并根据不同职位的职责标准，进行职责诊断。系统根据需要对组织结构及职位关系进行改动、变更，对职位职责、职位说明、资格要求、培训要求、能力要求及证书要求进行管理，配置部门岗位和人员，生成机构编制表，进行岗位评价，实现内部冗余人员和空缺岗位的匹配查询。

（3）人事管理

系统具有对人员档案中的信息进行记录、计算查询和统计的功能，方便人事管理。系统对每个员工的基本信息、职位变更情况、职称状况、完成的培训项目进行维护和管理。记录人事变动情况，管理职员的考勤，形成大量的声音、图像、VCD 文件及其他各种形式的信息，并保存在信息库中。系统拥有人员履职前资料、履职登记及培训、薪资、奖惩、职务变动、考评、工作记录、健康档案等丰富的信息。可以按照部门人数、学历、专业、院校、籍贯、年龄、性别等进行分类统计，形成详尽的人力资源状况表。系统通过众多的检索途径，直接提供满足各种需求的信息利用，在员工试用期满、合同期满时，自动通知人力资源部门处理相关业务。

（4）招聘管理

系统能够为招聘提供支持，优化招聘过程，进行招聘过程的管理，减少业务工作量；对招聘的成本进行科学管理，降低招聘成本；为选择聘用人员的岗位提供辅助信息，有效地帮助进行人力资源挖掘。

（5）薪资管理

系统可以根据基本数据，在职务职能设计的基础上，进行岗位分析，建立薪酬体系，自动计算单位及各部门的薪酬总额、各种人事费用比例、各级别的薪酬状况，及时形成薪酬报表、薪酬通知单等单据，根据目前的现状对薪酬体系进行自我调整，形成详尽的薪酬体系表和薪级对照表，便于对薪资变动的处理。

（6）绩效考核管理

系统的绩效考核功能，包括考核项目定义、考核方案设置、考核等级定义、考核员工分组定义、考核记录、考核结果。系统根据职务职能设计将人员分成决策层、管理层、基本操作层、辅助运作层等职级，分别设计考评的标准，对月份、季度、年度考核进行统计分析，并与薪酬、奖惩体系等进行数据连接，生成数据可供参考。

（7）培训管理

系统制定培训计划，对培训进行人、财、物的全面统筹规划。在资金投入、时间安排、课程设置等方面进行控制。系统对课程分类、培训计划等提供了基本的模式，根据职位中的培训要求及员工对应的职位，能自动生成培训安排。员工改变职位后，其培训需求自动更改，可直接增加培训计划，也可由培训需求生成培训计划。系统能够获取培训过程中的各种信息材料，有各种培训资料收集途径信息，有大量培训组织机构的信息，逐步形成了专业的培训信息库，个人的培训档案能够直接与生涯规划紧密联系。系统可以从教师、教材、时间安排、场地、培训方式、培训情景等方面进行综合评估，检验培训的效果。

（二）信息事务处理、计划与控制功能

1. 信息事务处理功能

人力资源管理信息系统能优化分配人力、物力、财力等在内的各种资源，记录和处理日常事务，将人们从单调、繁杂的事务性工作中解脱出来，高效地完成日常事务，处理业

务工作，既节省人力资源，又提高管理效率。

系统在审查和记录人力资源管理实践过程中，通过文字处理、电子邮件、可视会议等实用技术，以及计算和分析程序，进行档案管理、编制报告、经费预算等活动。集中发挥文件材料管理、日程安排、通信等多种作用，辅助人力资源管理者进行事务处理，协调各方面的工作。人力资源管理信息系统的处理事务功能具有以下两个特性：

第一，沟通内部与外部环境之间的联系。在内、外部之间架起一座桥梁，确保信息交流渠道的畅通，及时、准确地获取有用信息，并向外界进行有效的信息输出。

第二，系统既是信息使用者，又是信息提供者。系统与外界环境联系密切，在运行过程中产生并提供信息以供利用，管理者通过它获取有关组织运转的现行数据和历史数据，从而更好地了解组织的内部运转状况及其与外部环境的关系，为管理决策提供依据。

2. 信息计划与控制功能

人力资源管理信息系统的计划功能表现在，系统能体现未来的人力资源的数量、质量和结构方面的信息，针对工作活动中的各种要求，提供适宜的信息并对工作进行合理的计划和安排，保证管理工作的效果。人力资源计划按重要程度和时间划分，有长远规划、中期计划和作业计划等；按内容划分有人员储备计划、招聘计划、工资计划、员工晋升计划等。系统可以对有关信息进行整合，形成完整的人力资源计划，为人力资源管理提供利用。

控制是人力资源管理的基本职能之一，而信息是控制的前提和基础。及时、准确、完整的信息可以保证对人力资源管理全过程进行有效的控制，做到指挥得当，快速应变。人力资源管理信息系统能对人力资源管理的各个业务环节的运行情况进行监测、检查，比较计划与执行情况的差异，及时发现问题，并通过分析出现偏差的原因，采用适当的方法加以纠正，从而保证系统预期目标的实现。

（三）信息预测功能

人力资源管理信息系统不仅能实测现有的人力资源管理状况，而且可以对人力资源管理活动进行科学分析和组织，利用过去的历史数据，通过运用适当的数学方法和合理的预测模型来预测未来的发展情况，对人力资源需求、劳动力市场、未来战略、职业生涯和晋升等做出科学预测。

系统通过对行业信息、人才市场信息等做出测评，针对不同的岗位，按照一定人力资源规划的方法进行综合计算，预测某一时期单位及各职能部门的需求人数，并对人员的学历、资历、专业、工作行业背景、毕业院校等基本素质进行规划，最终自动生成详细的易操作的人力资源规划表，确定新进、淘汰、调动、继续教育的基本目标。对人员、组织结构编制的多种方案，进行模拟比较和运行分析，并辅之以图形的直观评估，辅助管理者做出最终决策。

系统可以制定职务模型，包括职位要求、升迁途径和培训计划。根据担任该职位员工的资格和条件，系统提出针对员工的一系列培训建议，一旦机构或职位变动，系统会提出一系列的职位变动或升迁建议，对人员成本进行分析并做出预测。

（四）信息决策与执行支持功能

1. 信息决策支持功能

当今社会，信息变得越来越重要。真实、准确的人力资源信息是进行决策的坚实基础，人力资源管理信息系统的决策支持功能非常重要。把数据处理的功能和各种模型等决策工具结合起来，依靠专用模型产生的专用数据库，针对某方面具体的决策需要，专门为各级、各层、各部门决策提供人力资源信息支持，可以达到决策优化的效果。

决策支持功能的学科基础是管理科学、运筹学、控制论和行为科学。通过计算机技术、人工智能技术、仿真技术和信息技术等手段，利用数据库、模型库以及计算机网络，针对重要的决策问题，做好辅助决策支持。决策支持功能具备易变性、适应性、快速响应和回答、具有允许用户自己启动和控制的特征。

决策支持的类型主要有：专用决策支持，针对专业性的决策问题，如招聘决策、人力资源成本决策，具有决策目标明确、所用模型与程序简单、可以直接在系统中获得决策结果的特点；集成决策支持，能处理多方面的决策问题，由模型、数据库和计算机网络处理的决策问题，具有更强的通用性；智能决策支持是由决策者将推测性结论与知识库相结合，以用来解答某些智能性决策问题。

决策支持面向的是决策过程，它的核心部分是建立模型体系，提供方便用户使用的接口。人力资源管理信息系统能充分利用已有的信息资源，包括现在和历史的数据信息等，运用各种管理模型，对信息进行加工处理，支持管理和决策工作，以便实现管理目标。它不但能在复杂的迅速变化的外部环境中，提供相关的决策信息，从大量信息中挖掘出具有决策价值的数据、参数和模型，协助决策者制定和分析决策，提高决策质量和可靠性，降低决策成本，而且可以利用各种半结构化或非结构化的决策模型进行决策优化，提高经济效益。

决策支持要求提供的数据范围广泛，但对信息的数量和精度方面要求比较低。它通过灵活运用各种数学和运筹学方法，构造各种模型来支持最终的决策。

决策支持主要帮助管理者解决问题，使管理者不受空间和时间的限制，共享系统提供的各种信息。当支持决策的数据变量发生改变时，分析出现变化可能带来的结果，帮助管理者调整决策。

2. 信息执行支持功能

主要服务对象是战略管理层的高级管理人员。它直接面对的是变化无常的外部环境。执行支持只是为决策提供一种抽象的计算机通信环境，而不同于决策支持为决策者提供某种特有的解决问题的能力。执行支持系统能以极低的成本和极快的速度向决策者提供有用的信息，从而保证管理者能进行及时的决策，避免耽误决策时机。为了方便管理人员操作，系统往往具有很友好的界面。

二、人力资源管理信息系统的开发与建立

（一）人力资源管理信息系统的开发

人力资源管理信息系统都是按照一定的管理思想，借鉴相应的管理理念开发出来的。人力资源管理信息系统的开发，要考虑系统的要素、系统的管理过程，分析系统开发的要求，在创造各种有利条件的基础上进行开发。

1. 人力资源管理信息系统的要素

人力资源管理信息系统作为实现管理现代化的重要手段，是由相互联系、相互作用的多个要素有机集合而成的，执行特定功能的综合体。

（1）人

人力资源管理信息系统是一个人机系统，人员是系统的重要组成部分。包括数据准备人员与各层次管理机构的决策者以及系统分析、系统设计、系统实施和操作、系统维护、系统管理人员。人力资源管理信息系统的实施，关键在于系统人员的管理。应该将参与系统管理的人员，按照系统岗位的需要进行分工和授权，使之相互配合，协调一致地参与管理过程。明确规定系统的各个岗位的任务、职权和职责，对系统人员承担的任务进行明确的授权；用客观、公正的评价指标和衡量优劣的方法，定期或不定期地对系统人员进行检查和评价；对系统人员进行培训，计算机专业人员与管理人员在内容上各有侧重。

（2）硬件系统

硬件主要指组成人力资源管理信息系统的有关设备装置，包括计算机及通信网络、工作站和有关的各种设施。主要是进行信息输入、输出、存储、加工整理和通信。计算机是

整个系统的核心；通信网络可采用局域网、因特网或其他网络，以适于不同部门、不同区域的需要；工作站可以是简单的字符终端或图形终端，也可以是数据、文字、图像、语音相结合的多功能的工作站。

（3）软件系统

软件系统主要包括系统软件和应用软件两大类。系统软件主要用于系统的管理、维护、控制及程序的装入和编译等工作。应用软件包括指挥计算机进行信息处理的程序或文件等。

（4）数据库

数据库是指数据文件的集合。数据库对各种人力资源的数据进行记录和保存，将这些数据和信息转化成为人力资源管理信息系统可以识别和利用的信息，把所有人力资源信息纳入系统，使不同来源的输入数据得以综合，以便提供必要的利用。数据库的内容包括描述组织和员工情况的数据以及影响人力资源管理环境的因素，可以提供对于人力资源计划和管理活动具有广泛价值的多种类型的输出数据。应该把人力资源管理活动中形成的人力资源信息，按照数据库设计的要求转换成数据信息，及时更新、修改和补充新的数据，以便在满足基本业务需求的同时，适应不断增长的业务信息需求。

（5）操作规程

操作规程指的是运行管理信息系统的有关说明书，通常包括用户手册、计算机系统操作手册、数据输入设计手册等。遵循操作规程，整合优化人力资源管理，统一业务处理流程，就可以顺利完成管理信息系统的各项功能，如信息处理、数据维护及系统操作等，从资源规划和整合上优化人力资源管理信息系统。

2. 人力资源管理信息系统的基本环节

一个完善的人力资源管理信息系统，包含有信息输入、信息转换、信息输出、信息反馈控制四个基本环节，其核心任务是向各层次的管理人员提供所需的信息，实现信息价值，体现了人、机、信息资源三者之间的关系。

（1）输入

向人力资源管理信息系统提供原始信息或第一手数据，即为输入。人力资源管理信息系统主要包括两个方面的信息：第一，组织方面的信息，主要是政策、制度、程序、管理活动的真实记录；第二，个人方面的信息，主要是自然状况，性别、年龄、民族、籍贯、健康；知识状况，文化程度、专业、学历、学位、职称、取得的各种资格证书；能力状况，操作技能、管理技能、人际交往能力、组织协调能力、语言表达能力、其他特长；经历，个人承担过的工作、职务、时间，是在个人职业生涯中形成的历史信息；工作状况，所属部门、职位、等级、绩效表现；培训，受过哪些培训、时间、成绩；收入，工资、奖金、福利；心理状况，兴趣、偏好、积极性水平、心理承受能力；家庭状况，家庭成员、家庭职业取向；部门评价，使用意见、综合评价等。系统要完整、准确、及时地记录数据，加快信息更新速度，丰富信息资源。

（2）转换

转换是指对输入的信息进行加工，使其成为对组织更有价值、更方便利用的信息形式。信息的转换要经过信息的分类、信息的统计分析、信息的比较和信息的综合处理等环节，要求确保信息的客观性和提高信息的可用性。系统对获得的原始信息材料作分类加工处理，就可得到许多能满足需求的有用信息，员工文化素质的结构、年龄结构、业务水平、培训情况等，使信息利用更有效。如输入员工每月的工作时数，就可得到其应发工资数、扣发工资数及实际数等数据。计算机硬件和软件对信息进行转换，形成合成信息、深层次信息，通过计量模型和统计模型计算的数据，使信息转化为符合利用需要的信息，可帮助管理者做出科学的决策。用计算机系统进行信息加工，比手工的处理速度更快、更准确。

（3）输出

输出是对加工处理后的信息成果，用报表、报告、文件等形式提供给系统外部利用。如工资单、招聘分析报告。信息输出的形式因利用者对信息内容和质量的要求不同而有差异。一定要根据存储量、信息格式、使用方式、安全保密、使用权限等方面的要求来确定。人力资源管理信息系统的最终目的是为用户提供技术数据、管理信息和决策支持信息。信息只有经过输出，才能实现价值，发挥作用，变潜在价值为现实价值。系统输出高质量的信息，是管理活动的基础和依据，能够起到辅助管理的作用。

（4）反馈控制

系统将信息输出后，输出的信息对管理活动作用的结果又返送回系统，并对系统的信息再输出产生影响。利用系统提供的反馈信息，可以据此改变系统参数和重新配置人员，重新确定工作标准、配置人力资源、修订人力资源发展计划。反馈控制确保整个过程的实施，确保系统达到预想的结果，以提高整个系统的有效性。

3. 人力资源管理信息系统开发的一般要求

人力资源管理信息系统具有复杂的结构形式，既要反映业务活动的特点，又要反映组织结构的特征，而且时间、环境、个体因素都会对其产生影响。因此，进行人力资源管理信息系统的开发要遵循一定的要求。

（1）完整性与集成性

人力资源管理信息系统是基于完整而标准的业务流程设计的，能够全面涵盖人力资源管理的所有业务功能，是用户日常工作的信息化管理平台。对员工数据的输入工作只需进行一次，其他模块即可共享，减少大量的重复录入工作。人力资源管理信息系统，既可作为一个完整的系统使用，也可以将模块拆分单独使用，必要时还能扩展集成为一个完整系统。

（2）易用性

界面友好简洁，直观地体现人力资源管理的主要工作内容，引导用户按照优化的人力资源管理流程进行每一步操作。尽量在一个界面显示所有相关信息，并操作所有功能，使信息集成度高，减少大量对弹出式对话框的烦琐操作。

（3）网络功能与自助服务

能提供异地、多级、分层的数据管理功能，日常管理不受地理位置限制，可在任何联网计算机上经身份验证后进行操作。

为员工与管理者提供基于 Web 的企业内部网络应用，允许员工在线查看企业规章制度、组织结构、重要人员信息、内部招聘信息、个人当月薪资及薪资历史、个人福利累计、个人考勤休假等；注册内部培训课程、提交请假、休假申请，更改个人数据，与人力资源部门进行电子方式的沟通；允许主管人员在授权范围内在线查看所有下属员工的人事信息，更改员工考勤信息，审批员工的培训、请假、休假等申请，并能在线对员工进行绩效管理；高层管理者可在线查看人力资源配置情况、人力资源成本变动情况、组织绩效、员工绩效等各种与人力资源相关的重要信息。

（4）开放性

提供功能强大的数据接口，轻松实现各种数据的导入导出以及与外部系统的无缝连接。便于引入各类 Office 文档，并存储到数据库中，规范人力资源文档的管理，并提高文档的安全性。能够支持所有主流关系型数据库管理系统以及各种类型的文档处理系统。

（5）灵活性

可方便地根据用户需求进行功能改造，更改界面数据项的显示。具有强大的查询功能，可灵活设置众多条件进行组合查询。支持中英文或其他语种实时动态切换。

（6）智能化

系统的自动邮件功能，可直接批量通过 E-mail 发送信息给相关人员，如通知被录用人员、给员工的加密工资单等，极大地降低了管理人员的行政事务工作强度。系统设置大量的提醒功能，以便用户定时操作，如员工合同到期、员工生日等，使人力资源管理变被动为主动，有效地提高员工对人力资源工作的满意度。

（7）强大的报表、图形输出功能

提供强大的报表制作与管理工具，用户可直接、快速设计各种所需报表，并能随时进行设计更改。报表可输出到打印机、Excel 文件或 TXT 文本文件。提供完善的图形统计分析功能（如条形图、圆瓣图、折线图等），输出的统计图形可直接导入 MS Office 文档中，快速形成人力资源工作分析报告。

（8）系统安全

对数据库进行加密，进行严格的权限管理，设定用户对系统不同模块、子模块以及数据项的不同级别操作权限。建立数据定期备份机制并提供数据灾难恢复功能；建立日志文件，跟踪记录用户对系统每一次操作的详细情况。

4. 人力资源管理信息系统开发的条件

人力资源管理信息系统的开发及运行能够产生巨大的社会经济效益，但是必须具备一定的前提条件，否则不仅不能获益，反而会造成人力、财力、物力和时间的浪费。一般来说，开发人力资源管理信息系统应具备以下四个基本条件：

（1）管理基础坚实

人力资源管理信息系统应建立在科学管理的基础上。可以说，系统的开发过程就是管理思想和管理方法变革的过程。只有在合理的管理体制、完善的规章制度、稳定的工作秩序以及科学的管理方法的基础上，完善人力资源管理运作体系，实现工作规范化、系统化，系统的功能作用才有可能充分发挥。

（2）领导重视

人力资源管理信息系统开发是一项复杂的系统工程，涉及统一数据编码、统一表格形式等多项协调工作，不能仅仅依靠专门技术人员单独实现。在某种程度上说，领导的重视程度可以直接影响人力资源管理信息系统的应用效果，因为在管理信息系统开发与应用的各个时期，对于资源投入、总体规划等全局性的重大问题，需要领导决策。领导要了解人力资源管理信息系统的优势，熟悉计算机基础知识和系统基本操作，重视并积极参与系统开发工作。

（3）相关人员积极参与

要明确规定系统开发相关人员的职责，协调相互之间的关系，充分发挥系统开发人员的作用。

系统开发相关人员要履行自己的职责，积极参与开发。方案设计人员，要具有非常好的计算机技术，熟悉自动化流程业务，负责整个项目的需求分析、进行方案论证和实施方案的设计。项目实施人员，负责整个系统的开发、测试和安装，保证系统实施过程中的质量，并定期将进展情况向其他人员通报。技术服务人员主要职责是用户的操作指导和培训，做好技术支持。资料员，负责提供和保管在系统开发实施过程中需要的各种数据和产生的各种文档。

业务人员主动配合对人力资源管理信息系统的开发与应用同样具有重要作用。在系统开发阶段，需要他们介绍业务、提供数据和信息；在系统建成之后，他们是主要的操作者和使用者。因此，他们的业务水平、工作习惯和对系统的关注与参与程度，将直接影响系统的使用效果和生命力。所以，要充分调动业务人员的积极性，使其能够很好地配合，主动参与系统的使用和部分开发工作。

（4）紧密结合实际

进行人力资源管理信息系统的开发，要做客观而充分的评估，了解人力资源管理现状，做出系统的预算，决定是否需要引入管理咨询，确定实施系统的范围与边界。既考虑满足当前人力资源管理需求，又设法确保系统为人力资源管理层次的提升带来帮助。要从实际情况出发，不盲目地贪大求全，准确定位，寻找到合适的解决方案。在功能层面上，根据人力资源管理的实际情况，规划实际有效的、能够产生价值的功能模块，比如招聘、培训发展、薪酬、沟通渠道、绩效管理、福利管理、时间管理、自助服务等。要具备完整的系统运行环境，如服务器、硬件设备、用户服务支持、数据处理和管理、流程控制等。

（5）高水平的专业技术团队

人力资源管理信息系统的开发和运行必须有一支具备合理结构的专业技术人员队伍。队伍的组成包括：系统分析员，主要进行系统开发的可行性研究，做好调查研究，对系统目标、系统功能、系统的效益预测、资金预算、开发步骤与开发方法等进行分析；系统设计员，是系统的具体执行者和组织者，既要懂管理知识、计算机硬件软件知识和经济管理知识，又要具有系统开发实践经验和组织能力，其主要任务是系统功能设计、数据库设计、系统设备配置安排、系统输入与输出设计、代码设计等；数据员，主要负责与业务人员共同收集、整理和输入数据；程序员，既要了解管理业务，又要具有编程设计能力。

（二）人力资源管理信息系统的建立过程

随着信息技术与管理现代化的发展，人们越来越意识到人力资源管理信息系统的重要性，运用各种信息技术建立人力资源管理信息系统。人力资源管理信息系统的建立，具有很强的阶段性。应该根据单位一定时期的规模、发展速度、业务范围和地域以及信息化水平，针对各个阶段的特点，确定开发目标，明确各个阶段的主要任务，选择合适的人力资源管理信息系统及其实现形式，建立目标明确的人力资源管理信息系统。

1. 系统规划

系统规划阶段的主要任务是，明确系统开发的目的，进行初步的调查，通过可行性研究，确定系统的逻辑方案。

（1）明确系统创建的目的

根据组织发展战略及现有规模，针对管理的需求，明确系统建立的目的，明晰系统要解决的问题。要对系统进行规划，制定各种人力资源信息的设计和处理方案，确定系统发展的时间安排，建立系统管理的各项规章制度，使管理人员和员工了解人力资源管理信息系统的含义、用途和作用，明确系统目标。

（2）进行系统的调查分析

通过对管理现况的初步调查研究，重点加以分析，深入全面了解业务情况。认识人力资源管理的发展方向和优先次序，找准人力资源管理工作的瓶颈，确定系统的目标和可能涉及的变量，决定人力资源管理信息系统计划的范围和重点。

（3）建立人力资源管理信息系统逻辑模型

分析组织结构及功能，将业务流程与数据流程抽象化，通过对功能数据的分析，建立人力资源管理信息系统的运行模型，制定员工关系管理和人力资源服务模型电子化的目标、策略和实施计划，争取管理层的支持，力争获得资金和其他资源的支持。

2. 系统设计

系统设计阶段的主要任务是确定系统的总体设计方案，划分系统功能，确定共享数据的组织，进行具体详细的设计。系统设计要以操作简单、实用为基础，能真正解决实际的业务问题。

要分析现有的信息，为人力资源管理信息系统提供有效的数据。确定系统中数据的要求、系统最终的数据库内容和编码结构，说明用于产生和更新数据的文件保存和计算过程，规定人力资源信息的格式和处理要求，决定系统技术档案的结构、形式和内容要求，确定人力资源信息系统与其他智能系统的接口的技术要求等。

进行系统设计要优化人力资源管理流程。了解用户的使用体验，明确系统的功能和技术需求，设计功能模块，构建薪酬管理、绩效管理、招聘、培训、人力资源评估、福利管理和不同用户的人力资源自我服务功能，为人力资源管理搭建一个标准化、规范化、网络化的工作平台。通过集中式的信息库、自动处理信息、员工自助服务、外协以及服务共享，达到降低成本、提高效率、改进服务方式的目的。必须考虑到人力资源管理信息系统在经济、技术操作方面的可行性，分析软件硬件的选择及配备、系统方案设计的合理性，分析人员组成与素质、人工成本，从成本和收益方面考察方案的科学性。要建立起各种责任制度，通过专家、领导对系统进行评审。

3. 系统实施

系统实施阶段的主要任务是执行设计方案，调试系统模块，进行系统运行所需数据的准备，对相关人员进行培训。

（1）配置软硬件

购置硬件要注意选型。员工人数较少的单位可自行开发软件，开发的软件尽量简单、易用；人数较多，则适宜外购软件或请专家帮助开发。信息时代，人力资源管理从思想到行动都发生着巨大的变化，正在变革中的人力资源管理要求软件能够以不变应万变，适应变化了的需要，解决软件的灵活与操作的简单之间的矛盾，使软件具有生命力。

（2）保障系统的安全

现行的人力资源管理信息系统受到网络技术的制约，系统安全问题也就显得尤为重要。要采取切实措施，保证系统内有关员工隐私和保密的数据，免受无访问权限的人获取和篡改之害。此外，人力资源管理部门对员工绩效评估程序以及薪酬计划的制定等内部机密，也应当得到有效的保护。

（3）系统的日常运行与维护

系统达到可行性分析提出的各项要求，并通过验收后，就可以进入日常运行和维护。系统的日常运行与维护涉及业务部门、人力资源部门和技术部门。业务部门进行日常数据输入，用指标、表格及模型把相关数据进行整合，提出新的信息需求，提供授权范围内的信息处理、查询、决策支持服务，对系统运行提出评价和建议。人力资源部门进行数据使用与更新，根据各部门人力资源配置的新需求，整合信息，进行人力资源管理与决策支持。技术部门进行日常运行的管理与维护，对系统进行修改、补充、评价及检查。

人力资源管理信息系统投入使用后，日常运行和维护的管理工作相当重要。系统的实际使用效果，不仅取决于系统的开发设计水平，还取决于系统维护人员的素质和系统运行维护工作的水平。

要对计算机的硬件、软件系统进行检查，对系统的使用环境进行评估，确定输入—输出条件要求、运行次数和处理量，提供有关实际处理量、对操作过程的要求以及使用者的教育情况的信息，对人力资源管理信息系统的输入进行控制。

（4）对相关人员进行培训

实现人力资源管理信息系统的良性运行，需要对相关人员进行培训，特别是对人力资源管理者进行培训。既要对人力资源管理人员进行系统应用和简单维护的培训，又要对有机会接触系统的员工进行系统操作方法的培训。培训必须以授权访问系统权限的高低加以区别。

系统管理人员负责整个系统的运行维护和日常操作指导，其培训的基本内容是：系统的设计方案、系统的安装调试和运行数据的组织、信息环境的配置、基础数据的定义、系统安全和备份、系统运行维护、系统常见问题的解决。

对于一般用户的培训内容主要是：人力资源管理信息系统的基本理论、各模块功能的基本操作、常见问题的处理。

4. 系统评价

系统评价阶段的主要任务是针对系统日常运行管理的情况，实施推广并进行综合评估，从而进行信息反馈和系统改进。系统评价主要包括以下四个方面的内容：

第一，系统运行一般情况的评价。分析系统的运行效率、资源利用率及系统管理人员利用率情况，判断对系统的管理服务改进的空间，评估各项业务需求是否高质量、高效率地完成，最终判断用户是否对系统满意。

第二，技术应用情况评价。对系统应用、技术支持和维护进行评估，分析系统的数据传递与加工速度是否协调，系统信息是否能够满足信息需求，外围设备利用率、系统负荷是否均匀，系统响应时间是否符合要求。

第三，效果评价。对系统的整体效果进行评估，分析提供信息的数量、质量是否达到要求，是否及时、准确地根据需求提供信息服务，提供的信息报表、管理参数的利用率如何及对管理决策的支持效果怎样。

第四，经济评价。对运行费用和效果进行检查审核，评估系统的运行费用是否在预算控制范围内，考虑实施系统后带来的收益和成本比。

系统评价的目的是健全和完善人力资源管理信息系统。应该根据评价结果，对系统的某些方面进行改进、调整，开发新的功能和流程。要根据系统的需要，确定有关管理部门和管理人员对信息的特殊要求。对与人力资源管理信息系统有关的单位，提出保证系统信息安全的建议，不断优化人力资源管理信息系统流程，使人力资源管理信息系统充分发挥效能。

第三节　大数据时代人力资源管理创新

一、大数据概述

（一）大数据的概念

大数据，首先是一种信息资料（有时候可以将其定义为信息资产），由于其资料的巨量性特征，人们只能运用新的处理模式，才能从中得到有效信息以便数据应用者做出更高效精准的决策。大数据是全局性数据分析，必须进行整体处理，这有别于传统的抽样调查。

（二）大数据的特征

1. 数据量大

在大数据时代，数据规模海量，甚至可以到 PB 级别。小数据以 MB 为单位计算，但在大数据时代，计量单位以 TB/PB 为单位计算。现代企业在经营过程中的交易行为、用户互动行为等方面产生的大量数据正在呈现大规模增长态势。

2. 数据类型多样

大数据的数据类型繁多，既包含格式统一的结构化数据，又包含视频、音频、网页日志、浏览足迹等非结构化的数据。在小数据时代，大部分的数据都可以通过二维结构逻辑来表达，这类数据内存较小，便于存储。但是在大数据时代，一些不方便用数据库二维逻辑来表现的非结构化数据，比如文档、文本、报表、音频、视频，也可以存储下来，创造价值。因此，大数据存储的数据既包含结构化数据，也包含非结构化数据，数据类型更为繁多，种类更为繁杂。

3. 数据高速流动

数据高速流动，即数据创建和移动处理的速度快。在高速网络时代，实时数据流已经成为一种流行的趋势，通过高速的计算机处理器和服务器的软件性能的优化实现。企业既需要了解如何产生数据，还要知道如何处理它们，以获取客户的需求信息，并进行及时反馈。这对数据处理的要求很高。在大数据时代，数亿级别的互联网连接设备，对数据实时处理要求极高，更需要数据能够快速实时动态更新，因为通过传统数据库查询方式得到的"当前结果"很可能已经没有价值。

4. 数据价值巨大

数据价值巨大，即大数据可以带来巨大的商业价值和社会价值。在大数据时代，数据种类和数量多，单个数据的价值密度降低，但整体上带来了巨大的商业价值，数据之间的关联性支持深层次的数据挖掘，可以为人们对未来、对行为模式的分析和预测提供参考依据。

（三）大数据的技术

1. 数据的收集

技术的进步，使得数据的收集方法通常受限于研究者的想象力，而不是技术限制。事实上，其中一个关键的挑战是"创造性思考"如何建立基于大量观测资料的详细数据体系。帮助克服这一挑战的大数据收集方法包括传感器、网络抓取、网络流量和通信监控。

使用传感器或智能穿戴设备可以连续收集数据。一方面可以在自然状态下自发地收集数据；另一方面允许在长时间段内收集数据。可穿戴传感器可以用于收集物理接近的数据。网络抓取允许从网站自动提取大量的数据。在谷歌、百度等主流搜索引擎安装数据抓取的插件可进行网络抓取。通过网络抓取可获知客户需求、关注点等方面的信息。此外，员工之间的通信数据也可以进行收集，包括通过内外部网页、电话和电子邮件等方式产生的数据。

2. 数据的存储

大数据需要大的存储容量，通常会超过常规台式计算机和笔记本电脑的容量。人们可以从各种来源的数据中提取感兴趣的单元进行分析，一般有两种方法：根据数据的大小定制存储方法；连续更新和存储感兴趣的变量，同时丢弃与研究无关的信息。当人们研究的问题和需要的数据定义非常清楚时，则不需要存储所有可用数据，可以在新数据进入时连续地更新感兴趣的变量，然后仅保存更新的变量而不保存完整的新信息。当新数据变得可用时更新感兴趣的变量，而如果感兴趣的变量是已知的，则丢弃新数据。

3. 数据的处理

大数据的特征之一数据多样性使得数据可能包含非结构化和半结构化数据，这类数据用传统的数据处理软件已无法解决问题，例如文本数据的处理。社交媒体、电子邮件对话、年度报告均可产生文本数据，它们可以用于理论测试，验证假设和理论发展，开发新理论。在理论发展中，探索数据，重点放在与讨论和分析的变量相关联的数据上。对于需讨论和分析的部分，首先需自动化单词出现的次数；然后删除标点符号将所有文本转换为小写，删除非文本字符等；最终确定所有要讨论的部分中有唯一的字符集合，并计算它们出现的次数以及长度。其他非结构化的数字的数据来源包括音频、图像和视频。这些数据需要通过新的技术来提取数字信息，比如人的情绪数据，可以通过数值尺度表示。

4. 数据的分析

伴随大数据时代的到来，人们对大数据的认知已经区别于小数据，无论是数据的存储还是数据的处理，在小数据时代都是无法解决的问题。小数据分析强调对特定业务问题的描述，找到因果关系，技术基础的关键是算法的更新和开发，数据的价值明显和精确；大数据分析重在涵盖全体数据，强调相关关系，技术基础的关键是存储和计算，从数据噪声中提取隐性和潜在价值。

5. 报告和可视化结果

关于数据分析，在处理大数据时，统计意义变得不那么重要，样本的大小对于因变量来说非常重要。大数据除了统计显著性之外，还需关注变量的效应大小及其样本外性能。贝叶斯统计推断可以提供一个解决方案，因为它假设数据是固定的，参数是随机的。

在应用变量选择的方法时，重要的是描述所使用的方法，特别是如何调整模型。因为不同的方法可以得到不同的结果，鼓励尝试多种方法来显示结果的稳健性。在理论测试中，需要很清楚使用哪些变量，这些变量可以以不同的方式操作。此外，包括控制变量的数量和方式，这些可以开放讨论。

（四）大数据的理论基础

在人力资源管理信息化中使用大数据必须要有特定的理论承当基石，本节在其理论上的探讨包含多个层面，主要从大数据分析研究、管理信息化和云计算等层面展开。

1. 大数据分析研究

（1）可视化分析

可视化分析是指以可视化手段对大量数据进行分析。在进行数据分析时，受资讯分散性以及非统一数据构造的影响，再加上人工分析占据核心手段，且分析过程缺乏结构性和稳定性，这就导致分析流程、模式无法明确，进而使得应用系统获取数据较为困难，阻碍了后续的挖掘和处理分析。而可视化数据分析平台的搭建有效解决了这一难题——以可视化手段通过人工实现关联分析。数据可视化的本质是建立在以服务为中心的指导基础上的研究系统，具有综合性、独特性等特征。这一理论概念最早出现于 15 世纪，到 20 世纪之前都未能得到良好发展。随着电子计算机的出现和更新，这种指导思想重获新生。随着"大数据"的持续推广和应用，可视化分析这种高效的图形载体使得人们对非简易型数据的分析和理解更为简洁，能够有效辅助数据信息的应用、预测以及人们的工作决策。

（2）预测性分析

分析和预测是大数据应用的最终目的，实现这一目的必须建立在具有有效性、可靠性数据源的基础之上。人力资源管理所需的基础数据主要分为内外两个收集部分，主要包括市场环境影响因素等内容。通常内部数据具有较好的精确性，但在采集与应用方面则缺乏简洁性。除数据源这一支撑外，专业级的分析软件以及大数据专业分析人士都是预测性分析法的重要支撑。大数据预测分析主要以较为繁杂的建模、统计以及分析为核心内容，辅助数据应用方觉察并总结出一定的规律，进而指导企业商业运营的进行。此外，这一方法还普遍应用于零售商、B2B、B2C 等领域。

（3）数据质量监管

数据质量监管通常涵盖三个层面：一是将用户的满意程度作为重要指标，充分发掘用户需求，同时对数据质量进行优化；二是搭建起相应的数据质量管理框架，主要采用系统化建构的模式，以此实现管理者全方位的质量监控；三是数据质量拥有维度特征。及时性、适用性等性质特点为非特殊型数据所具备，且对质量是否优质通常采用相对判断的方式。实际情况中对数据进行质量管理时要注意准确定位使用方对数据应用的内在需要，并在此基础上进一步实现科学合理的质量决策。

2. 管理信息化

管理信息化主要指的是应用智能帮助道具（当代主要是指计算机），以管制方式和程序为基础成立的信息化平台，从而实现管控效果的深层优化。对信息化流程进行定义需明确其具备能够对信息进行收集、加工并予以应用的功能，并且企业在进行管理时要打破思维定式，使得信息化概念与战略目标相辅相成，从而获得最优效果。采用升级管理与生产经营的方式，逐渐完成企业向信息化管理模式转换，同时对现有资源实行全方位汇总优化，充分发挥使其优势，进而使企业在管理与生产经营等方面的能力稳步提升，增强竞争能力。

管理信息化对企业的成长有极大的促进效果，多表现在下面的六个层次：最大限度地减少管理人员的工作压力；有效促进相关工作的效率得到提升；促使工作流程与模式得到全面优化，提高规范程度；初步推动国民经济信息化工作有序开展；为企业提升自身竞争水平提供动力支撑；使得企业税务会计脱离财务会计实现完全独立。

3. 云计算

最早涉足云计算领域的研究机构为麦肯锡，该机构于 20 世纪 60 年代就致力于将计算能力投入公共使用，与水、电等日常能源的供给具有相似性质。通常认为云计算不应划归为新技术范畴，将其认定为经过新型优化后的交付模式更为准确。云计算主要由分布式处理演变而来经由并行处理最终形成网络计算模式，以互联网为媒介，通过虚拟计算机集群资源实现数据处理。云计算具有高度安全、动态可扩展等优势特性，是一个包含众多计算机资源的共享池。此外，凭借高水准的储存和计算能力，云计算在节约企业投入方面具有良好效果。

二、大数据时代人力资源管理的发展

在大数据时代，人力资源管理工作需要面对企业招聘环境和培训方式的改变，以及人力资源管理方法的改变。

（一）企业招聘环境的改变

大数据时代下，企业的人力资源招聘工作不再局限于传统的管理模式，更多的是通过互联网技术进行管理，这是对传统人力资源招聘的一种改革。传统人力资源招聘具有局限性，不利于企业的长远发展，需要对其进行创新。而大数据技术有效地改善了这一局面，企业可以通过网上招聘寻找到更多的优秀人才。另外，大数据环境下企业招聘可以依靠人才资源库，通过输入人才招聘需求，利用大数据分析筛选直接发布面试邀请。除此之外，企业人力资源招聘管理利用大数据技术还可以实现对人才数据的收集、整理、处理，进行人才的深入挖掘。

（二）企业培训方式的改变

在大数据时代下，企业的培训模式也发生了变化。传统的企业培训缺乏精准性，无法满足企业对员工的真实需求，培训工作流于形式，培训效果不佳。而大数据时代下企业的培训工作需要对员工的日常数据信息进行收集，分析员工的学习需求，从而制定对应的培训方案，使培训更精准和高效。

（三）人力资源管理方法的改变

企业传统的人力资源管理工作的疏漏会导致员工的潜力不能充分得到挖掘，甚至可能打击员工工作的积极性。在大数据时代下，通过企业对员工绩效考核的科学性分析，可以保障员工竞争环境的公平、公正。同时企业在大数据环境中对员工进行合适岗位的匹配，一定程度上激发了员工工作的积极性。

三、大数据时代对人力资源管理的影响

大数据理论的核心观点有三个：一是相关关系；二是预测性；三是一切皆可量化。如果将这样的核心观点同人力资源管理战略结合在一起，对人力资源从业者来说就如虎添翼。将"大数据"的理论应用于人力资源领域的方法，简言之，即把人力资源管理工作的每一步都建立在客观数据分析的基础上。具体来说，就是通过对数据的统计、整理和分析，找出影响企业人才效能的规律和原因，以便制定与企业发展相适应的人事决策策略，提高效率。

总而言之，在人力资源管理领域中融入大数据的思想，能够在人才甄选、人才保留、人才应用以及人才培养方面起到持续的有依据的推动作用，并且可以对企业未来人力资源的走向进行科学的预测和分析，以便全面促进企业人力资源部门工作效率的提升。两者结合给人力资源管理带来的影响和作用如下。

（一）大数据应用使企业人力资源管理互联网化

大数据的核心要素之一便是数据量庞大，海量的数据规模是大数据分析的前提。而企业单方面产生的内部可以存储的数据并不足以适应"大"的要求，故将企业内部的人力资源管理系统同外部网络进行有效联动，形成数据库。这一方面拓宽了人力资源管理系统中的数据来源，使企业获得更多可参考的数据；另外一方面又可以将内部数据同外部数据进行有效结合，使人力资源决策更加精确。比如，将员工通过外部社交软件产生的信息同人力资源管理系统进行联动，便可通过内外部数据的结合，判断员工低绩效原因、稳定性等内容，以便进行有效的员工关怀或者激励。人力资源管理互联网化在给企业带来便利的同时，同样也给企业的人力资源管理系统带来了更大的挑战和要求，既要求系统有可支撑的存储空间，又要提升该系统的信息采集能力，还要生成科学有效的算法以及数学模型，去实现数据的计算和分析。故大数据使得人力资源管理互联网化，既是一种必然，也是一种挑战。

（二）大数据应用为人力资源工作提供全面量化依据

利用"大数据"的分析方法，复杂的人力资源系统可以收集到大量信息，这些信息有行为方面的信息、视觉方面的信息、语音视频方面的信息……当这些信息汇总整合在一

起，进到数据库，便可以实现组织人事工作的全面量化。通过对这些量化的数据建立合理的算法进行反复的深度挖掘，便可以真正体现所谓的人力资本的概念，这个时候人力资源不再是一种信息资本，而是一种可以帮助企业持续有效运转的人力资本，是一种可以为组织发展提供战略预判能力的营运资本。

（三）大数据应用为企业管理及员工服务创造更加有利的条件

在大数据时代，人力资源信息系统不再仅由人事部门和信息网络部门主管维护和应用，而是更向普通员工靠近。打破传统的层级式汇报的组织模式，员工既可以与企业管理者通过社交软件或平台互动，产生更多的交互性数据，创造良好的工作氛围；也可以参与到组织的人力资源管理工作中，对企业在发展和经营过程中的现状和问题给予更多的建议或意见，促进相关部门建立更加规范的制度和流程。这种扁平的沟通可以打破部门壁垒，促进部门间的协作，提高工作效率。同时，人力资源部门以及部门管理者还可以通过这些信息的反馈和互动，优化组织结构，给予员工更多更及时的关怀和帮助，调动员工工作积极性。

（四）大数据应用能建立有效的人才数据管理模型

在互联网时代，技术的更新使得人与人之间的链接更加简单和直接。在这样的时代，人才的能力、特质、行为都可以用数据来描绘和衡量，员工的大脑不再是信息的载体，而是演变成可以随时调用的数据，人才的核心竞争力已然异化，数据这一核心资产日益被重视。当人们把这些无处不在的信息录入电脑终端存储为数据，并建立有效的人才数据管理模型，分析和导出结果，大数据便为人力资源管理创造了巨大的价值。

目前，大数据在人力资源管理领域的应用，还有很长一段路要走。以下是大数据与人力资源结合大致会经历的四个阶段。

1. 反应阶段

这一阶段主要是收集和呈现各类数据，关注点是一些用来解释如何进行人力配置、衡量工作群体状况的数据，如绩效数据分布、招聘成本、员工基本信息、离职率、培训时长等。这些数据可以用传统报表做基本运算。

2. 主动阶段

这一阶段主要是以数据分析为主，关注点是流动率、研发效率、人均销售收入、人均人事费用率等。这些数据可以用来比较和改进人力资源管理，展示趋势和进行分析。

3. 战略阶段

这一阶段是以数据与战略相连接为主，主要关注点是：理解战略驱动因素；建立战略与人力资源的联系；建立战略驱动的人力资源能力素质模型。数据多用来进行数据切割、聚焦业务、因果分析。

4. 预测阶段

这一阶段主要是以预测为主，关注点是：通过数据模型的运用，对员工空缺、绩效差距、技能提升等方面的数据进行识别，发现未来的潜在风险；基于环境变化预见组织结构和能力的需求变化；识别现在和未来的人才风险；有助于变革商业模式以及阐述未来发展方向。

数据分析可以帮助人做出科学决策。然而，在注重感性判断和人情关系文化的中国，目前在大多数企业中，尤其是传统中小企业，并未意识到数据化分析的重要性，多数决策和判断都是通过企业决策层凭直觉或经验而做出的。大数据在人力资源管理领域的应用还是一片蓝海。大数据技术虽然不易掌握，但是其带来的数据客观分析的思想可以被使用和借鉴。

四、大数据时代人力资源管理的创新应用

（一）人力资源工作量化

大数据带给人们的第一个大的思想冲击便是一切皆可量化。招聘候选人的基本信息、阶段性员工的绩效评估及考核、潜力人才的测评、培训等各个环节都将产生各种类型的数据，这些数据都可以成为人力资源工作者可分析的源头。对人力资源工作来说，可用于分析的数据大致分为以下几类。

1. 记录个人信息的原始数据

记录个人信息的原始数据指被数字化的能够真实反映员工本真素质的"个人信息"。这些数据记录了员工各方面的原始能力，如工作年限、学历、离职率等信息，它们一方面反映了员工的个人素质以供企业在招聘时进行客观参考，另一方面反映了员工的成长轨迹，可作为企业进行人才发现和培养的判断依据。

2. 再现培训情况的能力数据

原始数据并不足以说明员工在现阶段的胜任能力，最多反映其在进入新岗位之前的能力水平。因此，人力资源部门还需要掌握能够量化分析员工能力水平的数据，如员工职前

职后培训情况、职业生涯规划、技能提升、后备人才计划、团队活动等相关信息。能力数据具有动态特点，既可以作为人才招聘和甄选的前提，又能够为员工技能提升和潜力发展指明方向。

3. 反映工作结果的效率数据

绩效数据便属于这一类数据，它能够直观反映员工工作的结果。这类数据因企业采用的考核方式和过程的不同而不同，但也是众多人力资源领域数据中与企业经营效果直接产生关联的数据。这类数据在企业问题诊断、人才发展储备及企业经营效率等方面有着不可替代的作用。

4. 预示发展前途的潜力数据

这类数据同上述元数据不同，它是经过计算处理加工后的数据，如收入的涨幅、业绩提升率、人才测评数据等，它们是动态发展的，随着员工能力的变化而变化。潜力数据可以作为企业优秀人才匹配度测算的依据，能够反映员工潜力的发展状态，客观展现员工的工作效率和成果。

（二）人力资源管理大数据创新应用

大数据数据化分析的思想可以应用在人力资源管理的各个环节和程序中，本节重点研究了大数据在以下几个方面的应用。

1. 人才招聘与甄选

目前大多数企业的人力资源部门在进行员工招聘和甄选时，招聘人员先在甄选前与一线用人部门进行简单的需求沟通，然后根据用人部门的要求，人工筛选简历，审核候选人资质与岗位的适配度；对通过初选者进行面试邀约，考查面试人的表现与简历描述的一致性，以此判断候选人的表现和岗位需求之间的匹配度；接下来同业务主管一起就候选人的表现进行评价沟通，在薪酬设定环节也从面试者的期望、面试过程中的主观判断以及岗位预算三个角度去平衡，最终确定人选，给通过者录用通知。每个环节和过程都可能带有主观性，缺乏有效科学评估。而大数据思想令人力资源从业者准确聚焦"事实+依据"，为企业人才选拔带来了思维方式的飞跃，使选人变得更加客观、准确、简单。因此，企业可以通过大数据将应聘者的简历整合在一起，从这样的数据中筛选出适合某一岗位的理想候选人的数据，映射到本岗位的人才素质能力模型上，形成具有企业烙印的个性化候选人画像。在进行招聘甄选的时候，结合应聘者在社交网络上的兴趣与行为数据，根据合理的算法模型，直接、精准、高效地筛出与岗位最匹配的应聘者，提高招聘效率。对于中小企业来说，即使自身无法建立完善的大数据架构和使用成熟的大数据技术，依然可以通过数据化分析的思想来优化和提高招聘的效率。企业可以通过对内部员工的数据进行分析，建立能够实现企业目标的员工信息模型（如行为特征、高绩效表现、态度和价值观表现等），通过绩效数据和其他数据建立相应算法，并剔除可能出现的多重线性错误的问题，验证候选人的特质与模型的匹配程度，以此迅速筛选出可能适合企业的候选人，减少招聘过程中的主观臆断，提高招聘的准确度和效率。

2. 人才考核与激励

多数企业拥有大量的人力资源数据，如基础信息数据、考核结果数据、员工异动数据、人才培养数据等，但鲜少有企业去挖掘数据背后的价值。若企业可以整合这些数据，同时结合行业数据进行分析和预测，则可以帮助企业实现人力资源效能最大化。大数据可以通过分析外部市场和行业的薪酬水平，结合企业的经营数据，预测企业的发展态势与薪酬涨幅之间的关系，建立完善合理的薪酬激励制度，并测算候选人薪酬期望的合理程度；还可以通过建立与企业经营状况有关的数据算法，找到员工绩效提升的突破点和原因，建立合理的激励政策和制度，促使员工实现高绩效，提高个人的绩效表现。同样，即使企业自身对大数据技术无法实现应用，数据化的分析思想依然可以应用在其人才考核与激励方面。

根据管理的"二八原则"，企业80%的利润是由20%的优秀员工创造的。人力资源部可以通过对20%优秀绩效表现的人才特质进行分析，分析产生高绩效的原因，建立高绩效人员素质能力模型，给予与实际工作相匹配的薪酬和绩效激励；分析低绩效人员与高绩效人员之间的差距，找到绩效差的原因，客观公正地评价员工。对于造成绩效不佳的原因中的主观因素（如意愿），可以通过设定合理的考核和激励予以鼓励，以产生高绩效；对于非主观的因素（如性格），可以提供转岗的机会，把合适的人放到合适的岗位上，以此实现人才效能最大化。

3. 人才保留与发展

人才是企业发展的核心竞争力，尤其是在外部环境变化如此快速的今天。大数据技术可以为企业保留人才提供预见性支持。它可以对人才指标体系进行量化分析，将定性与定量结合，进行科学有效的预测，找到最适合企业发展和最容易适应企业的人才，通过系统的人才测评，帮助决策者发现潜在关联，实现人才最优配置。同时，企业还可以通过大数据挖掘分析员工在社交网站上的行为数据，通过合理的算法，预测员工离职倾向，提前采取行动，制定留住员工的针对性解决方案，以便降低员工流失率和空岗率。

对于大数据应用条件不成熟的中小企业来说，数据化的分析思想依然可以应用在人才保留与发展上。企业可以通过发展性数据和绩效数据建立岗位所需基本技能和能力模型，为新员工制定个人职业发展规划和针对性的培训计划；通过分析员工能力测评数据与岗位高绩效技能模型要求之间的差距，制定个人针对性的发展计划，让培训更加有针对性，效果更好；通过合理的测评数据，分析人才发展现状，建立人才池，让人才梯队建设更有依据。

总而言之，数据化分析的思想可以应用到人力资源管理的各个领域，只要有数据产生就可以进行有效分析，而这种客观有效的分析，可以为决策提供客观的依据，提高人力资源部的专业性和工作效率，增强其说服力和影响力，为企业的人力资源决策和业务发展提供有力的支持和保障。

（三）大数据时代企业人力资源管理应用的方法

进入 21 世纪，互联网的普及以及计算机技术的发展，使得大数据在国内成了一个热门的研究领域。人力资源从业者也不例外，越来越多的互联网企业开始在这一领域投入大量的资源去研究。但是，目前基于大数据的人力资源管理大多还比较宏观，有待进一步具象化。人力资源管理者从"事务操作型"向"专家职能型"转变的同时应具备更专业的管理技能、数据化分析能力以及业务战略前瞻的眼光，以此来推进数据化人力资源管理工作的落地。即便是国外技术先进的谷歌公司和国内处于行业标杆地位的腾讯集团目前也处在探索过程中，具体而全面的部署与实施工作还需要不断完善。当然，大数据带来的不仅是技术上的创新价值，更重要的是其给人们带来了思想上的冲击。相较于国内大部分的企业管理者基于"主观经验"的决策，由大数据衍生出的"一切皆可量化""相关关系""预测"这三个核心思想，使决策更加精准地基于"数据事实"，从而更具说服力和高效性，这也是近年来大数据的研究集中在实践应用领域的主要原因。

1. 大型互联网企业的应用

在企业资源投入和人才储备方面可以满足大数据研究要求的基础上，便可以从以下几个方面实施大数据在人力资源管理方面的应用。

（1）组建多元化大数据人才团队进行大数据研究

这样的团队成员应该包括人力资源专家、精通业务的专家、信息技术专家、数据工程师等复合型人才。

（2）构建大数据平台，链接效能

大数据的应用并非把人力资源领域当中的数据统计在一起，而是建立一个包括数据的产生、存储、清理、挖掘、建模、验证等全过程的技术处理的平台；同时，数据处理的结果是为了问题的解决，推动人力资源管理的持续改善，因此需要充分链接人力资源领域的各个模块，包括业务经营层面、管理层面和员工层面。

（3）价值创造体现在对人力资源领域的预测以及对决策牵引的作用

大数据的价值之一便是对人力资源领域相关事情的预测作用。一方面数据的质量直接决定结果是否有价值；另一方面通过数据领域的规划和大数据技术的处理，找到规律，提高数据的预测性，实现前置管理。

2. 中小型企业的应用

一方面大数据技术对小体量数据的处理和分析相较于传统技术方法来说不一定高效；另一方面大数据研究所需要的概念、设施和人才上的成本非常高。基于上述两点，对于大多数中小企业来说，进行大数据理论的实践难度较大，因此目前市场上大数据方面的研究也是呈现出"概念很火，落地困难"的尴尬局面。然而，在大数据时代，中小企业的管理也受到了冲击，虽然大数据技术难以在中小企业实施，但是大数据的思想依然为中小企业的管理带来了一股新风，越来越多的中小企业考虑在这一领域有所革新。

对于中小企业来说，大数据在人力资源管理领域的应用可以从以下几个方面入手。

第一，借鉴第三方大数据公司共享的数据结果为人力资源决策提供参考。通过将第三方共享的大数据结果作为参考，结合本企业人力资源领域中的数据进行对比分析，找到适合本企业的合理的人力资源策略，并进行决策。第二，"一切皆可量化"，人力资源领域也可以进行数据化管理。人力资源领域会产生各种各样的数据，对这些数据进行有效的统计和数学分析，可为决策提供量化依据。第三，找到这些数据的潜在规律，进行相关性分析。聚焦于想要解决的在业务经营过程中与"人"有关的问题，从人力资源领域的数据库中抽出历史的与要解决的业务问题有关的大量数据，进行相关性分析，找到规律，提取相关特质，作为决策参考。最后，可进一步根据分析的结果，形成与"人"相关的画像，进行预测。通过相关性分析找到的规律，形成画像，并以此为标杆，预测事情的发展或者人才的潜质，进行基于"数据和事实"的决策，提高决策质量。

基于上述方法，对中小企业来说，大数据思想的应用不再遥不可及。这样不仅实现了人力资源数据化管理，还为中小企业大数据应用提供了很好的落地实践，提高了企业人力资源管理领域的决策质量和人力资源从业者的话语权。

第七章 人力资源管理的开发探索

第一节 人力资源开发工作意识

人力资源开发工作意识是社会意识的一种，一切人力资源开发工作活动无一不是在人力资源开发工作意识的指导下进行的。人力资源开发工作意识正确与否，直接影响到人力资源开发工作的效率和关系到人力资源开发工作活动的成败。

一、意识和人力资源开发工作意识

意识是人脑对客观事物的主观反映。人力资源工作者需要面对的一个重要命题就是：有没有人力资源开发工作意识呢？如果没有，如何解释人力资源开发工作活动中的意识现象？如果有，又应如何规定其内涵、区别它与其他意识形式的不同之处？

意识作为与物质相对应的哲学概念，涵盖了社会领域的一切精神现象。既然人力资源开发工作活动是一种有目的有计划的特殊实践活动，这就意味着有一种社会意识形态源于人力资源开发工作实践，又反过来指导人力资源开发工作活动。

究竟什么是人力资源开发工作意识呢？人力资源开发工作意识同别的社会意识有哪些区别呢？要回答这些问题，必须从人力资源开发工作意识的形成、作用、特点三方面加以分析。

首先，人力资源开发工作意识作为社会意识的一种，固然离不开一般的社会实践，追本溯源，它也是人们在改造自然创造社会系统的实践中产生的。但是，培植人力资源开发工作意识的基础不是一般的社会实践而是人们的人力资源开发工作实践，人力资源开发工作意识只能在人力资源开发工作实践中形成而不能在改造自然改造社会的实践中形成。这就是说，虽然人力资源开发工作实践离不开社会一般实践，人力资源开发工作意识同其他社会意识保持着紧密的联系，但人力资源开发工作实践有别于一般实践，人力资源开发工作意识也不同于其他社会意识。因此，人力资源开发工作意识是对人力资源开发工作实践的直接反映。脱离人力资源开发工作实践的人，是无法形成人力资源开发工作意识的。

其次，在人力资源开发工作实践中，各种社会意识都发挥作用。离开了人类在各类实践中积累起来的社会意识形态，无论是改造自然改造社会的实践，还是企业人力资源管理工作实践，都无法进行。但是不同形式的社会意识，其指向又各有侧重和区别。比如自然科学，它主要运用于指导改造自然的生产实践；政治法律思想，则主要运用来指导人们改造社会的社会实践；哲学，主要指向人们的思想，直接影响的是人的思想观念。人力资源开发工作意识略有不同，它不是直接指向具体的生产和社会管理领域的实践活动，而是指向企业员工培育实践活动，用于指导、组织、调整各类人力资源管理工作活动。

最后，人力资源开发工作实践是人力资源开发工作主体对人力资源开发工作客体的对象性活动，是人力资源工作者的能动性活动。因此，人力资源开发工作意识主要是人力资源工作者的意识，不是或主要不是员工的意识。人们只有作为一个人力资源工作者的角色进入现实的人力资源开发工作领域，才可能产生工作的冲动、形成相应的工作意识。对于大多数的员工来说，也可能形成自己关于如何开展人力资源开发工作的观念或想法，但因置身人力资源开发工作决策之外，这种意识大多是模糊不清、片段零散的。所以说人力资源开发工作意识主要不是作为一般社会实践参与者的其他社会意识，而主要是人力资源开发工作中人力资源工作者所拥有的工作意识。

人力资源开发工作意识作为一种相对独立的社会意识形态，具有不同于其他社会意识的若干特点：

（一）普遍性

社会意识的各类形式，都具有一定的普遍性。人力资源开发工作意识则普遍存在于人力资源管理工作实践领域，也具有普遍性。从各类社会意识形态发生的时间序列看，哲学、道德、艺术、法律和科学，都是在文明社会中先后从社会意识总体中分化出来的。法律随着阶级的消灭和科学的进步，还将归于消亡。而思想政治工作意识则随着思想政治工作的出现而产生，随它的发展而发展。从各种社会意识形态所反映的空间来看，哲学、道德、法律、思想政治工作意识普遍作用于社会生活的各个领域；艺术、法律则只对某一特殊社会实践起作用。科学是个总概念，不同的科学也只适用于特定的实践活动，这四者都不如思想政治工作意识普遍性高。

（二）综合性

社会意识作为对社会存在的抽象把握和主观反映，有一定的综合概括性，但各自的综合概括程度又有差别。其中，哲学是对各种知识的最高概括，具有综合性。政治法律也是人们的行为规范，所综合规定的方面比道德还窄。艺术是通过形象情感语言来传达表现作者的愿望，与概念综合离得较远，因此，综合只是典型的塑造或人物性格的综合。各门科学对某一特定领域的特殊规律进行抽象反映，是一个方面的综合。人力资源开发工作意识则不然。它要对人力资源管理实践活动进行计划、组织和控制，就必须综合运用百科知识。人力资源开发工作需要综合运用尽可能多的各门知识，人力资源开发工作意识是各门知识的综合运用。在社会诸意识当中，如果说哲学是对各门科学知识最高的综合概括，人力资源开发工作意识作为人力资源管理工作意识的表现形式，是对各门知识最广泛的综合吸收和综合运用。

（三）应用性

各种社会意识，既是对社会存在某一侧面的主观反映，表现为特定的知识体系，又反过来影响和指导人们的某类实践，具有不同程度的应用性。一般来说，综合概括性越高的意识形式，距离现实越远，其间的中介越多，应用性越弱。反之，综合概括性越低的意识形式，离现实越近，其中介越少，应用性越强。人力资源开发工作意识作为一种特殊的社会意识，它既具有高度的综合性，又同时具有最直接的应用性。这是因为，人力资源开发工作意识是在人力资源开发工作实践中产生并直接服务于人力资源开发工作实践的意识形式，人力资源开发工作活动需要的不是远离现实的抽象理论，而是经过人力资源工作者加工过滤过的可以直接进入人力资源开发工作过程的具体意识。人力资源开发工作过程一方面必须广泛吸收诸如哲学、科学、政治思想和道德以及艺术等意识形式。另一方面这些意识又不能直接适用于人力资源开发工作，而必须通过人力资源工作者的过滤加工，选择综合，转换成可以直接用于指导人力资源开发工作活动的人力资源开发工作意识（如组织目标、决策计划、指导规则等），从而使人力资源开发工作意识具有鲜明的应用性。可以说，人力资源开发工作意识是由抽象层面的社会意识走向具体层面的社会意识的思想通道，在这里意识的抽象性和具体性得以对接。

二、人力资源开发工作意识的形式

对人力资源开发工作意识做纵向即从其发生形态分类，可以划分为工作心理、工作观念、工作理论和工作方法四种相互联系又彼此区别的表现形态。

在人力资源开发工作实践中最初形成的人力资源开发工作意识是工作心理，它大致包括需要、动机、意向、情绪、情感、意志、信仰、习惯等形式。人力资源开发工作理想状态需要是由人力资源工作者的职业本能和职责引发的工作欲望，它同人的其他需要相类似，既具有强烈的内在冲动，又缺少明晰单一的目的指向。处在人力资源管理工作需要的心理阶段，人力资源工作者主要受到在人力资源管理工作实践中形成的潜化意识的支配，本能地生发出工作欲望。

人力资源开发工作需要的定向化是工作动机和工作意向。当工作需要作为一种自发的职业内在冲动时，就会是意向不明、不断转移的心理活动。如果没有外部环境起作用，那么人将永远停留在这种躁动不安的环境中。事实上，人力资源工作者不可能将自己封闭起来，而是要受到外部环境各类信息的影响干扰。一旦某一信息反复影响人力资源工作者而使他将注意力逐渐集中到解释这一信息的时候，便会出现问题或心理学上所说的情结。问题是指现实和需要的差异，情结是指反映问题的矛盾心情。这时，为解决问题或解开情结，原有的变动不定的需要心理开始平静下来，交错出现的不明晰的目的指向逐渐转移到问题上，从而形成有明确指向的动机和转变为解决某问题的意向。心理的动机和意向也具有不稳定性，与工作决策和计划中工作目的相比，决策计划是人力资源开发的理性化，是人力资源开发工作目的的原型。同时，动机和意向是意识形成的一个不可缺少的环节。没有它不可能产生出人力资源开发工作的其他意识。动机和意向引导人力资源工作者如何看问题，准备选择解决何种问题。如果在动机和意向上出了偏差，比如他所期望的目的根本不可能实现，那么人力资源工作者可能就会使人力资源开发工作走偏方向。

人力资源工作者具有情感和情绪。情感是在人与人交往中形成的心理定式，它表现为对某些人的偏爱、信任、同情、感激以至于崇拜信仰。思想政治工作者是制度的化身，不应有任何个人情感。在他们看来，理想的人力资源管理工作者只能是一副冷面孔、铁心肠，唯其如此才能看待问题客观、处理事情公正。事实上，在人力资源开发工作实践活动中，无论是人力资源工作者或员工，绝不可能没有情感；任何一次具体的人力资源开发工作活动，也不可能完全摒弃情感。虽然，人力资源工作者如果仅凭情感而不用理性来处理工作活动中的人和事，或者将私人情感带到公共事务中，这对工作将是十分有害的。但是还应看到，情感对人力资源管理工作也有帮助。在人力资源工作者之间，多一些情感就少一分摩擦，情感在这里是决策团队的凝聚力。在人力资源工作者和员工之间，情感是沟通上下级之间的心理通道，是了解情况、激励员工必不可少的"柔性工作手段"。凡是情感丰富且善于控制情感的人力资源管理工作领导者，不仅能团结工作团队中其他工作人员，形成一个关系融洽、无话不谈的有战斗力的工作集体，还能在员工中树立良好的形象、使他们乐于听从领导者指挥。相反，一个缺乏情感的人力资源工作者很容易成为一个孤芳自赏的人，他既不可能赢得同事的信任，更不会得到员工的理解和支持。人力资源开发工作不在有无情感，而在如何培养情感和正确投入情感。

同情感相比较，情绪是另一类心理活动。情感是一种外显的心理倾向，是指人们在长期交往中形成的亲和力；情绪则是一种内隐的心理定式，是由内外环境刺激产生的某种心境或心绪，主要表现为喜、怒、哀、乐。在人力资源开发工作中，不论是人力资源工作者还是员工常常受环境的影响，很自然地引起情绪的变化。所谓工作情绪，就是指这种心理态势。应当指出的是，情绪不同于情感，它对工作弊大于利，特别是对于人力资源工作者，千万不能为情绪所左右，更不能带着浓重的情绪来工作。情绪作为一种心理活动，是一种受环境左右的变动不定的无意识现象，它与理性不相容。尽管喜怒哀乐可能激起一时的激情，在工作中发挥出冷静时无法发挥的积极作用，但因它缺乏理智的支配而不可能持久且具有很强的随意性，任其发展不加控制就容易将人力资源工作者变成情绪的奴隶，导致工作失败。作为一个人力资源工作者，应当尽量避免将个人情绪带入工作中，做到范仲淹说的"不以物喜、不以己悲"。遇到困难不要气馁，取得成绩不妄自尊大、目空一切。要做到这一层很不容易，它需要在人力资源管理工作实践中经历长期的修养磨炼，掌握并熟练运用心理自我调节方法。

属于人力资源开发工作心理的还有意志、信仰和习惯。所谓意志，是指向明确的行为目的的心理机制。所谓信仰，是对某人某事或某种最高存在的绝对信任和无条件服从。所谓习惯，本来指人们思想行为的常规或定势，这里专指思维定式或习惯思维。

人力资源开发工作作为一种组织目的性活动，决定参与人力资源开发工作的人必然会形成实现工作目的意志。意志主要有三个特点：一是明确的目的性；二是判断是非的果敢性；三是迎战挫败的坚韧性。在人力资源开发工作实践中，人力资源工作者意志的积极作用是非常明显的。这是因为，人力资源开发工作是一个步步接近目标又常常遭受挫折的风险过程，为使人力资源开发工作能按预定目标延续，人力资源工作者必须具有坚强的意志。如果意志薄弱，在挫折面前就可能观望退让、对事业丧失信心。只有具备坚强的意志，认准了的目标决不改变，才有希望到达胜利的彼岸。当然，由于意志是一种缺乏理性自觉的心理机制，单凭意志并不能保证目的正确。如果意志很坚定而拒绝理性参与，那么就很可能出现当实践证明目的不对决策者还会顽固地坚持下去的现象。因此，意志在人力资源开发工作中虽很重要，但必须使之理性化。人力资源开发工作仅靠个人的坚强意志而不根据情况随时加以调整，那么顽强就会变为顽固、果断将会变成武断。

习惯是在多次实践基础上形成的行为定式和思维惯性，它以固定的经验为根据。当人们主要凭借经验而不是凭借理性来行动的时候，这就停留在习惯的心理水平上。所以，经验和习惯是难以区分的。人力资源工作者通过多次人力资源管理工作实践，不知不觉中就会形成自己的工作经验或工作习惯，其中所包含的难以用语言表达但又实际发生作用的意识形式为习惯心理。习惯心理在人力资源开发工作中的出现既具有必然性又具有诸多积极作用：首先，它作为一种感性经验，与工作实践最接近，反映工作实践的问题最快捷。人力资源开发工作中许多常规问题主要是通过人力资源工作者的经验习惯及时加以处理的。如果人力资源工作者缺乏经验而未形成惯性思维，就不可能对人力资源开发工作中接踵而至的问题做出快速反应，必然事事请示或拖而未决。其次，习惯是理性的基础，人力资源管理工作经验则是人力资源管理工作理论的前提。大量事实表明，一切理论的产生，都不能脱离对工作经验的总结。人力资源工作者的工作经验越丰富，对其学习接受人力资源开发工作所需的理论就越有利。一个没有工作经验的人，尽管可以从书本上学到人力资源管理工作理论，但一般很难真正理解这些理论，更不可能切实运用这些理论。所以，经验习惯对于人力资源工作者是十分宝贵的财富，特别是对于基层人力资源工作者而言。

工作习惯是非理性的工作心理，它也有局限性：第一，习惯心理是一种心理惯性，它对人力资源工作者的创造性思维有一种天然的抑制作用。如果固守经验，由习惯来支配人力资源开发工作，人力资源管理工作方式只能简单重复；第二，经验习惯只是对过去人力资源管理工作实践的总结和重复，缺乏对人力资源开发工作发展新趋势的预见功能。如果因循经验习惯，就只能往后看而不会向前看，结果必然因目光短浅而无法应对当代多变的人力资源管理工作环境。

各类工作中的心理积淀就是工作观念。这里所说的观念是指在感性经验基础上形成的、融入了若干理性因素的固定看法或根本观点。在心理学上，观念即是表象。马克思主义所说的观念，是指反映实践并为指导实践所创造的体现目的计划的社会意识形态。人力资源开发工作观念作为人力资源开发工作意识的一种，是介于工作心理和理论之间的一系列关于工作的根本观点，主要包括价值观、决策观、人性观、组织观（团体意识）、人力资源开发工作效益观等。同各类工作心理相比较，工作观念不表现为纯感性，而有一定的理性渗入，包含着对事物的深层理解，不是对客观对象的直接反映而是间接反映，表现为对过去的反思和对将来的向往，不是由刺激而引起的间发的、不稳定的心理活动，而是对根本问题的持久稳定的心态或倾向。因此，人力资源开发工作观念在人力资源开发工作活动中的地位突出，它潜存在人力资源工作者和员工的意识深层，从根本上左右或影响着他们的行为。

人力资源开发工作意识的第三类形态是人力资源管理工作理论，这是意识的理性表现。与工作心理诸形式和工作观念比较，人力资源管理工作理论具有如下特点：第一，人力资源开发形成的人力资源管理工作理论反映的不再是人力资源开发工作活动的表象而是它的本质和规律，具有深刻性；第二，人力资源管理工作理论多变易逝，具有相对的稳定性和持久性；第三，与人力资源开发工作相关的理论是对人力资源开发工作实践的概括，具有抽象性和普遍性。可见，人力资源开发工作理论是更高级的意识。人力资源工作者如果仅凭人力资源开发工作心理或人力资源开发工作观念去指导人力资源开发工作活动，不可能达到高度的自觉以做出新的贡献。只有学习科学的人力资源开发工作理论，自觉地以相关理论来武装自己的头脑、指导自己的人力资源开发工作行为，才有可能成为一名合格的现代人力资源工作者。当然，人力资源开发工作理论也有它的局限性，这主要表现为任何人力资源开发工作理论只能是对人力资源开发工作实践一个方面本质或事物某一本质层次的抽象，它只能近似正确地反映对象。另外，由于人力资源开发工作理论是以纯概念的逻辑方式来反映人力资源开发工作实践的，二者之间隔着层层中介，要运用它来指导人力资源开发工作实践，必须将其转化为人力资源开发工作方法。

所谓人力资源开发工作方法，是人力资源开发工作意识的具体化、程序化，特别是应用人力资源开发工作理论的方式或模式。而按照方法的特性来区别，又可以划分为数学方法、系统方法、经济方法、法律方法、行政方法、伦理方法、心理方法等。

综上所述，按时间阶段对人力资源开发工作意识进行划分，可以区分为最初的心理，其次的观念和再次的理论以及最后阶段的方法。只有全面系统考察人力资源开发工作意识的发生发展规律，才能为员工的人力资源开发工作提供认识论的理论依据。

三、人力资源开发工作个体意识和群体意识

人力资源开发工作意识从横向结构考察，还可以区分为个体意识和群体意识。所谓个体意识，是指组织中个体成员特别是人力资源工作者个人的心理、观念、理论和方法，它是在个人的人力资源开发工作实践中形成的个性意识。所谓群体意识则指组织整体特别是人力资源开发工作主体群所共有的心理特征、工作观念、团体精神和价值取向。在人力资源管理工作领域，这种观点是比较片面的，主要源于如下几点：

首先，这种观点割裂了个性和共性的关系，看不到个性意识的存在不仅是必然的，而且共性意识只有通过个体的理解才能发挥作用。无论在哪类组织中，由于个体的经历、出身、地位、职责、利益、环境的差别，决定组织成员的心理状态、价值追求、知识水平、理想情趣是不尽相同甚至截然对立的，人力资源开发工作既不可能也无必要减少这些差别，集体意识也不是以摒弃个体意识作为自身存在的前提。实际上，任何集体意识的产生都离不开个体的理解。如果组织成员缺乏自觉的个体意识，这种组织的集体意识也不可能形成。同理，只有个性发展的群体才是思想活跃的组织。组织从表面看，人人都有自己的想法、个个都有棱有角，少有唯唯诺诺、随声附和之辈。正是这样的群体，才可能产生自觉的集体观念，才可能深刻理解统一命令统一行动的意义，上下同心去自觉地完成任务。

所以，认为个体意识必然会阻碍集体意识的形成，认为只有摒弃个性和个体意识才能统一组织成员的思想和行动，实际上是将组织看成同质要素的简单集合或机械拼凑，而不是将系统理解为异质要素的有机集合和辩证统一。

其次，这种观点颠倒了个体意识和工作共识的源流关系。个体意识在人力资源开发工作中的作用，不仅表现为工作共识必须通过人力资源工作者个人的理解才能起作用，还表现为个体意识是人力资源开发工作达成共识的基础和前提。一些观点认为，工作共识似乎是先于个体意识而产生的，恰恰颠倒了源流关系。任何组织的工作共识，包括大家认可的指挥组织原则、共同追求的组织目标、人人遵循的行为规范，都是在各种个体意识的比较、争论、碰撞之中逐渐形成的。当然，一部分组织的领导也可以不做情况调研、不征求大家的意见、不考虑下级的感受，只将个人想法通过行政命令贯彻下去，从而表面上看似乎大家都在按命令行动，但由于命令只是领导者个人的一己之见，群众并没有从心里理解，也就很难形成集体意识。相反，在开展人力资源开发工作中，只有通过有意地培育基层人力资源工作者和员工的个体意识，让大家出主意想办法，鼓励大家为人力资源开发工作出谋划策，并允许不同意见展开争论、比较，然后才能求同存异，形成组织的共同观点。这样就可以培育师生同心、和衷共济的团体精神，增强组织的凝聚力和提高人力资源开发工作效率。所以，认为个体意识同人力资源开发工作不相容是完全违背意识发生规律的。如果用这种观点去指导人力资源开发工作，很容易造成不尊重同事、不充分了解员工需求，以少数人的一己之见对组织成员进行行政强制的现象。

最后，这种观点忽视了个体意识的独特功能。在人力资源开发工作中，共识固然很重要，但个体意识同时又有不可取代的独特作用。这主要表现为：第一，人力资源开发工作共识一般属于求同思维，个体意识则多表现为求异思维，善于发现新问题，具有敏锐性和批判性。在组织中，要形成共同的集体意识，往往需要一个长期的过程，这种共识一旦产生，其具有相对稳定性。人力资源开发工作之所以可能，组织成员之所以能有所依归，正是以某种相对稳定的共识为其依托。如果共识缺乏这种特性和功能，指导组织行为的思想瞬息万变，人力资源开发工作就很可能无程序可言。但是又必须看到，工作共识又有一定的局限性，即缺乏对事物变化的敏锐性以及对过时的思维习惯、规章制度的批判性。为弥补这一缺陷，就需要个体意识。与群体意识不同，个体意识是一种个性思维，是一种以求异为主要特征的思维方式，它可以在人们的习惯中敏锐地发现新问题，对旧有的大家所认同的某些不足之处提出怀疑、做出批判。其中有的看法可能是错误的，但常常有一部分是正确的。人类意识的发展规律都是由异而同、又由同而异。如果没有少数人对多数人已有的习惯和共识提出怀疑和批判，就不可能有认识的进步。

当用一种大家认可、形成习惯的人力资源管理工作方法进行人力资源开发工作时，人力资源开发工作虽然秩序井然，有章有法，但却只能周而复始、代代重复，没有新的进展。只有允许少数人在工作总体思路指导下，大胆提出新的改进意见，才能使人力资源开发工作不断有新的手段，为当代员工的成长服务。

第二，人力资源开发工作要想适应现代社会的发展，离不开创造性思维。而创造性思维的主体不是组织集体而是组织个体，特别是参与人力资源开发工作的人力资源工作者个体。因此，创造性是个体意识的另一个显著特点。以人力资源开发工作决策为例，决策可划分为常规决策和非常规决策两类。其中常规决策相当于程序化决策，通常是集体意识的具体化和定型化。但是，单纯的常规决策不能应付变化的决策环境，必须辅之以非常规决策。而非常规决策是没有常规可循的随机决策，它必须通过决策当事人根据具体情况快速果敢地加以判断，这就不得不充分发挥个体意识的创造性，不得不更多地借助参与决策的个人的想象力、直觉判断以至灵感思维。如果任何一项决策都按常规办，以为只有通过集体认同的意见才有科学性，那么就无法应付非常规的环境变化，也不能激发个体的主动积极性。相反，只有注重培养人力资源工作者的创造性思维，从制度到风气，给少数人以决策自由，才能使决策具有应变性，不至于在突发性问题出现时束手无策。

个体意识尽管有着上述各种积极作用，但它也有许多局限。因此，仅仅依靠个体意识是无法进行人力资源开发工作的。要使人力资源开发工作得以进行并使之富有成效，就应当特别注重对人力资源开发工作中的群体意识的研究。

首先，群体意识具有目的的统一思想功能。所谓目的，是指意识对行为的指向性或行为内涵的趋向性。开展人力资源开发工作的第一个前提就是要使不同方向的个体目的统一为同一方向的组织目的。只有当组织成员放弃或修正自己的目的并达成对组织统一目的的共识，人力资源开发工作才能步步接近目标。显然，依靠个体意识是无法完成这个任务的，只有群体意识才具有统一组织成员目的的作用。

其次，群体意识具有团体凝聚功能。组织成员调整自己的行为目标转而接受组织的共同目的，这是团队获得彼此配合、协作行动的思想基础，使相关人员能够聚集在一起完成人力资源开发工作。但仅有共同的组织目的意识还不够，还应有与目的相关的其他组织意识，如共同的信念、相同的价值观念。因为，作为共同目的意识虽然重要但毕竟还很抽象，而且目的性意识一般多停留在浅层而未及深入到信念、价值的深层。为使组织的目的性观念牢不可破，还需要使团体内部充分理解其意义，形成坚强的信念和明晰的价值观念，和衷共济，增强彼此之间的亲和力和凝聚力。

再次，集体意识具有抗干扰功能。这里的抗干扰功能主要是指防止组织环境对组织成员的各种情绪、心理上的干扰。组织既然存在于环境中，因组织之间的竞争或其他社会原因，外部世界对组织的各种干扰是不可避免的。在各种干扰下，组织成员可能会有情绪上的波动以及信念上的动摇；要想完全避免干扰几乎是不可能的。排除、减轻干扰的手段，一是硬性的行政措施，如批评、处罚受干扰的成员；二是强化集体意识，不断培育团体精神，增强成员自觉的抗干扰能力。这两种手段，前一种是治标，后一种是治本。只有当每一个组织成员自觉树立起一种爱集体、愿同组织共患难的团体精神的时候，才能从根本上解决人力资源开发工作中出现的困难，让工作迈上新台阶。

最后，集体意识还有评价规范功能。组织成员作为活生生的个体，有着不同的个性和自主活动。但是人力资源开发工作是一种组织活动，需要协调组织成员的行为。要做到这一点，显然不能依靠个体意识而只能凭借集体意识。这就是说，不能按照各自价值观念而应当依据组织的共同价值观对组织成员的行为进行评价。在个人看来是正当可行的事而对组织不利，就必须服从组织意见、严格按组织原则行事。虽然，有时组织的评价也可能不符合实际，个人的意见也可能是正确的，用组织的价值标准去评价并规范人们的行为并不能保证组织绝对正确。但是，如果不能以组织观念去评价并规范成员的行为，就会造成自以为是、各行其是的混乱局面，其结果无异于使人力资源开发工作陷入混乱。

总之，个体意识和群体共识作为人力资源开发工作意识的两个方面，是互为条件、相互促进、共生共长的辩证关系：一方面，共识存在于个体意识当中并通过个体而发挥作用，离开个体意识就谈不上真正的共识；另一方面，共识又制约着个体意识，个体意识也离不开共识。离开群体共识的制约，个体的意识就会失去作用。个体意识和群体共识的这种辩证统一关系要求人力资源工作者必须尊重每个组织成员的首创精神，启发他们的聪明才智，注意倾听同事和员工的意见并力戒思想僵化和个人专断。同时也提示组织成员要服从组织决议、遵守组织纪律、领会组织意图、发扬团体精神，警惕自以为是和各行其是，自觉地将个人的思想行为融入集体之中。只有这样，人力资源开发工作意识才能从积极的方面对人力资源开发工作实践发挥能动的指导作用。如果割裂了共识和个体意识的关系，偏执一端，就可能会给人力资源开发工作造成不应有的混乱。

第二节　人力资源开发工作决策

人力资源开发工作意识不仅表现为前述心理、观念和理论，在人力资源开发工作实际过程中还集中表现为人力资源开发工作决策。心理、观念和理论侧重探讨的是人力资源开发工作过程中从客观到主观的认识评价活动，人力资源开发工作决策则侧重表现为从主观到客观的各类人力资源开发工作意识的综合应用活动。人力资源开发工作决策作为一种特殊的人力资源开发工作意识，它不是人力资源工作者对人力资源开发工作实践的主观感受、心理体验、价值判断和理性抽象，而是围绕人力资源开发工作目的展开的预测、决策、计划、控制等一系列更具体的思维过程。显然，要深刻把握人力资源开发工作意识的丰富内涵和功能，仅仅研究心理、观念和理论等问题远远不够。只有进一步探讨人力资源开发工作决策过程及其功能，才可能阐明人力资源开发工作意识同人力资源开发工作实践飞跃的中间环节，使抽象的理论和观念转化为可操作的工具。

一、人力资源开发工作预测

决策作为人力资源开发工作的首要职能和人力资源开发工作过程的起点，是由一系列复杂的超前思维活动构成的。它表现为人力资源开发工作预测。只有在预测未来的基础上，人力资源工作者才可能确定人力资源开发工作的目的，制定、选择实现某一目的的行动方案，从而使人力资源开发工作成为可能。研究预测是考察决策思维的起点。

所谓预测，是人们运用在以往实践基础上形成的经验、理论、方法对事物发展未来趋势的分析、论证、推测和预料。人力资源开发工作预测则是人力资源工作者运用自己的工作经验和理论，通过搜集有关信息，推测预料人力资源开发工作系统在未来将面临哪些问题，其发展前景如何，有哪些可能发生的情况，以及哪种情况可能性最大，从而为决策提供依据。

预测作为人类的一种超前思维，是随同认识活动一起产生的。正如古语所述"凡事预则立，不预则废"。

预测作为人类认识世界的一种特殊形式，不仅与其他认识活动一起产生和发展，而且还具有与其他认识活动不同的特点。

首先，预测具有可靠性。预测同一般的认识活动不同之点在于，其他大量认识是人脑对客观事物的现场反映；而预测不是对现存事物的反映，而是对事物未来的发展趋势做出推断和猜测，是由已知到未知。任何事物的发展都要经历由可能到现实的过程，现存的事物中都蕴含着未来事物的根据或胚芽。如果人们不是从主观愿望或可能出发，而是从现实根据出发，同时又不违背人们在千百万次实践中所形成的逻辑规则，按严格逻辑程序对潜在的根据进行科学推导，那么人们就一定可以从已知推导出未知、从今天预知明天。可见，科学的预测则是合乎辩证法的认识，具有科学上的可靠性。人力资源开发工作预测是以现实为根据、数据可靠、方法正确的科学预测，其推断的结果是可靠的。

其次，预测具有超前性。预测不同于别的认识活动，还表现为它不是事后思维和当下思维，而是超前思维。所谓当下思维，是指大脑对当时刺激自己感官的客观对象的直接反映。所谓事后思维，是对已发生的感觉知觉进行回忆、联想和事后理性加工，包括表象、理性认识以及反思等间接反映。这两类思维都是从客观到主观，都以客观事物作为思维的基础。而预测在形式上刚好相反，它既不是对现存事物的现场直观，也不是对过去事物的回忆、整理和反思，而是根据已有的认识去分析现实中客观存在的根据，推断事物将来发展的各种可能，以建构现实中尚未出现的未来事物的轮廓，这种意识的能动性，使人类认识与动物的心理严格区别开来。预见的准确度和预见期的长短，又将人类不同时期的认识能力区别开来。预见的超前性并不违背唯物主义的反映论原则，也不意味着预见者可以脱离实践仅由主观去预言未来。在人力资源开发工作中，预见必须以现实为出发点，预见者用以预见的理论、逻辑，预见时所必须搜集的信息，都是实践的产物或是对现实的反映。

再次，预测具有试探性。预测既然是对本来多种可能性的分析推测，就不可能做到准确无误、十分具体，而只能是大致的估计，并带有试探性质。因为在人力资源开发工作中，预测主体不可能对未来的发展做出确凿无疑的判断，只能预测到总的趋向。同时预测的客体处在经常的变化之中，尤其是人参与的社会，其变化的随机性更大，不可能使预测准确无误。人力资源管理工作为了在人力资源开发工作中居于主动，一方面不能不对未来进行预测，另一方面又受主客观的双重限制，不可能对未来预料得完全准确，只能"摸着石头过河"，依靠预测对未来作试探性的判断。因为预测带有试探性就断言预测完全不可靠的观点，固然不可取。同理，要求预测百分之百的可靠，也是不符合科学的。

最后，预测还具有概率性和不精确性。所谓概率性，是指正确的预测与预测方案总数的比率。所谓不精确性，是指预测正确的程度不可能是百分之百，或者说只能预测事物发展的总趋势或大致的轮廓。而不能预测它发生的准确时间。发生的每一步骤和每一细节，预测的概率和精确度是随着人类认识能力的提高而增大的，但无论如何，既然是预测，必然具有不精确性。预测这一特点决定它永远不可能像人类其他认识那样，最终可以用自然科学的精确眼光对之进行定量描述。

预测作为人类认识的一种特殊方式，不仅具有上述各类特点，而且在人们的认识特别是人力资源开发工作活动中发挥着独特的作用。在人力资源开发工作决策过程中，人力资源开发工作预测的作用主要表现为以下几点。

第一，分析人力资源开发工作环境的变化趋势，为决策者确定下一步的人力资源开发工作目标提供依据。人力资源开发活动是存在于一定的社会环境之中的，社会环境虽有相对稳定的一面，同时又处在经常的变化当中。这种变化在员工人力资源管理领域更为明显。人力资源工作者在制定新的决策以确立下一步工作目标时，不能从自身的主观需要出发，而应考虑外部环境提供了多大可能。这样，决策的第一步就要了解环境、预测环境变化的各类趋势，使决策能适应变化了的环境条件，以便提出可行的人力资源开发工作目标。每一家企业所处的环境都有所不同，如果不调研分析自身环境的变化，决策所需信息的客观性就很难保证。

第二，分析组织系统的结构功能变化趋势，为人力资源开发工作决策者制定和选择行动方案提供依据。人力资源开发工作系统既有稳定的一面，同样也处在经常的变动之中。为了确定工作的目标，决策者既要了解预测外部环境，还要了解预测内部动向。例如，在即将开展的活动中，员工们怎样想？有多大的积极性？需要多少资源？人力和资金，组织有无能力达到新的目的？等等。因此，反预测外部环境是不够的，同时还应预测组织系统的未来状况。如果只有对外部环境的了解而无对系统内部的了解，这种预测是片面的。只有充分了解内外因素，才能进行参照比较，从而进入决策。

第三，无论是对外部环境还是对人力资源开发工作系统内部未来发展趋势的预测，都需要全面占有材料、广泛搜集信息，对事物发展的多种可能性做出详尽的分析。首先，根据取得的信息，分析有无实现目标的可能性，如无可能，坚决放弃；其次，分析可能实现的目标有几个，并比较其利弊之大小和实现这些目标所需的条件，为决策者择优提供资料；再次，对有利的、成功把握大的可能性，还应进一步区分实现目标所需的时间，为决策者制定人力资源开发工作计划提供依据。

人力资源开发工作预测是一项十分艰巨的认识活动，它不是通过少数决策者，而是通过人数众多、专业背景不同的人来实现。人力资源开发工作预测的方法也很多，有凭经验的预测和凭理论的预测，有定性的预测和定量的预测。如果内外环境变动不大，预测的目标时间又很短，那么凭人力资源工作者的经验就可以进行预测。而如果内外环境变化明显，预测目标时间过程较长，就不能仅仅凭个人经验而应集中各方面力量的智慧，应严格按科学方法进行。

二、人力资源开发工作的决策

预测作为人力资源开发工作决策过程的起点，其功能在为人力资源工作者提供一幅人力资源开发工作系统未来发展的模糊图景，指出种种可以估计到的可能性。在此基础上人力资源工作者根据可能、需要制定和选择对策的活动过程，即狭义的人力资源开发工作决策。人力资源开发工作预测要解决的是人力资源开发工作的前景，向人力资源工作者展现工作系统将面临的种种问题。而人力资源开发工作决策则是针对某一与人力资源开发工作有关的问题制定和选择对策方案，并以此制定以后人力资源开发工作活动的方向和行动原则。

决策也是一种超前思维，同预测相比较，它有着如下几个鲜明的特点：

首先，决策具有鲜明的目的性。人的认识活动都有目的性，但不同的认识其目的性的明晰程度又有区别。预测的目的是猜想未来工作中的可能性，为决策服务。由于未来充满种种可能性；因而预测只能是模糊的不具体的，决策则不可能是模糊的。人力资源开发工作决策是针对与工作组织系统未来发展关系最紧密、意义最重大的某种可能的对策性思维活动。因此，决策的目的不是模糊的而是具体的，不是多元的而是单一的。所以，人力资源开发工作决策具有鲜明的目的性。如果进入决策阶段人力资源工作者还未确定具体的组织目的，或者说作为决策的目的还不清楚而处在模棱两可的思维状态，决策将是无法正常有效地进行的。

其次，决策具有选择性。预测要可靠，一条重要的原则是必须广泛收集信息、全面占有材料，而不允许按人力资源工作者的个人好恶选取材料。决策必须进行选择。其一，为了开展有成效的活动，决策者首先必须在预测提供的种种可能性中进行目的选择，即选择某一种与组织系统未来发展关系最大的可能性进行深入考察。没有这次选择就提不出问题，也无法确定组织目的；其二，为解决某个问题，实现某一目的，人力资源工作者还必须深入研究，制定各种对策方案，并在此基础上进行择优。没有择优也等于取消了决策，忽略了人力资源开发工作决策存在的意义。

最后，决策具有思维的明晰性和行动的可行性。决策思维不同于预测思维之处，在于前者是一种模糊性的思维状态，不是很明晰。决策与计划相比，它只是为达到某一目的行动方案，没有计划具体详细；决策与预测比，它又显得具体明确。预测是对组织环境和系统组织发展未来多种趋势的总体推测和预估，因此只能是大致的，没有必要对每种可能的细节进行十分具体明确的说明。决策是选取某一种可能性并设计如何解决某一问题、实现某一目标；停留在预测的模糊思维水平上就不行，必须进一步使之具体化，尽可能考虑到活动的每一步骤和基本方法。决策思维是较预测思维更具体的思维，不仅要选择确立某一目标，还要设想、研究如何实现这一目标的多种办法或方案。这项决策用于制定计划、指导人力资源开发工作。

决策是一个发现问题、分析问题、确立目标、研究对策的复杂思维过程。所谓发现问题，是在预测的基础上，找出哪类或哪个问题与系统组织的未来发展关系密切；所谓分析问题，是对某问题产生的原因和导致的后果进行分析和研究；所谓确定目标，是通过解释问题找到"实然"和"应然"之间的差距，确定今后组织向什么方向努力；所谓研究对策，是根据今后的工作目的，制定多种实施方案，并在比较论证的基础上进行最佳选择。在发现问题时，决策者需要不被表面现象所迷惑，能准确敏锐地找出与人力资源开发工作目标关系最密切、实现的可能性最大的信息。分析问题则要求追本溯源，预想后果，切忌就事论事。确立目标必须比较利弊得失、分析有无可能和可能的大小。至于制定各种对策和最后选择最佳方案，则需要以仔细的调查研究为基础。

决策可分为个人决策和集体决策、经验决策和科学决策、常规决策和随机决策、确定性决策和不确定性决策以及风险决策等不同类型。

所谓个人决策，并不是只有一个人参加决策活动，而是指决策方案的选择权控制在一人的手中，由一个人做出最后决定。集体决策是由两人以上的集体共同讨论、协商各类备选方案，最后以多数人的一致意见决定某一方案。集体决策是一种民主决策，而个人决策可能不是民主决策。如果决策者个人不广泛吸取专家们的意见、决策方案由个人制定，这就是个人专断，当然谈不上民主决策；而如果是在智囊团独立研究基础上再由一人做出最后决断，也是一种民主决策。个人决策和集体决策各有优劣。个人决策的优点是决策程序简短快速、机动灵活，适用于环境变化太快或环境相当稳定的两种情况，缺点是受个人的主观局限，稳妥性不够。集体决策的优点是对个人决策短缺的补充，因为人员较多考虑问题自然就会更全面。人力资源开发工作中重大问题的决策应采用集体决策而不应该是个人决策；集体决策的缺陷是决策周期长、环节多、个人责任不明确，容易导致议而不决、互相推诿、延误时机的不良后果。无论个人决策还是集体决策，就选择决定某一工作方案而言，都只由少数人来承担，决策者只能是少数而不可能是多数，否则便无法决策。因此，将专家们参与决策方案的研制或员工为决策者提供意见，就认为只有多数人参加最后的决策才是民主决策的说法，其实是对决策的一种误解。

经验决策和科学决策，是两种比较典型的决策思维模式。经验决策是决策者主要依赖于经验对多种方案进行比较判断和选择，具有直观性和非定量性等特点。科学决策则以科学理论为基础，运用逻辑的思维方法，对各种方案进行系统全面的科学论证，严格按科学的程序办事。随着时代的发展，经验决策的主导地位正在逐步下降，科学决策越来越广泛地被采用。科学决策必须以掌握事物发展的客观规律为前提，以严格的思维逻辑为基础，并借助于数学模型进行定量判断。但是，无论科学如何进步，人类总有未知的领域、未发现的规律。即使掌握规律有时也不能达到定量把握的高度。因此，在人力资源开发工作中不能全凭科学决策而仍须借助经验决策。特别是对于情况多变的人力资源管理工作，科学决策是难以解决全部问题的。因此，充分发挥人力资源工作者的经验、直觉、灵感、知识和胆略的作用，对于做好决策意义重大。

常规决策和随机决策是两种不同的决策技术。所谓常规决策，是根据日常人力资源管理工作中经常出现的问题制定出一套例行程序，对类似的新问题采用常规方法来决策，常规决策方法是依据惯例或照章行事；也可以借助计算机来解决大量数据处理问题。随机决策则是对偶发性的、无常规可循的新问题所做出的创造性决策，这种决策不能借助于既定程序来进行，只能依赖决策者的经验、直觉、灵感、洞察力做出大胆判断和随机处理。现实中既没有绝对不变的事物，也没有瞬息万变、完全无规律可循的工作。因此，人力资源工作者在决策时既不能死守常规，一丝不差地按过去的决策程序进行决策；又不能以随机为任意，不考虑新问题与旧问题有无相似之处，随意创造、凭空想象。

根据人力资源开发工作主体掌握决策信息的多少和实现人力资源开发工作目标的难易程度，决策还可划分为确定性决策、不确定性决策和风险决策。所谓确定性决策是指信息占有充分、因果关系明朗、对工作目标有十足把握的决策，这种决策很稳妥、无风险。如果信息占有极不充分，因果关系不明朗，对工作目标结果把握不大但又不得不进行决策，就是不确定性决策。这种决策所冒风险极大，在人力资源开发工作中很少使用。介于上述两种决策之间的决策模式就是风险决策。所谓风险决策，即指决策主体不可能准确预测到未来各种可能发生的情况。所谓风险决策就是分析各种可能性，拟出各关键变量的概率曲线，了解在选择各类行动方案所冒风险的性质和大小，然后根据风险的价值和所冒风险的代价做出最后决策。风险作为一种客观存在，决策者是无法完全回避的。

对待风险可以采取以下四种对策：一是风险太大，加以回避，转而选择风险较小的方案；二是风险太大，收益也很大，值得一试，不惜铤而走险，这种情况在一些优秀员工能力提升过程中是有可能采用的；三是转移风险，比如一些企业在大型员工活动中使用一些先进或安装复杂容易出现问题的设备，采用向有关专业公司或机构出资要求其提供服务；四是尽量减少风险。当风险既无法避免又无法转移时，决策者应尽量设法寻找减少风险的措施，在选择方案时应考虑某方案有无减少风险的可能。比如在员工中开展素质拓展活动时去除一些容易受伤的项目等等。选择何种对策，不仅取决于决策者对风险的概率测算，还取决于决策者的胆略、魄力和权限。比如，如果某个决策方案成功的可能占60%，有的人敢于冒40%失败的风险选择它，而有的人则不愿冒此风险。这往往与不同人力资源工作者的性格有关。

通过对各种决策属性的分析不难看出：决策过程不仅是决策者认识客观可能性的认知过程，同时也是根据效益原则优选最佳决策方案的价值判断过程。决策思维既要尽量做到主观符合客观，又要对各种可能做出准确的事实判断，使客观可能符合主观需要，选择投入少、效益大、风险小的行动方案。为此，决策者在人力资源开发工作决策时必须遵守以下两大原则：

（一）科学性原则

人力资源开发工作决策是一种典型的创造性解决问题的工作，是人类创造力的集中体现。在人类解决问题的过程中，科学在任何环节都是不可缺少的。科学性原则也是包括人力资源开发工作在内的创造性解决问题活动的第一原则。在人力资源开发决策工作中，科学性原则主要体现在以下几点：

首先，决策活动中所涉及的原理必须是科学的。不论何种形式的决策都必须符合事物发展的客观规律。人力资源开发工作决策的主体活动是人力资源管理工作，要保证人力资源管理工作的科学性，就要严格按照党和国家的路线方针办事。其次，决策活动的依据是科学。在决策过程中，要对目前掌握的信息进行分析判断。现代社会中的人类活动趋向于复杂化，人力资源管理工作中涉及的信息越来越庞杂，仅仅靠经验进行判断显然是不行的。要更好地对信息进行处理，就要熟练地运用统计学的知识。完成了对信息的处理、分析，决策工作才会顺利进行，而要实施决策就需要提出一系列备选方案进行权衡、比较，而没有现代管理学知识，备选方案的设计、权衡、比较也将无法进行。因此，方案决策必须以科学为基础。再次，决策活动的计划安排应当是科学的。一个好的方案，如果没有具体的规划，就不能得以实施。任何方案确定之后，都需要制定周密的实施计划，就要分析清楚计划的关键环节在哪里？哪些工作是后续工作不可或缺的基础？哪些工作可以平行进行？哪些工作必须按先后顺序执行？在保证完成工作计划、达到工作目标的基础上，订立最好的可供执行的计划是计划安排的目的。要达到这一目的，活动的计划安排也应当是科学的。最后，决策活动的实施过程是科学的。有了计划就需要具体的实施，而实施过程中，保证计划在实施中的执行效果和面对计划以外问题的及时处理是实施工作过程中的两个关键环节。要保证计划的执行效果，首先要有科学的工作态度，实施工作的负责人要分清楚哪些工作是必须执行、不能变通的，哪些工作是自己有权决定的。面对问题，实施工作的负责人要首先判断当前所面临的问题的性质。分清问题是自己可以做决定的，还是需要向上级或决策者反馈的。做出这些判断的基础归根到底还是科学原理。

（二）有限理性支配下的简单性原则

人力资源开发工作决策活动是一项不可完全模仿和复制的工作，需要决策者进行理性的思考与判断，而人类所能够思考的范围是有限的。这时候，人类就要进行有限理性的思考，而在有限理性支配下的决策就会选择简单性原则。

　　有限理性说为决策者制定有效的决策、设计和规划，提供了规定性的原则。因此，"寻求满意"的原则（简称满意原则），已经成为决策领域中最重要的原则之一。而要寻求满意的结果就需要对问题进行简化。因此，努力使问题简单化和寻求满意解是有限理性支配下的人类活动的必然选择。这一点，对于决策活动表现得更加突出。在决策活动中应用简单性原则的主要原因有以下几种：

　　首先，决策目标能否实现的重要条件是决策方案是否可行。决策方案的可行性是在设计决策实施方案过程中实现简单性原则的前提和基础。决策中的优化工作按任务目标分类一般可分为单目标设计和多目标设计。所谓单目标优化是指需要解决问题的中心目标是单一的优化设计问题。所谓多目标优化是指需要解决的问题有多个目标，这些目标重要程度基本相当，必须全面考虑。决策活动中是以实现目的为表现形式的工作，一般是多目标优化问题，优化是贯穿在决策者决策活动始终的一个过程。最优化是典型数学的概念，在决策活动中实现最优化就是实现理论上的最佳，决策活动中绝对最优化是不存在的。

　　其次，思维习惯性是决策活动中应用简单性原则的认知原因。环境心理学在研究行为性时发现，人有"走捷径"的行为习惯；同样，在思维中也存在着"走捷径"的习惯，通过简洁的思维过程得到思维结果，就是以长期经验积累为基础形成的经验直觉。这种经验直觉在大多数情况下能够保证思维结果的正确性。正是这种过程既简单又省力、结果基本正确的价值判断，成为决策活动中应用简单性原则的认知原因。确定何者第一、何者第二的过程，实际上是对一个复杂问题进行简单性判断的过程。因此，简单性原则成为优化的外在表现形式。

　　在理想条件下，人类的整个思维过程完全是具有理性的。在具体的决策实践活动中，涉及的与决策相关的主、客观因素很多。在参与判断的主、客观因素中，有可量化但难以计算的、也有不可量化的，对于这类情况的处理，只能借助决策者的经验使用简单性原则进行判断。因此，在诸多因素的影响下，决策者很难完全按理性思维解决问题。在此情况下，由决策者的习惯性思维所引起的简单性判断作用更大。所谓习惯性思维就是由于外界环境的影响，决策者根据个人的知识积累和经验，对具体问题做出判断的思维方式。由于这种思维是受决策者固有的思维习惯影响的，因此，被称为习惯性思维。习惯性思维所反映出的思维特点可以被称为"思维的习惯性"。"思维的习惯性"创造了简单性原则在决策活动中的实现条件。

　　由于思维习惯性的存在，决策者受到其注意力的影响，导致了决策者考虑范围的简单化。当决策者对决策中的问题进行分析时，他的价值考虑将集中在当前所面临的基本问题上；决策者的思维被限制在待解问题系统这一有限范围内，不可能把待解问题系统之外的其他相关需求都同时加以考虑。即使同时存在多种需要，也要首先顾及其中最迫切的问题；有时由于条件过于复杂，甚至只重点考虑核心的需求目标；这时他将遵循一个部分体现简单性原则的效用函数。

由于思维习惯性的存在，决策者大多会重点考虑与做抉择最有关系的少数方案，这便形成了方案选择上的简单性。同某一事物有关的其他事物，尽管从原理上讲是极其大量的，但由于使用了简单性原则，人们只考虑其中的少数，而把其中大部分忽略掉了。

由于思维习惯性的存在，决策者决不去思考其余的无数可能后果；也可以说决策者不可能对诸多复杂因素——考虑。这便形成了决策方案制定上的简单性。

由于思维习惯性的存在，决策者会主动寻求简单。因为决策者尽可能不与复杂性情况（通过优化方法实现简化）打交道，由于没有一致的效用函数，不考虑一切备选策略，也不考虑每个策略所可能导致的一切或然事件；所以，他在不同时期所做的决策，很可能是不一致的。从连续推移的时间上看，即使侥幸获得"此时"之"最优"，等到"彼时"来看，很难仍是"最优"的了。所以，"最优"概念本身，对于受"思维习惯性"影响的决策者来说，是很成问题的。放弃"最优"，选择"次优"；决策者实现了优化与简单性在决策活动中的统一。思维习惯性影响下的决策者思维活动体现出的正是典型的简单性原则。

最后，寻求满意解是决策活动中应用简单性原则的技术原因。对于一个具体的问题而言，整个问题中的评价、选择工作，不可能完全用优化方法来完成，其中大部分工作都要用次优化方法来完成（即寻求满意解），以寻求满意解作为完成任务、实现目标的技术手段正是简单性原则的体现。

决策者在确定方案时，就会在"可行解"中寻找"满意解"。现实世界中各种条件相互制约，不可能使全部条件均达到"最佳"。因此，寻找"满意解"只能实现目标条件大体上的"满意"。下文提出的满意原则是指在工作中实现其总体目标，"满意"的概念不同于日常习惯上的满意，它是数学意义上的"满意"。

决策者的功利性思想决定了决策活动过程就是通常经过逐步搜索而构造出来的。寻求满意解的决策者实际上就是放弃了复杂性原则选择了简单性原则。显然，寻求满意解的过程，是一个考察方案的过程；寻求满意的决策者的最后选择，往往取决于他构造的方案的顺序。比如，假设甲方案比乙方案更好，但两者皆达到了满意解标准（欲望），这时，先构造了哪个方案（如乙），那个方案就被接受了；决策者不再继续构造其他方案（如甲）。

又因为备选方案不是只有一两个或有限多个（从本质上说有无穷多个）。因此，根据满意原则，决策者选择简单性及满意原则提供了现实的终止判据，使得简单性原则在决策活动中得以实现。

决策活动具有复杂性和非线性的特征。但是由于理论上的最佳结果难以实现的客观原因以及思维习惯性、功利性思维和满意原则的存在，决策者试图在一定范围内将复杂变成简单，将非线性转化为线性。在这个以简单性为原则的转变中，理论上的最佳结果难以实现的事实是基础，功利性思维是动机，思维习惯性是转换的辅助力量，寻求满意解是外化表现形式。

三、人力资源开发工作的计划控制

计划作为广义决策的一个环节，是决策方案的具体化和秩序化。通俗地说，计划就是决策者为实施具体决策方案而对组织成员的各种活动所做的统一部署和具体安排。其作用在于使决策落到实处，将决策转化为可实施可操作的行为依据，并以此对组织成员的行为进行定向控制。在人力资源开发工作中，决策和计划是两种基本职能。事实上，决策和计划是两个既有联系又有区别的范畴。一方面，决策中包含计划的因素，制定任何一种决策方案都离不开对如何实现组织未来目标的谋划和安排。如果没有一定程度的计划，决策就只停留在抽象的目标设定上，也就不成其为决策；另一方面，计划本身就是被选定的决策方案，或者说计划是被具体化了的决策方案。当人力资源开发工作处于决策阶段，就需要通过多种决策方案或较抽象的行动计划来表现决策者的想法。而当某一方案被选定并使之具体化，就成为计划。决策是计划的根据和前提，或者说是偏重定性的计划；而计划则是决策的结果和升华，或者说是细密周详的定量化决策。这是两者的联系。

但是，计划与决策相比，又有质的区别。思维特征大致可以包括以下几点：

（一）具体性

决策思维与预测思维相比较虽有一定的具体性，但仍显得较抽象。决策方案对未来目标的设定和实现目标的方法步骤只能是大致的轮廓，计划则不同，计划是决策的实施方案，它不允许方案停留在一般的设想层面上，而必须对组织活动的全过程做出明确具体的规定。因此，计划所要求的不仅是关于组织未来目的和任务的说明，重要的还在于编制出实现这一目标所应采用的战略、策略、方法、步骤和时限。如果说被选中的决策方案仅仅勾画出组织未来活动的框架，那么计划则是在此框架内添加材料，使之成为可使用可操作的行动模型。倘若计划停留在抽象的层面而不具体，就将无法指导组织成员的行为。

（二）程序性

计划既然是组织成员完成任务的指南和依据，就具有可操作的程序性。所谓程序性，是指事物进行过程各类活动先后发生的顺序。计划的程序是指计划为组织成员和组织系统预先规定的各类工作顺序及其转换、前后衔接的原则。任何组织为实现某一工作目标，必须对组织行为在时间上加以合理分割并使之紧密衔接。如果不做阶段分割或分割不合理，或虽然分割合理但前后不衔接，就将导致人力资源开发工作混乱。计划的一项重要任务，就是编制出合理可行、省工省时的工作程序，对先做什么，后做什么，各项工作花多少时间，投入多少人力物力，以及前后阶段的工作如何衔接过渡等细节，尽可能做出明确详尽的规定。

（三）可控性

计划的可控性主要包括目标控制、预算控制、资源控制、时间控制和计划监督五项内容。所谓目标控制，也称目标人力资源开发工作，即根据计划确立的总目标层层确立各子系统的具体目标，制定各部门的分计划，使各部门处于具体计划的控制之下，以保证总计划的落实和总目标的实现。预算控制是一种传统的常用的计划的控制方法，是以数字形式将计划分解为各个部分，并通过制定与计划有关的预算表，限制执行计划过程中出现的偏离计划的行为。资源既包括各类自然资源，也包括人力资源。资源控制就是按计划配给各部门必需的资源，防止资源分配不公造成的资源浪费和组织混乱。时间控制即对各部门的工作时间预先做出规定，并根据情况由计划人力资源开发工作部门跟踪加以调整，使各部门协同工作，各阶段紧密衔接，从而保证计划在规定的时期内完成。计划监督是计划控制的重要方面，其主要做法是增强计划的公开性和透明度，树立计划的权威性，引导整个组织人人按计划执行、人人以计划相互督促的格局、使计划转化为一种自觉的组织意识。

计划作为一种具体指导人力资源开发工作实践活动的依据，具有定向、指导、控制、调整以至创新等多种功能。所谓定向，是指计划为人力资源开发工作实践确定了明确的工作方向，规定了一定的任务；所谓指导，是指计划为人力资源开发工作的活动规定了基本的操作原则和工作程序；所谓控制，是指计划对组织系统各要素的活动幅度、活动节奏以至时机时限起着限制作用；所谓调节，是指通过计划的相应变化或部分修改，对组织各部门的关系、系统的总体结构加以调适，以协同系统和谐有序地运作。计划职能是人力资源开发工作的核心职能，人力资源开发工作的其他职能都是由计划职能衍生开来并围绕计划而展开的。任何具体人力资源开发活动都离不开一定形式的计划。计划越周密，越符合实际，人力资源开发工作的水平就越高、越自觉、越有效。

综上所述，人力资源开发工作意识在指导人力资源开发工作实践的过程中，分别表现为预测、决策、计划三种思维形态。预测是对人力资源开发工作实践多种发展趋势的大致估计；决策是通过深入的比较分析，逻辑论证并根据组织需要对多种可能性进行的判断和优选；计划则是将决策方案进一步具体化、程序化，使之成为可操作可应用的活动规则及工作指令，以便引导组织成员参与活动，这个过程既是思维由抽象到具体的升华进程，也是自主观到客观、从精神到物质的过程。

第三节　人力资源开发工作方法

方法是主体实现目的的手段，或是主体能动作用于对象性客体的各种工具的总称。无论是认识世界或是改造世界，人们都必须借助一定的物质手段或精神工具，离不开相应的方法。没有方法或方法不当，人们就寸步难行、一事无成。人力资源开发工作作为企业人力资源管理工作领域特有的一种对象性活动，自然也依赖一定的方法，这即是工作方法。不过，究竟什么是人力资源开发所需要的工作方法，不同方法之间有何联系与区别，以及如何正确选择和恰当运用众多的人力资源开发工作方法，这是一个十分复杂的方法论问题，需要进行初步分析与探讨。

时代的进步和科学技术日新月异的发展，一些前人未知的领域和没有采用或无法采用的方法，逐步被后人认识，并运用于人力资源开发工作实践。正是这些伴随新兴科学技术产生的人力资源开发工作方法逐步被人类认识和运用，人力资源开发工作活动才跃升到新的水平，并日臻完善且富有时代特征。因此，研究现代条件下人力资源开发中的技术方法意义重大。下面在将对方法进行概括分析的基础上，进一步分析应当被人力资源工作者熟悉的工作方法。

一、人力资源开发工作方法及其系统结构

人力资源开发工作作为一种特殊的人力资源管理工作实践活动，必然有其经常使用的工作方法。

人力资源开发工作方法不是人力资源开发工作活动中人们所采用的一切方法，而是人力资源工作者在开展人力资源开发活动中涉及工作的方法，特别是人力资源开发工作中如何做好人力资源管理工作的方法。人力资源开发工作作为一种社会组织活动，是人力资源开发工作主体和人力资源开发工作客体的互动过程。在工作过程中，人力资源工作者和员工都在活动，两者都有自己作用的对象，同时也都借助于一定的方法。人力资源工作者的工作才是人力资源开发工作重点，是引导员工树立正确三观、提高素质，服务企业发展的

特殊实践活动。因此，只有他们的行为方式才具有人力资源开发的属性，其方法才是严格意义的人力资源开发工作方法。如果将人力资源开发工作过程中所有成员所使用的方法都看成人力资源开发工作方法，就会模糊人力资源工作者同员工的关系。

人力资源开发工作方法既然是人力资源工作者进行人力资源开发工作所采用的各种工具和手段，这就说明人力资源开发工作方法是多种而不是一种。那么，人力资源开发工作方法究竟包括哪些种类？这些不同的方法彼此之间又有何关系？这就涉及方法的系统问题。因此，需要从哲学角度分析、研究、探讨人力资源开发工作的方法系统。

人力资源开发工作方法作为一个系统，是由多层次多侧面的不同方法按照一定结构有机组成的。从方法的总体特征来分类，人力资源开发工作方法可以划分为人力资源工作者的认识方法和实践方法；按人力资源开发工作方法的普遍性程度，又可划分为哲学方法、技术方法和专业工作方法。

所谓哲学方法，是指人力资源工作者运用某种哲学观点来研究、观察和指导人力资源开发工作活动的方法，它包括人力资源工作者如何理解人力资源开发工作的社会本质和一般规律，如何确立人力资源开发工作的最终目标和进行价值判断，怎样评价工作者和员工的能力以及两者的基本关系，怎样在宏观上把握组织和环境、团体和社会之间的关系，等等。总之，凡是涉及人力资源开发工作的根本路线、战略决策、基本原则和用人宗旨等重大问题，便需借助哲学方法，有关基本信仰的一系列思想价值的问题，也离不开哲学方法。这种方法具有最大的普遍性也最抽象，初看起来似乎不能直接解决人力资源开发工作中的任何具体问题，因而常常被人们所忽视。似乎哲学与人力资源管理工作无关，实际上，与人力资源工作者是紧密相连的，哲学左右着人力资源工作者的思维方式和行动路线，潜移默化地影响着各种人力资源开发工作活动，甚至决定着人力资源开发工作的成败，为人力资源工作者提供了必不可少的方法论原则。

与哲学方法相关但又有所不同的另一类人力资源开发工作方法是一般方法。同哲学方法相比，这类方法没有哲学方法那么广的普遍性和形式上的抽象性，显得比较具体、容易操作，但与更具体的各门技术方法相比，它又具有相当大的普遍性，可以称为一般方法。比如行政工作法、物质刺激法、行为控制法等方法就属于一般方法。因为各类人力资源开发工作都离不开行政命令、利益激励和行为控制，这类方法普遍适用于各类人力资源开发工作。再如进行决策的常规原则，用计划控制监督人力资源开发工作全过程的目标监管方法等，也因其在一定范围具有通用性而成为一般方法。

人力资源工作者特别是基层人力资源工作者常用的人力资源开发工作方法是具体的技术方法。这里的技术不是指工程技术，也不是人们常说的各种技术工具，而是指作为个体的人力资源管理工作人员进行人力资源开发工作的具体方法和技巧。技术方法是最具体最易操作的方法，同时也是最直观最丰富的工作手段。这类方法为人力资源工作者提供了明确的人力资源开发工作工具和具体的人力资源开发工作手段。

　　人力资源开发工作方法之所以是一个系统，正是由于人力资源工作者所采用的不是一种方法或一类方法。一方面，上述方法分属于人力资源开发工作的不同层次，各有自己的特点和功能，彼此不能取代；另一方面，上述方法又相互制约、相互影响、互为补充，综合运用于人力资源开发工作。哲学方法属于最高层次的方法，侧重于宏观决策和总体控制，多为高层人力资源工作者（如企业分管人力资源管理工作的领导）所采用；属于中间层的一般方法，因其通用性和一定范围的规范性，被部门人力资源工作者和中层人力资源工作者采用。至于技术方法，因为它具体而实用性强，主要是基层人力资源工作者采用的人力资源开发工作手段。当然这并不是说，高层人力资源开发工作人员只需要懂得哲学方法，就可以对一般人力资源开发工作方法和必要的技术方法一无所知；也不是说中层人力资源开发工作人员可以抛开哲学方法，或基层人力资源开发工作人员无须掌握必要的一般方法和学会运用哲学方法；而是说不同层次的人力资源开发工作人员首先应当学会与自身工作关系最密切的主要方法之后还应该掌握其他方法，不能主次不分或平均使用力量，否则一样方法都掌握不好也使用不好。从人力资源开发工作主体群体来看，因为人力资源开发工作方法是一个系统，各类方法单独使用都不能发挥最佳的组织人力资源开发工作效用，只有三种方法兼用、互相配合才能在员工人力资源开发工作中发挥作用。这就要求各级人力资源工作者树立系统观念，既能熟练掌握某一种人力资源开发工作方法，又做到互通信息、上下配合；既注意克服方法上的单一化倾向，又杜绝不同方法的混淆和错位。

二、现代技术方法的类别和特征

　　现代技术方法，是对在现代人力资源开发工作中应用的各种现代数学方法、定量化方法和先进技术手段的统一体。广泛应用现代技术方法，是社会发展的客观要求，也是人力资源管理工作现代化、科学化、与时俱进的必然趋势。

　　随着社会发展和科学技术的进步，社会分工日趋精细，各部门之间的联系日益密切，影响人力资源管理工作的因素更加复杂多变，因而人力资源管理工作相关的信息量和工作量激增，对人力资源开发工作的要求也就越来越高。在这样的新情况下，除认真总结各种行之有效的传统人力资源管理工作方法外，还必须广泛应用适合于现代社会的技术方法，以便能更准确地描述和分析问题，深入研究各种因素多方面的数量关系，及时处理大量的人力资源开发工作信息，并对拟订的计划方案和政策规定进行科学论证。同时，现代数学、信息科学和系统科学等学科的产生，以及电子计算机的广泛运用，也为现代技术方法在包括人力资源管理工作在内的各领域中广泛运用提供了必要的条件。

现代技术方法，是按照现代社会发展规律和适应现代科学技术进步的客观要求，运用现代自然科学和社会科学的最新成果，对各种工作对象进行有效控制的一系列新技术和新方法。它是在继承和发展一般方法的基础上运用现代科学技术成果，经过不断探索、科学试验、精心优选逐渐形成的。同传统方法相比，人力资源开发工作现代技术方法具有三个明显的特征：

首先，系统性和择优性。一般说来，每一种现代技术方法都有内在的系统性，它包括明确的目标，一定的约束条件，达到目标的程序和方法以及信息反馈等，从而为科学地解决问题提供一定的模式或模型，使复杂的工作实现科学化。例如，在人力资源开发工作实践中，引进并建立数学模型进行求解的过程，也是优化的过程。又如在一定的约束条件下，对多元人力资源管理工作目标选择最佳的组合方案，或在一定的目标要求下，对各种约束条件进行选择和组合，都存在择优的过程。

其次，现代技术方法使人力资源开发工作数据化，并能把人力资源开发工作的定性分析与定量分析密切结合起来。现代技术方法区别于传统工作方法的一个重要标志，就是使人力资源管理工作活动从定性分析发展为定量分析，从依靠经验判断转变为数理决策。因为建立数学模型，进行定量分析，可使人力资源开发工作任务进一步科学化，这就大大提高了人力资源开发工作系统的运转速度和工作效率。

再次，现代技术方法具有较大的通用性和关联性。现代技术方法应用的范围较广，在解决人力资源开发工作系统中复杂的实际问题时，各种方法可以相互补充，发挥多方法配套使用的整体功能。

现代技术方法的种类很多，这就要求人力资源工作者要针对不同的对象准确选择合适的方法，避免方法的混用或错位。同时，各类技术方法又存在着相互联系、相互制约的关系。如果在人力资源开发工作中孤立应用一种或几种方法，虽然也能收到某些成效，但有很大的局限性。为此，人力资源工作者在工作中，应努力使各种方法和技术相互补充，发挥各种方法的综合功能。在当代人力资源管理工作中，尤其是人力资源开发工作中，使用比较多的方法有系统方法、数学方法和预测方法。

三、系统方法

系统方法，就是按照事物本身的系统性把对象放在系统的形式中加以考查和处理的一种方法。这种方法要求从系统的观点出发，始终从整体与部分、系统与环境的相互联系、相互作用、相互制约的关系中综合地、精确地考察对象，以达到最佳地处理问题的效果。其显著特点是整体性、综合性、动态性、开放性、环境适应性、最优化。

整体性是事先把对象分成单一的个体。从系统管理目标上分析，任何系统都体现系统管理目标的整体性。从系统管理功能上分析，系统功能大于个体之和。

综合性是指在进行系统管理时，要把系统的所有要素联系起来。综合考查其中的共同性和规律性，它从两个方面对人力资源工作者提出要求：一是人力资源开发工作目标综合，即要求组织系统各个部分必须围绕系统总目标开展工作，或者说要求一个组织的最高领导必须用组织总目标去统摄各部分的分目标；二是人力资源开发工作过程各个部分功能的综合，即人力资源开发工作按组织总目标运行。同时系统综合性原理还提示人力资源管理工作关注两个问题：第一，系统可以分解，由于系统是由许多要素综合起来形成的，因此，任何复杂的系统都是可以分解的。第二，综合可以创造新事物，现有的事物或要素通过特定的综合可能生成新的事物和系统。"量的综合导致质的飞跃"正是基于这一规律。

动态性主要体现在系统管理要素的动态性和系统管理功能的动态性两种形态。人力资源开发工作系统要素的动态性表现在两个方面。一方面，人力资源开发工作系统要素之间存在着纷繁复杂的联系，这种联系就是一种运动。系统要完成功能输出，需要内部要素相互作用、相互影响，形成一定的输出模式，这个过程本身是动态的。另一方面人力资源开发工作系统管理要素与环境的相互作用是一种运动。由于现实生活中封闭系统是相对的，开放系统则是多数，因此，系统与环境之间会存在信息、能量或者物质的交换活动，这个相互作用过程也是动态的。人力资源开发工作系统管理功能的动态性主要表现为：人力资源开发工作系统的功能是时间的函数，随系统要素状态、环境状态、各要素之间联系以及要素与环境间联系的变化而变化。

开放性是指在非理想状态下，不存在与外部环境完全没有物质、能量、信息交换的系统。即所有的系统都是开放性的。

环境适应性是指在系统的环境适应性理念的指导下，人力资源工作者进行人力资源开发工作决策时既要清醒地认识系统本身的局限性，又要设计出有利于员工素质提升的工作方案。

在人力资源开发工作过程中，运用系统方法应遵循以下几个基本步骤：

（一）确立目标，搜集信息

目标是运用系统方法所要达到的目的，根据具体情况，目标可以是明确的、定量的，也可以是粗略的、定性的。确定目标既要从单项目标入手，注重单项目标的可行性和最优化，又要将各单项目标放在总目标的现象中进行考察，把落脚点立在整体系统的目标上。为了达到系统方法追求的目标，还要按确定的目标搜集信息。收集信息主要包括三项内容：一是进行实地调查，掌握实际情况。二是广泛收集材料，并按目标要求对有关情况进行筛选。三是对筛选过的情况作单项分析，包括定性和定量分析，得出一些性能指标和参数。这些指标和参数，也称信息数据，是系统分析的基本依据。

（二）建立模型，拟制方案

这是系统方法的主要部分。建立模型，就是将搜集来的有关信息因素按一定关系结构组合成一定的模型，用以反映系统活动所要耗费的人力、物力、时间和系统诸因素在系统活动中的作用方式。模型建立后，再以系统活动的各种效益为指标进行综合性比较、评价，然后选择拟定最佳方案。系统模型可能是定性的，也可能是定量的，也可能是定性与定量结合的。

（三）对方案进行评估检验

建立模型拟制方案之后，还要对方案进行检验评估，分析方案的可靠程度或风险程度。这是因为任何事物都受到随机性干扰，随机干扰是人们在现有知识水平上尚无法认识的或无法确定的事件。

现代社会活动规模大、因素多、关系复杂，如果照本宣科地采用传统方法进行人力资源管理工作，势必造成人力、物力、财力和时间的巨大浪费。

系统方法改变人力资源开发工作主体的思想方法，给整个人力资源开发工作方法论带来深刻的革命性变化。系统方法可以使人力资源工作者对人力资源开发工作的研究方式从以个体为中心过渡到以系统为中心，从单值的过渡到多值的，从线性的过渡到非线性的，从单一测度的过渡到多测度的，从主要研究横面关系过渡到综合研究纵横面关系。这些变化，不仅改变了人力资源开发工作的图景，改变了人力资源管理工作的知识体系，同时也发生了人力资源开发工作主体世界观和方法论的深刻转变。

四、数学方法

数学本身不是目的，而是一种工具和手段，这在应用数学中表现得特别具体而清楚。因为应用数学就是为解决各种具体科学课题而产生的数学工具，是为某一具体科学提供适当而有效的数学方法。

数学方法有以下几个主要特点：

（一）抽象性

现实对象是复杂具体的，每一事物无一不是质和量的有机体。只有经过抽象加工，才能便于人类进一步把握。

（二）精确性

数学具有逻辑的严密性和结论的确定性。数学推导是严格按照一定的规则进行的，只要前提正确，那么，由数学的内在逻辑所推出的结果本身具有毋庸置疑的确定性。运用数学方法，对客观事物中各种质的量以及量的关系、量的变化进行推导和演算，使现象及其过程能够得到精确的定量描述。所以，数学方法也是决策最优化的可靠工具，利用数学模型对几种可能的方案进行推导和演算，就能从数量上进行精确的比较，帮助人们选择最优的方案。

（三）普遍性

数学对象的普遍性决定了数学方法的普遍性。数量及其关系是各种事物所具有的共同特征。任何事物既存在质的方面，又存在量的方面，没有质的事物固然不存在，没有量的事物也不存在。既然任何事物都是质和量的统一，那么从可能性来说，任何领域都可以应用数学和数学分析，员工人力资源开发工作自然也不例外。

数学作为数量结构科学，数学方法的普遍性还反映了异质同构现象的存在。因此，不同质的事物和系统可以存在着同样的数量关系，而同样的数量关系，又可以反映不同的物质存在形态和不同的物质运动过程。

数学方法可以应用于各门科学，这是就原则和理论来说的，要把这种原则和理论上的可能性变为现实，需要人类不断地探索。科学和社会发展的历史表明，进行质的定性分析，相对来说比较容易，而进行定量分析就比较困难。近代科学产生以后数学方法首先在力学和物理学中得到了广泛的应用。目前，数学方法在社会科学某些领域中也开始得到了应用，比如运筹学（优选法、统筹学、规划论、对策论等），在一些社会科学（特别是经济学）中它正在显示出作用。

随着现代科学的不断进步，数学方法也开始应用于员工人力资源开发工作。在数学方法的参与下，部分人力资源开发工作可以用数学模式程序来表示计划、组织、控制、决策等合乎逻辑的程序，求出最优的答案，从而达到目标。

此外，计算机还为数学方法应用于员工人力资源开发工作开辟了新天地。它不仅可以协助人力资源工作者对员工人力资源开发工作活动的全过程进行宏观的调控，提高员工人力资源开发工作效率，而且适应高速发展的现代社会的需要，使员工人力资源开发工作高速化、精确化。当然，随着员工人力资源开发工作的发展，人们对现代人力资源开发工作各个层次的认识越来越深入，反映到人力资源开发工作的认识手段和方法上，比以往任何时候都更加需要多种方法协同发展。

五、预测方法

所谓预测是指对于客观事物未来发展状况进行分析、估计、设想和推断。预测并不神秘，事实上，人们时刻都在做出预测判断，例如出门需注意天气的变化，预定乘车路线等。总之，要实施有目的的行动，都必然会有对未来的考虑过程，这个过程就包含预测。日常生活中的预测，一般比较简单，较易执行。但对人力资源开发工作活动来说，预测的内容就复杂多了。

科学的预测，应通过对客观事物的历史和现状进行科学分析和调查研究，由过去和现在推测未来，由已知推测未知，从而揭示和预见事物未来的发展趋势和变化规律。科学的预测不是随意猜测，而是在正确理论的指导下，对客观事物进行深入分析、并运用现代先进的预测技术，进行系统的研究。

（一）专家评估法

即组织有关领域的专家运用专业方面的经验和理论，研究预测对象的性质，对过去和现在发生的问题进行综合分析，借以对人力资源管理工作未来的发展远景做判断。专家评估法主要包括个人判断、专家会议和德尔菲法（即专家意见法）等。个人判断一般指专家权威凭个人经验和知识才能做出预测。专家会议即依靠专家集体智慧做出预测。德尔斐法是由美国兰德公司首先采用的一种方法，又称专家调查法，这是采用书面的形式征询各个专家的意见，通过反复多次地汇总与征询意见，最后得出比较一致的预测结果。

（二）预兆预测法

预兆预测法是一种基于观察自然界或社会现象中的特定迹象来预测未来趋势的方法。预兆预测法的关键，是准确掌握后继现象与前超现象之间的种种联系，特别要注意两者的内在联系，排除偶然性。有时只知道两者相随发生，并不知道其内在联系，这种预测便是不可靠的。只有密切注意两种现象相随的再现率，并通过思考来发现二者之间的本质联系，才能确定引起后继现象的前超现象，从而对将来的发展方向做出正确的判断和评估。

（三）回归分析法

即研究引起未来状态变化的各种客观因素的相互作用，找出各种客观因素与未来状态之间的统计关系的方法。这是依据多种事物间的因果性原理，用数学工具建立的预测方法。在随机事件中，某些变量之间存在着一定的依赖关系，一个变量的变化引起另一个变量的变化。当人们能够准确发现这些变量之间的数量关系时，就表现为函数关系，难以准确确定其数量关系时，就只能通过对大量数据的分析，找到某种相关性关系。为了定量地把握事物的因果规律，需要通过回归分析的中介，使相关关系转化为函数关系。回归分析，就是根据大量统计数据近似地确定变量间的函数关系，即定量确定相关因素间的规律的方法，它可以用来预测未来。

（四）类推法

类推法至少是在两个事物中进行的，一个作为模型出现，另一个作为被预测事物出现，前者称为类推模型，后者称为类推物。类推法的本质是把类推物与类推模型进行逐项比较，如果发现两事物间的基本特征相似，并且有相同的矛盾性质，就可用类推模型来预测类推物。

预测的程序一般有以下几个步骤：

1. 确定预测目标和任务

预测目标指预测所要达到的目标，实际上就是确定未来事物的规定性和量的规定性，或者是二者的统一。

2. 输入预测资料

预测所需的资料有纵向资料，也有横向的资料。对于已占有的资料要进行深入的分析；对不正确的要作适当的调整，不够完整的要填缺补齐。

3. 预测处理推断

预测处理推断，是指根据预测资料，运用一定的逻辑推理方法，对事物未来发展趋势进行预计和判断。这是预测的关键环节。

4. 输出预测结果

它包括鉴定预测结果和修正预测结果两个内容。预测是对未来事件的设想和推断，由于资料不足、方法不当及人们认识的局限性等因素的影响，故而容易产生预测误差。误差越大，可靠性就越小。因此必须对预测结果进行鉴定，并对误差大小做出估计。分析误差的目的，在于观察预测结果与实际情况偏离的程度，并找出发生偏离的原因。输出结果预测是预测工作流程中最后的一个步骤，它既是通过修正预测结果，使之更符合客观实际情况的过程，又是检查预测系统工作情况的过程。

科学预测方法在员工人力资源开发工作中，具有关键性的作用。从决策程序来看，不论是确定决策目标阶段还是优选决策和追踪决策阶段，都是离不开预测的。看不准未来的发展趋势，就不能确定决策目标；没有预测作为依据，决策就是冒险的、不可靠的；如果没有预测的可靠根据，就有可能造成再次失误。

提高员工预测水平是提高人力资源工作者应变能力的重要一环，随着科学技术的迅猛发展，特别是现代化通信工具、信息技术、计算机的应用，人力资源工作者面对一个瞬息万变的世界，对各种不同的事物开展预测，提高应变能力，对于各种不同的可能性，做出不同的预测判断。加强预测也是提高工作效率和经济效益的迫切需要。

参考文献

[1] 赵大伟，刘慧芳，倪梦琳，王箐，邱梅. 培训与人力资源开发［M］. 北京：北京理工大学出版社，2022.

[2] 孙宝连. 企业人力资源开发与管理研究［M］. 北京：北京工业大学出版社，2018.

[3] 宋玉. 现代人力资源培训与评估研究［M］. 长春：吉林人民出版社，2022.

[4] 张岚，王天阳，王清绪. 企业高绩效人力资源管理研究［M］. 长春：吉林文史出版社，2022.

[5] 范围，白永亮，陈冠君，毛艾琳，梁潇杰，苗钟元. 人力资源服务业管理理论与实务［M］. 北京：北京首都经济贸易大学出版社，2022.

[6] 钱玉竺. 现代企业人力资源管理理论与创新发展研究［M］. 南方传媒；广州：广东人民出版社，2022.

[7] 周丽，王珏珽，朱王海，彭达枫，余腾夏. 数据科技人力资源管理［M］. 武汉：武汉大学出版社，2023.

[8] 郭云贵，周志强，潘攀. 人力资源管理慕课版［M］. 武汉：华中科技大学出版社，2021.

[9] 彭良平. 人力资源管理［M］. 武汉：湖北科学技术出版社，2021.

[10] 杨少杰. 人力资源管理演变［M］. 北京：中国法制出版社，2021.

[11] 陈平. 人力资源经营系统［M］. 武汉：武汉大学出版社，2021.

[12] 穆胜. 人力资源效能［M］. 北京：机械工业出版社，2021.

[13] 郎虎，王晓燕，吕佳. 人力资源管理探索与实践［M］. 吉林人民出版社，2021.

[14] 金艳青. 人力资源管理与服务研究［M］. 长春：吉林人民出版社，2021.

[15] 张利勇，杨美蓉，林萃萃. 人力资源管理与行政工作［M］. 长春：吉林人民出版社，2021.

[16] 宋岩，彭春凤，臧义升. 人力资源管理［M］. 武汉：华中师范大学出版社，2020.

[17] 王文军. 人力资源培训与开发［M］. 长春：吉林科学技术出版社，2020.

[18] 褚吉瑞，李亚杰，潘娅. 人力资源管理［M］. 成都：电子科技大学出版社，2020.

[19] 李燕萍，李锡元. 人力资源管理第3版［M］. 武汉：武汉大学出版社，2020.

[20] 黄建春. 人力资源管理概论［M］. 重庆：重庆大学出版社，2020.

［21］朱舟. 人力资源管理第 3 版［M］. 上海：上海财经大学出版社，2020.

［22］诸葛剑平. 人力资源管理［M］. 杭州：浙江工商大学出版社，2020.

［23］田斌. 人力资源管理［M］. 成都：西南交通大学出版社，2019.

［24］刘燕，曹会勇. 人力资源管理［M］. 北京：北京理工大学出版社，2019.

［25］胡玲燕. 跨文化人力资源管理［M］. 武汉：武汉大学出版社，2018.

［26］王晓艳，刘冰冰，郑园园. 企业人力资源管理理论与实践［M］. 长春：吉林人民出版社，2019.

［27］张燕娣. 人力资源培训与开发［M］. 上海：复旦大学出版社，2022.

［28］吕菊芳. 人力资源管理［M］. 武汉：武汉大学出版社，2018.

［29］刘倬. 人力资源管理［M］. 沈阳：辽宁大学出版社，2018.

［30］杨阳. EXCEL 人力资源管理［M］. 天津：天津科学技术出版社，2018.